高边坡地质与防护加固

主　编：陈能远　南亚林　李　氪

副主编：牛利刚　刘奋军　何理祥

编　委：（排名不分先后）

马　丽	王　勃	李　阳
刘尚君	刘　魁	宋学庆
杨　旭	赵　洋	张　鹏
杨永辉	尚合欣	贾文琦
徐　唯	徐　博	徐光耀
崔　超	程新虎	魏宝华
雷小朋	景晨平	甄平福
蒲　明	樊　晶	梁　迪
秦仕伟	韩　博	

北京工业大学出版社

图书在版编目（CIP）数据

高边坡地质与防护加固 / 陈能远，南亚林，李氡主编 . — 北京 ： 北京工业大学出版社， 2021.2
ISBN 978-7-5639-7859-5

Ⅰ.①高… Ⅱ.①陈… ②南… ③李… Ⅲ.①边坡—地质—研究②边坡加固—研究 Ⅳ.① U416.1 ② TD824.7

中国版本图书馆 CIP 数据核字（2021）第 034202 号

高边坡地质与防护加固

GAOBIANPO DIZHI YU FANGHU JIAGU

主　　编：陈能远　南亚林　李　氡
责任编辑：刘　蕊
封面设计：点墨轩阁
出版发行：北京工业大学出版社
　　　　　　（北京市朝阳区平乐园 100 号　邮编：100124）
　　　　　　010-67391722（传真）　　bgdcbs@sina.com
经销单位：全国各地新华书店
承印单位：天津和萱印刷有限公司
开　　本：710 毫米 ×1000 毫米　1/16
印　　张：16.25
字　　数：325 千字
版　　次：2022 年 10 月第 1 版
印　　次：2022 年 10 月第 1 次印刷
标准书号：ISBN 978-7-5639-7859-5
定　　价：98.00 元

前　言

近年来，随着经济的快速发展，我国已成为全球瞩目的高速发展国家。在国家推进城镇化的过程中，高边坡作为一种特殊而又复杂的地质地形条件，是建设单位在施工过程中所面临的重大难题。

高边坡的防护加固，实质上是采用工程措施保持或恢复边坡自身稳定的过程。高边坡在自身重力和交通、自然等多方面因素影响下，很容易出现各种变形、滑坡的现象，处理不当或不及时，不但增加工程投资，而且延误建设工期，造成经济损失，同时影响国家的建设进程，所以，高边坡地质与防护加固的研究，不仅对工程基础设施建设、生态环境协调发展以及保障施工人员的生命安全有重要意义，也对我国地质灾害防治理论以及防治技术的发展具有积极作用。

高边坡在工程建设中广泛存在，如公路高边坡、水利水电高边坡、矿山高边坡等。高边坡坡度陡、高度高，治理难度大。近年来，由于我国公路建设的飞速发展和地质条件的复杂，公路高边坡地质与病害问题在工程建设中发生频率最多。基于此，本书中我们主要遵循发现问题、认识问题、分析问题和解决问题的科学思路，从公路高边坡的类型、破坏机制、稳定性分析等方面进行深入研究。

全书共八章。第一章为绪论，主要包括高边坡的定义与分类、高边坡失稳的致灾类型和危害、高边坡防护加固以及高边坡动态监测预警的发展现状等内容；第二章为高边坡失稳模式与致灾机理，主要包括边坡岩土体的工程性质、高边坡稳定的影响因素、高边坡变形失稳模式以及高边坡失稳致灾机理等内容；第三章为高边坡勘查与评价，主要包括勘查技术要求、勘查方法、整体稳定性分析与评价以及局部稳定性分析与评价等内容；第四章为高边坡防护加固体系设计，主要包括高边坡工程安全控制标准、边坡侧向岩土压力计算、支挡结构设计、坡面防护体系设计、截排水体系设计等内容；第五章为高边坡开挖变形控制技术，主要包括高边坡变形失稳控制原理与方法、坡体开挖变形的弹塑性理论分析、高边坡开挖技术控制以及控制开挖变形的施工技术等内容；第六章为高边坡动态监测预警系统，主要包括高边坡动态监测指标及方法、高边坡监测预警分级阈值以及高边坡监测预警系统平台等内容；第七章为高边坡安全风

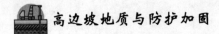

险评价，主要包括高边坡安全评价指标以及高边坡安全评价方法等内容；第八章为工程实例与验证，主要包括建筑高边坡防护工程实例分析、顺层地段高边坡病害治理工程实例以及重要构筑物附近的高边坡病害治理实例等内容。

为了保证内容的丰富性与研究的多样性，编者在编写过程中参考了大量相关文献，在此谨向相关文献的作者表示衷心的感谢。

最后，由于编者水平有限，加之时间仓促，书中难免有不足之处，在此恳请广大读者批评指正。

目　录

第一章　绪　论

随着国家工程建设步伐的进一步加快，大量的边坡开挖破坏了原有植被的覆盖层，形成了大量的次生裸地并出现了严重的水土流失现象，生态环境严重失衡，甚至发生山体崩塌、滑坡及泥石流灾害，给人民的生命财产带来巨大的威胁。本章主要从高边坡的定义与分类、高边坡失稳的致灾类型和危害、高边坡防护加固以及高边坡动态监测预警的发展现状等方面进行系统探究。

第一节　高边坡的定义与分类

一、高边坡的定义

在建筑场地及周边，由于建筑工程、市政工程开挖或填筑施工所形成的人工斜坡及对建（构）筑物安全或稳定有不利影响的自然斜坡，工程中统称为边坡。边坡按坡高可分为以下几种类型。

①低边坡：岩质边坡坡高小于 8 m，土质边坡坡高小于 5 m；

②中高边坡：岩质边坡坡高 8 ～ 15 m，土质边坡坡高 5 ～ 10 m；

③高边坡：岩质边坡坡高 15 ～ 30 m，土质边坡坡高 10 ～ 15 m；

④超高边坡：岩质边坡坡高大于 30 m，土质边坡坡高大于 15 m。

对于坡高大于 10 m 的土质边坡和高度大于 15 m 的岩质边坡，边坡高度因素将对边坡稳定产生重要影响，其边坡稳定性分析和防护加固工程应进行专门设计计算，工程中将此类边坡统称为高边坡。

二、高边坡的类型

按成因可分为人工高边坡、自然高边坡，人工高边坡又可分为挖方高边坡、填筑高边坡。

按物质组成可分为土质高边坡、岩质高边坡及土岩混合高边坡。

按坡度可分为缓坡（小于 15°）、中等坡（15° ～ 30°）、陡坡（30° ～ 60°）、急坡（60° ～ 90°）及倒坡（大于 90°）。

按岩层结构与倾向可分为以下几种类型：

①均质岩土高边坡。边坡由均质土构成，如黄土边坡。

②近水平层状高边坡。边坡由近水平层状的岩土体构成，如堆积土边坡、沉降土边坡。

③顺倾层状高边坡。边坡由倾向临空面（开挖面）的岩土体构成。

④反倾层状高边坡。岩土层的面倾向边坡内。

⑤块状岩体边坡。边坡由厚层块状岩体构成。

⑥碎裂散体状边坡。边坡由碎裂状岩体构成，或为断层破碎带，或为节理密集带。

⑦散体状边坡。边坡由碎石、砂构成。

第二节　高边坡失稳的致灾类型和危害

我国大地貌单元如大高原、大盆地的四周都被山脉环绕，山地、丘陵和高原的面积占全国土地总面积的 69%。山岭区特殊的地形地貌条件决定了该区工程建设过程中不可避免地要进行切坡开挖，进而形成了越来越多的高陡边坡与深凹边坡。随着国民经济的快速发展和国家对基础设施建设投入的不断增加，交通、能源、水利水电等工程领域中的高边坡问题更是越来越严重。边坡稳定及其对周边环境的影响已引起了人们的极大关注，高边坡失稳和地震、火山并称为当今三大地质灾害源。

一、高边坡失稳的致灾类型

（一）滑坡

滑坡是斜坡的部分岩土体在重力作用下沿地质软弱面向下滑动而形成的。按引起滑动的力学特性来区分，滑坡可分为牵引式滑坡和推移式滑坡。牵引式滑坡是坡体下部先滑动，使上部岩土体失去支撑而产生变形滑动，一般速度较慢，多呈上小下大的塔式地貌，横向张性裂隙发育，表面多呈阶梯状或陡坎状。推移式滑坡是坡体上部岩土体挤压下部岩土体使之变形，滑动速度较快，多呈楔形环谷地貌，表面波状起伏，多见于有堆积体分布的斜坡地段。在工程建设中，边坡开挖将改变原始斜坡的平衡状态，如因支护设计或开挖施工不当，则可能引发高边坡滑动变形，形成滑坡灾害。

（二）崩塌

崩塌一般指陡峭边坡所发生的一种突然而又急剧的动力地质现象，即在地势陡峭、地质条件复杂的边坡上，其上的岩体或土体在自身重力和其他外力作用下，突然脱离母岩而急剧向下崩落，并顺斜坡猛烈翻转、跳跃，最后堆落在山脚形成倒石堆或岩屑堆。崩塌灾害具有以下特征。

1. 突发性

由于岩土体裂隙的出现、发展常不被人们所注意，崩塌的前兆不明显，因而其突发性较强，会给人类社会带来巨大危害。

2. 连发性

崩塌发生后，又会出现新的陡峭临空面，在外力作用下，新的裂缝延伸扩展，崩塌现象可再次发生，从而出现连发性的崩塌现象。

3. 毁灭性

由于崩塌现象是突然发生的并且速度快、强度大，所以对附近的建筑物常可造成巨大的损害。

（三）风化剥落

风化剥落实际属于崩塌灾害的一种前期变形表现形式，高边坡坡面表层受风化影响，在雨水冲刷和重力的作用下，出现剥落现象，岩土体不断沿斜坡滚落。

1. 片状剥落

片状剥落多发生于坡脚或坡体护脚实体顶部，一般从坡脚或护脚顶部沿坡面向上发展，厚度 2～6 cm 不等，剥落规模悬殊，既有局部小型片状剥落，又有几处局部剥落联结成整体剥落，整体剥落对坡面破坏较严重。

片状剥落多见于开挖完成时间较短的黄土边坡。在高边坡开挖过程中，坡面表层一定范围内的土体受到扰动，土体的完整性被破坏。另外，高边坡开挖完成后，坡面土体内的水分在短时间内迅速蒸发，坡面上逐渐形成一层硬壳。该硬壳在外界温度、干湿环境的影响下，逐渐与高边坡土体间形成一个分界面，同时会出现许多细小裂隙，当这些细小裂隙贯通并与分界面将局部硬壳切割成独立的块体时，在自身重力、雨水冲击力等外力作用下，独立块体沿坡面脱落，堆积在坡脚或护脚实体顶部。片状剥落常见于松散结构均质浅黄色湿陷性新近堆积的黄土层中，在老黄土层中较少见。

2. 层状剥落

层状剥落主要发生在洪积、冲积成因的黄土层中。这类黄土多为黏土、砂黏土、砂等互层构成，各层的岩性、含水量以及含易溶盐情况不同，使得其风化的快慢和强烈程度也不完全相同，一般黏粒含量高、含盐量高的剥落快而严重，相比较而言，粉土粒和砂粒含量高、含盐量低的则剥落较轻且速度较慢。第四系黄土层中的埋藏层，由于黏粒含量较高，其比相邻的黄土层易于剥落，其在高边坡上呈条带状分布。另外，在坡面中部至坡脚，普遍出现一条近似水平的压碎带，带内土体呈薄层状向外凸出剥落。

3. 厚块状剥落

剥落体规模一般为（1～1.5 m）×（2～4 m）；整体上呈楔形状，上厚下薄，上部厚为 10～20 cm，下部厚度小于 10 cm；剥落面平整、较光滑，从坡脚沿坡面向上发育，且缓于原坡面。厚块状剥落一般规模较大，会严重破坏坡面完整和稳定，剥落的土体完整性较好，呈块状堆积在坡脚或平台上，堵塞排水沟（边沟）。

调查发现，厚块状剥落常见在松散结构均质新近堆积黄土层中，在老黄土层中较少见。对于开挖完成时间不长的高边坡，厚块状剥落多发生于坡脚或坡体护脚实体顶部；对于开挖完成时间较久的高边坡，在坡脚、坡体护脚实体顶部及坡面中部均有发生。

以下四方面的因素会促进厚块状剥落的形成：①在高边坡施工时采用机械刷坡，扰动了坡面土体，破坏了土体的完整性，使坡面土体强度降低。②高边坡的开挖使坡体内部原有应力状态发生变化，坡体应力重新分布。坡面土体中产生了平行坡面的卸荷裂隙。这些裂隙将坡面土体与其下部土体分割开来，促使剥落体的形成，剥落体也将沿裂隙面脱落。③由于坡脚为应力集中区，坡脚土体易受压破碎而脱落。另外，降雨时坡面水流易在坡脚处聚集，使坡脚土体软化脱落，沿坡脚形成连续的凹面，凹面上部土体由于失去支撑作用发生下滑。④高边坡设计过陡，增加了坡面不稳定土体的下滑力，使其更加容易沿坡面下滑。

4. 碎块状剥落

坡面多组微小裂隙组合，会将表层土体切割成大小不等的不规则碎块体，碎块体规模一般为（1～3 cm）×（2～5 cm）。在自重或雨水、振动等外界环境的影响下，碎块脱离坡面土体，堆积在坡脚或平台上。原坡面平整性遭到破坏，表面凹凸不平。

碎块状剥落多发生在开挖完成较久的边坡坡面，在古土壤层和老黄土层中比较常见。古土壤和老黄土中黏粒含量较高，在高边坡开挖完成后，古土壤层和老黄土层裸露于坡面，其表面水分迅速蒸发，随后，由于干湿循环、冻融等因素的影响，表层土体发生干裂，形成大量的微小裂隙，裂隙将表层土体切割成大小不等、形状不规则的碎块体。随着微小裂隙继续发展组合，表层碎块体逐渐与内部土体分离，在自重及外界因素作用下脱离坡体。

5. 鱼鳞状剥落

鱼鳞状剥落易发生在含易溶盐多（一般为 1% ～ 2%）的地区，新第四系风积黄土和冲积、洪积黄土中。高边坡开挖后，随着水分的蒸发，盐分迁移至坡面，从而引起表层土体的松胀和脱落，坡面上形成大量的凹陷和凸起，坡面凹凸不平，且凹陷内表层土体松散，手触即散落。这些凹陷和凸起一般呈带状分布，凹陷带和凸起带相互交替、平行坡脚分布在坡面上，使得剥落的坡面总体上呈鱼鳞状。另外，由于盐分分布不均匀产生的零乱分布的凸起和凹陷土体的剥落，也称为鱼鳞状剥落。

6. 混合状剥落

高边坡坡面剥落并不像上面所述那样类型单一，有时几种剥落类型同时出现。黄土高边坡表层的剥落和黄土的岩性有直接的关系，所以在高边坡上由于黄土性质的差异，可以同时出现上述几种类型剥落现象，其称为混合状剥落，片状剥落、层状剥落及厚块状剥落同时存在。

7. 表层结皮剥落

高边坡开挖完成较长时间后，坡体表面会形成厚度为 3 ～ 5 cm 的结皮，主要为生长在坡面的苔藓层，一般为绿色，死后为灰黑色。结皮具有一定的强度，呈片状发育，完整性好，覆盖在坡面上，对坡面有一定的保护作用。当大片苔藓层形成后，局部逐渐与其下部土体分离，同时由于昼夜温差变化引起的热胀冷缩、降雨时坡面水流的冲击力等外界因素的作用，苔藓层局部发生脱落，使坡面斑驳不平，苔藓层下部土体在坡面露出。由于坡脚易受土中水分的变化引起的干湿循环以及温度变化引起的冻融循环的影响，这种剥落一般从坡脚开始，逐渐向上发展。表层结皮剥落在新黄土层中常见，在老黄土层中较少见。

二、高边坡失稳的危害

（一）破坏线路，中断行车

缓慢移动的滑坡常常造成路基和线路上拱、下沉、外挤，挡墙变形以及侧沟破坏。滑坡一旦滑下，则会掩埋路基、推毁线路设备。路基部分或整体滑动的路堤滑坡使线路悬中，难以修复。

（二）危害站场，破坏站房

对于公路建设而言，要在深山峡谷中找一段地势较平坦能建站的地方是很不容易的，而那些峡谷中的宽谷段，又常常是古老滑坡发育的地方。如宝成线的西坡、淡家庄、白水江等滑坡，成昆线的甘洛、乃托、红石岩、铁西等滑坡，贵昆线的大海啸滑坡，均位于车站上。由于站场挖方较多，常促使古老滑坡复活。在施工期间曾为整治这些滑坡花费了巨大资金，运营以后尚未稳定的滑坡也一直威胁站场的安全。

（三）推移桥梁墩台，摧毁隧道明洞

滑坡对山区桥梁、隧道、明洞等也具有严重的破坏作用。如 1966 年 8 月成昆线的会仙 4 号桥，在铺轨架桥前，由于滑坡病害使桥台被推移了 38 cm，7 号墩被推移了 7 cm，当时无法铺轨架梁。又如贵昆线格里桥通车后，由于滑坡灾害推动了桥台，并把桥墩推断，最后只得把桥填死改成了路堤。其他如梅大支线的大深桥，成昆线的玉田三线桥、耳足桥、铁西双线桥，贵昆线的树舍桥等均受到滑坡的威胁和破坏，不得不做抗滑工程来保证桥梁的安全。

（四）中断交通运输，影响国计民生

滑坡除了直接破坏线路、路基、桥梁、隧道外，还有一种间接破坏，就是为泥石流提供了物质来源。几乎所有的泥石流沟的上流补给区都是崩塌滑坡的活动区。特别当滑坡阻断沟中水流形成"滑坡坝"和"滑坡湖"时，一旦水位抬高，产生溃坝，就会形成强大而急剧的泥石流，其危害巨大，如破坏线路、中断交通，严重影响了人民的生活和国民经济的发展。

（五）增加基建投资，加大维修费用

滑坡除了破坏工程设施和中断运输造成直接损失外，为整治它常常要增建排水、支挡、减重等结构，这样不仅增加了基建投资，而且增加了维修费用。整治一个大中型滑坡，往往需要数十万、百余万，甚至上千万元的资金，如铁西滑坡的处理费用就达 2 300 万元。由此可见，滑坡给人类活动的各个方面造成的损失是极为严重的。随着人们对这一不良自然地质现象的规律性的认识的逐渐深化，人们治理滑坡灾害的能力也在不断提高。

第三节 高边坡防护加固

高边坡是自然或人工形成的斜坡，高边坡防护加固是工程建设中常见的工程形式，由于复杂的地形地质条件，滑坡与高边坡工程始终是国家建设中的重大工程。高边坡在自然或人为因素作用下的破坏形式主要表现为滑坡、滑塌、崩塌和剥落，许多论著都对其进行了系统论述。

一、高边坡开挖变形控制技术

控制边坡开挖大变形的措施归纳起来主要有两方面，其一是技术措施，其二是工程措施。目前采取的技术措施主要是施工方法的优化与现场监测相配合的信息施工技术和预加固技术。

20 世纪 70 年代，边坡研究者从大量的工程实践和斜坡失稳事件中，逐渐认识到边坡稳定性研究必须重视其变形破坏过程和机制的研究，王兰生、张淖元等提出了累进性破坏的观点以及边坡变形破坏的机制模式，使边坡稳定问题的研究工作步入了地质分析和岩石力学分析相结合的时代。

中国科学院地质研究所以金川露天矿为典型工程实例，对边坡的稳定性进行了长期、全面、系统的研究，将工程地质学与岩石力学密切结合，强调地质是基础及地质构造的控制作用，初步形成了岩体结构控制论的观点。

随着计算机科学的进步，20 世纪 60 年代出现的用于岩质边坡稳定性计算的数值计算方法，主要是有限元法。20 世纪 80 年代以后，由于计算机技术的发展，一系列数值分析方法如有限元法、边界元法、离散元法及块体理论等得以广泛地应用，其成为岩石力学分析计算的主要手段。20 世纪 90 年代，数值分析终于在岩石力学和工程学科中扎根，岩石力学专家和数学专家合作创造出一系列新的计算原理和方法。例如，损伤力学和离散元法的进步，DDA 法和流形方法的发展，岩石力学专家建立起自己独到的分析原理和计算方法。

现代计算机科学技术的进步也带动了现代信息技术的发展。20 世纪 80 年代之后，岩石工程三维信息系统、人工智能、神经网络、专家系统、工程决策支持系统等迅速发展起来，并得到普遍的重视和应用。由于岩体结构及其赋存状态、赋存条件的复杂性和多变性致使岩石力学和工程所研究的目标和对象存在着大量不确定性，因而有人在 20 世纪 80 年代末提出不确定性研究理论，目前其已被越来越多的人所认识和接受。现代科学技术手段，如模糊数学、人工智能、灰色理论和非线性理论等为不确定性分析研究方法和理论体系的建立提供了必要的理论支持。

系统科学虽然早已受到岩石力学界的注意，但直到 20 世纪 80 年代它才进入岩石力学理论和工程应用中。时至今日，岩质边坡工程问题已被当作一种系统工程来解决。系统论强调复杂事物的层次性、多因素性及相互关联和相互作用的特征，并认为人类认识是多源的，是多源知识的综合集成，这些为岩石力学理论和边坡工程实践的结合提供了依据。李天斌结合水电工程建设，从工程地质基础、稳定性分析与评价以及稳定性控制三大方面，进行了岩质工程高边坡稳定性及其控制的系统研究。吴曙光以系统工程分析方法为指导，完善了以优势面分析为中心的岩坡稳定性研究。

《建筑地基基础设计规范》（GB 50007—2011）给出了建筑物的地基变形允许值，但正常使用状态下支护结构的变形允许值尚无统一的国家标准。支护结构的变形允许值是一个影响因素相当多的复杂问题，大部分地区尚无地方标准，仅个别地区有地方标准，如上海市对支护结构的变形值进行了明确规定，工程实践中可通过将实测值与变形控制标准值进行比较，来判断基坑的安全性。

任何支护结构设计方法和理论都是在特定的边坡类型、工程条件下提出的。因此基于某一支护理论进行支护结构的可靠性与准确性分析，在很大程度上取决于对边坡岩土体、相邻建筑物的认识与研究程度以及对支护结构设计理论的理解和使用能力。换言之，这里涉及两个方面的问题：其一，设计人员对边坡岩土体、相邻建筑物的认识与研究程度；其二，设计人员如何使用这些资料和信息。这里从边坡工程的勘查、设计、施工和检测工作的经验和教训的角度，提出以下控制边坡变形的措施。

首先，详细、准确的边坡勘查资料是控制边坡变形的基础。

边坡勘查中，除应查明基本的水文地质条件、工程地质条件外，还应全面收集相邻建筑物的荷载、结构、基础形式及埋深，地下设施的分布、管线材料、接头情况及埋深等，并分析确定其容许变形值。

边坡工程中因开挖卸荷而出现的支护结构一定程度的变形，常常对相邻建筑物的安全构成威胁。这里存在两个方面的问题，第一，支护结构的变形达到什么值时，就会影响相邻建筑物的正常使用，即支护结构的变形允许值问题；第二，要不影响相邻建筑物的正常使用，就要限制支护结构的变形，即控制变形的问题。

《建筑边坡工程技术规范》（GB 50330—2013）中，明确指出了不同边坡高度、不同边坡类别应采用不同的支护结构形式。因此，准确判定边坡类型就为采用合适的支护结构形式提供了可靠的依据。

其次，施加预应力是控制边坡变形的首要措施。

在边坡支护中，非预应力锚固结构属于被动支护方式，当锚固结构的变形达到一定值时它才提供一定的支护抗力，只有当锚固结构有较大的变形时，这种锚固结构中的支护抗力才能充分发挥作用，而预应力锚固结构则恰好可以直接提供这样的抗力，起到"及时顶住"的效果。在锚固工程施加预应力以后的过程中，锚索（杆）能充分发挥它较大的支护抗力的优势，防止边坡产生过量的有害变形乃至边坡失稳，确保边坡的稳定和安全。通过模拟试验和计算分析表明，预应力锚固结构的竖向变形可减少 27%，而水平变形可减少 50% ～ 90%，其随预应力的增大而逐渐减少。故采用预应力锚固结构就比不采用预应力锚固结构在控制边坡变形方面具有更加明显的效果，这就是实际工程中对变形要求高或变形敏感的边坡常常采用预应力锚索（杆）的原因。北京中国银行大厦基坑开挖深 21.5 ～ 24.5 m，穿越的地层为人工堆积层，粉质黏土，细、中砂和砂卵石层。由 3 ～ 4 排预应力锚索背拉厚 800 mm 的地下连续墙作为支挡结构。共采用设计承载力为 800 kN 的锚杆 1 300 余根，它们成功地维护了基坑的稳定。基坑周边的最大的位移量仅为 30 mm。

预应力锚固结构的预应力容易出现损失。减少应力损失的工程措施主要有以下几个。

①增加造孔精度，减少孔斜误差。首先选择机型小、轻便、灵活的机具，它们便于在支护边坡的施工架子上移动；其次应牢牢固定钻机机架，不允许钻机来回摆动，以减少孔斜误差。

②选择合适的锚具。锁定螺母、连接套及锚索应为通过质量认证的产品，具有材质检测报告，严禁使用不合格产品。

③改进张拉方式。逐级缓慢加荷，消除锚具变形引起的预应力损失，减少摩阻应力。目前预应力损失值尚不能准确测试，那么预应力锚固结构的安全性系数就不能准确计算，其安全性就难以评估与判定。

④逆作法施工。逆作法施工是控制边坡变形的首要措施，在锚索挡墙的支护结构中，采用逆作法、跳槽施工可以取得良好的效果。逆作法就是自上而下的，分阶开挖与支护的一种施工方法。分阶的高度和跳槽的长度主要根据边坡的工程地质条件、边坡滑塌区范围、建筑物的侧向位移容许值和沉降值确定。

二、高边坡防护加固技术的发展现状

高边坡研究是建立在土力学和岩石力学基础之上的，所以土力学和岩石力学的成就和发展决定了高边坡理论的完善程度。早在 20 世纪 50 年代，我国铁路部门就遇到了严重的滑坡与高边坡问题，因此对其研究起步较早。我国的滑坡与高边坡理论与实践主要是伴随 20 世纪六七十年代以来西南地区的铁路建设、水电开发和大型露天矿山开采而发展起来的，首次采用抗滑技术并获得成功，由于抗滑桩具有布置灵活、施工简单、对高边坡扰动小、开挖断面小、圬工体积小、承载能力大、施工速度快等优点，1985 年修订的《铁路路基设计规范》，抗滑桩作为一种主要措施被推荐。

20 世纪 90 年代末期，由于锚固技术理论研究和岩石机械突破性的发展，人们开始采用锚喷防护技术，它是一种施工简单、快速、安全的高边坡处治防护手段。20 世纪 90 年代初，非线性科学被引入边坡灾害的研究中。人们借助非线性科学，认识到系统形成与演变的非线性特性，相继建立了一些初步描述高边坡行为的动力学方程，提出了一些基于突变理论、分形理论及非线性动力学理论的预测模型。压力注浆加固手段及框架锚固结构越来越多地用于边坡处治，尤其是用于处治高边坡防护工程中，其能解决高边坡深层加固及稳定性问题。

我国高边坡的稳定性控制和监测技术一直在不断地进步，其标志性成果是大吨位岩石锚固工程的开展，我国先后在天生桥水电站二级厂房后高边坡、黄河小浪底进水口高边坡、长江三峡船闸高边坡、链子崖危岩体高边坡等应用大吨位岩石锚固技术对高边坡实施了成功的加固处理。

预应力锚固技术在我国高边坡加固中也得到了广泛应用，其中比较典型的实例是南昆铁路八渡车站滑坡整治工程。滑坡主滑体长 310 ～ 340 m，宽 400 ～ 540 m，厚 20 ～ 40 m，体积约为 2.9×10^6 m³；次级滑坡长约 200 m，宽约 380 m，厚 10 ～ 20 m，体积约为 1.3×10^6 m³，滑坡加固过程中建成 132 根总长 6 400 m 的 6 束预应力锚索，锚索平均长度 50 m，最长的 75 m，锚固段长度 10 m，施加的预应力为 800 kN。

目前可被采用的高边坡加固措施很多，有削坡减载技术、排水与截水措施、锚固措施、砼抗剪结构措施、支挡措施、压坡措施以及植物框格护坡、护面等，在高边坡治理中强调多措施综合治理原则，以加强边坡稳定性。然而随着工程建设规模加大，尤其是公路建设的增多，高边坡高度增高，复杂性增大，对高边坡处治技术要求越来越高。

三、高边坡防护加固存在的问题

目前，一些学者虽然对我国高边坡灾害防治的工程实践进行了大量的研究和总结，取得了显著的研究成果，并逐步接近或超过国内外水平，但对以下几方面的问题我们尚需进一步研究和探索。

①在工程地质评价方面。一方面对地质选取线重视程度不够,对区域工程地质条件研究不足,致使公路一些路段仍在大型古老滑坡和滑坡、崩塌连续分布地段,或岩层顺倾(顺层)地段,开挖后老滑坡复活并产生大量的新滑坡。另一方面,路线勘查中重桥隧而轻路基,桥、隧勘探量相对较多而对高边坡很少进行勘查,忽视了高边坡的工程地质勘查,设计中高边坡数量过多、高度过大。

②设计人员普遍存在对边坡地段的地形地貌、地层岩性、风化破碎程度、构造、坡体结构和地下水分布以及自然斜坡的稳定状况等了解不足,设计的坡形、坡率和坡高及相应的加固、排水和防护措施与当地岩土特性不符的情况,从而产生了大量的高边坡失稳破坏事例。

③我们应尽快制定科学的施工方法和细则,对施工季节、工序和办法,施工中爆破的药量控制,以及施工中的监测方法、分析和反馈系统有一个严格的规定。高边坡应贯彻动态设计、信息化施工原则,根据开挖后的实际地质条件调整设计,即地质工作应延伸到施工过程中,保证高边坡的长远稳定。

④在对高边坡稳定分析方法方面,我们还没有形成一套较成熟的、适用性和针对性强的综合评价方法。

⑤在综合监测技术应用方面,监测方法与手段单一,自动化的监测技术和信息反馈系统还需要进一步推广,以便于监测成果的相互印证与综合分析。一些参数如水位、渗压、应力变化、降雨、地温、地声、振动等尚没有应用到工程中。

⑥在新型支挡结构方面,近年来在高边坡灾害的防治中,人们大量采用了新技术、新工艺和新方法,但往往是这些新技术的应用实践超前于理论研究,科学研究满足不了工程实践的需求。

第四节　高边坡动态监测预警的发展现状

高边坡的失稳破坏一直是工程建设中经常遇到的主要灾害之一。正确评价高边坡的稳定性,防患于未然,对于确保生产建设与人民财产安全具有重要意义。高边坡本质上是一个受岩土体工程地质性质控制,并受地形地貌、地下水、地震和人类工程活动等多种因素影响的、发展演化的、复杂的动力学系统,因而,人们在正确预测高边坡失稳上一直存在较大的困难。高边坡监测是确保工程安全、进行高边坡失稳预报和了解坡体失稳机理最重要的手段之一,而高边坡变形破坏过程的累计位移和位移速率是判断高边坡变形破坏时间的重要信息,因此,对高边坡变形破坏过程的累计位移、位移速率的预测就显得十分必要。

一、高边坡监测的研究现状

目前，基于自动目标识别（ATR）功能的全站仪自动变形监测系统，在国内外已得到较为广泛的重视与实践。在高精度自动变形监测系统中，徕卡仪器公司发展最早，20世纪80年代该公司制造了第一台视像马达经纬仪TM3000V，配合监测软件APS研制开发出TCA+APSWin全自动变形监测系统，可对大坝、边坡、地铁、隧道、桥梁、超高层建筑物进行24小时全方位自动连续监测，实现大范围无人值守，其在位移的方向和数量的测量上都与常规方法的相符合，说明该系统是可靠的，能达到毫米级精度。现在，该系统已在香港九龙塘地铁隧道运营监测、新疆三屯河水库大坝外部变形监测、上海杨浦大桥变形测量等多项工程中得到成功实践，新加坡地铁公司已将其作为常规装备用于地铁监测。中南大学1998年用两台TCA1800自动全站仪在五强溪水电站大坝进行边长交会实验观测，证明了其连续观测结果可靠，精度可达亚毫米级。由郑州欧亚测量系统有限公司与解放军信息工程大学测绘学院联合开发的ADMS自动变形监测软件，是在学习、吸收徕卡仪器公司研制的APSWin自动极坐标测量系统的基础上，通过实际的工程应用，并结合国内用户的实际需求成功研制的。该系统已在新疆三屯河水库大坝外部变形监测等工程得到较好的应用。

河海大学土木学院袁宝远等选用面向对象的数据库管理系统开发平台和面向对象的程序设计语言开发了具有面向对象风格和可视化特征的高边坡监测信息系统。该系统由监测信息管理子系统、监测信息可视化查询分析子系统及高边坡不稳定先兆分析子系统构成。

武汉大学测绘学院梅文胜、张正禄等研制了测量机器人变形的监测软件，该软件在进行初始化设置及给定监测计划后，能够严格按计划执行全自动观测，并自动对原始观测成果进行处理和分析。该软件实现了无人值守变形监测，如遇大雾、大雨等恶劣天气，仪器不能读数时，软件会自动控制测量机器人间隔一小段时间后再试，若仍不行，则自行再隔一段时间重试，直至观测条件正常。

香港理工大学研制开发出一种多天线全球定位（GPS）系统。该系统中一套GPS仪器可以监测多个点位，可对高边坡从表面到内部实施位移监测，若出现滑裂面，可确定滑裂面的深度。监测过程中，若出现大的暴雨，可监测出降雨量与地下水位上升之间的关系，从而对高边坡的稳定状态进行全方位的评价和合理的评估。

二、高边坡位移预测的相关方法

1975 年曼德尔布洛特就系统地阐述了分形理论的思想、内容、意义和方法，提出了分形的二要素：构形、机遇和维数，标志着分形理论的正式诞生。高边坡作为一个真实的地质系统，不但内部结构与功能复杂，而且它还不断通过水的循环、热的交换、风化、剥蚀卸荷等作用，与外界进行物质和能量交换。因而它本质上是一个开放、耗散和复杂的非线性动力学系统。该系统具有随机性、非确定性和不可逆性，它的演化过程可看作一个具有混沌特征的复杂过程。研究表明，非线性耗散的动力学系统一般不会做有返回的周期或准周期运动。在相对空间中，其运动轨迹将收缩到奇异吸引子中，这与分形的形成过程十分相像。奇异吸引子的子集就是分形集，它的一个显著特征是存在无穷嵌套的自相似几何结构。因此，我们就有理由用分形理论来研究边坡系统的演化规律。还有学者利用分形理论中由格拉斯伯格和普罗卡恰提出的从时间序列直接计算分维的 GP 算法来预测具有大量时间序列数据的边坡位移值。也有学者提出了基于相空间重构的边坡位移预测法，并提供了李雅普诺夫指数、局域法两种计算方法。

神经网络法是另一种在边坡位移预测中应用较广的方法。神经网络因为其强大的非线性映射能力和并行处理、自主学习等优点而成为非线性预测的主要方法之一。对于高边坡这样一个开放、耗散和复杂的非线性动力学系统，神经网络思想和嵌入空间技术给边坡位移时间序列预测提供了一条崭新的途径。有学者利用混沌系统的相空间重构理论，提出了基于小波神经网络理论的边坡位移预测方法；有的学者则采用自适应神经网络法来进行边坡位移预测。

上述高边坡位移预测的各种方法虽然在应用中取得了一定成果，但也存在一些局限性，如分形理论中 GP 算法需要大量时间序列数据的支撑，而神经网络法又有诸如网络不易收敛、容易陷入局部最小、计算和训练十分费时等不足之处。因此，我们有必要寻找一种需要数据量少、计算简便，且易于软件化的新的高边坡位移预测模型。

高边坡系统不仅是一个随时空演化的动态系统，还是一个典型的灰色系统，因此，我们可以用灰色系统理论对其进行分析。在岩土工程方面，灰色预测分析、灰色关联分析、灰色聚类分析等方法均得到了较好的应用。

虽然目前灰色系统理论在高边坡中的应用比较广泛，尤其是在运用灰色 GM（1，1）预测模型对高边坡的失稳变形进行预测方面，但是由于在实际工程中获取的监测数据往往是不等时距序列，因此，明确等时距序列与不等时距序列的关系及二者的区别，以及根据已有的等时距模型建立不等时距模型，对于灰色 GM（1，1）预测模型的发展及其在实际工程中的应用具有很大的促进作用。而且利用灰色系统理论预测高边坡位移具有需要数据量少、计算简便快速、易于软件化等优点，适用于刚刚展开监测、缺少历史监测数据且需要计算大量测点数据的场合。

三、高边坡稳定性的相关应用软件

在高边坡稳定性研究领域应用最广泛且比较先进的岩土计算软件是由美国依泰斯卡咨询集团开发的三维快速拉格朗日分析（FLAC 3D）软件。

该软件的基本原理即是拉格朗日差分法，利用节点从位移连续的条件，对连续介质进行非线性大变形分析，可以模拟六种不同本构关系的材料，可以模拟地应力场生成，高边坡或地下工程的开挖，混凝土衬砌、锚杆（索）设置、地下渗流等。国内利用 FLAC 3D 进行岩土工程数值模拟的工作很多，如谢和平等应用 FLAC 3D 对河南省鹤壁矿务局矿山开采沉陷进行了数值模拟；寇晓东等将 FLAC 3D 应用到三峡船闸高边坡开挖的应力变形分析和稳定分析，简略阐述了 FLAC 3D 在岩质边坡,特别是裂隙发育的岩质高边坡中的应用及效果。

综上所述，FLAC 3D 软件更侧重的是对高边坡一定时期的状态评价，特别是对高边坡的开挖或设计阶段的状态评价，而不适用于对高边坡进行长期的实时监测。目前，由于经济、精度、技术及工程实际等因素的限制，我们对高边坡的长期监测只能得到有限的数据（往往是时间及相应的位移序列），利用这有限的数据来建立高边坡的长期实时监测系统对高边坡的稳定性评价是十分有必要的。

第二章　高边坡失稳模式与致灾机理

目前，高边坡的稳定性已经成为工程界十分关注的问题，特别是地质条件复杂的山区，高边坡失稳问题尤其突出。本章包括边坡岩土体的工程性质、高边坡稳定的影响因素、高边坡变形失稳模式、高边坡失稳致灾机理等内容。

第一节　边坡岩土体的工程性质

一、岩土的物理性质

（一）土的固、液、气相物质以及物理指标

自然界的土是岩石经风化、搬运、堆积而形成的。因此，母岩成分、风化性质、搬运过程和堆积的环境是影响土的组成的主要因素，而土的组成又是决定边坡工程性质的基础。土是由固体颗粒、水和气体三部分组成的，它们通常称为土的三相组成，随着三相物质的质量和体积的比例不同，土的性质也就不同。因此，下面我们首先来了解土是由什么物质组成的。

1. 土的固相物质

土的固相物质包括无机矿物颗粒和有机质，它们是土的骨架即土中最基本的物质，称为土粒。对土粒，我们应从其矿物成分、粒度成分和形状来描述。

（1）土的矿物成分

土中的矿物成分可以分为原生矿物和次生矿物两大类。原生矿物指岩浆在冷凝过程中形成的矿物，如石英、长石、云母等。次生矿物是由原生矿物经过风化作用后形成的新矿物，如三氧化二铝、三氧化二铁、次生二氧化硅、黏土矿物以及碳酸盐等。次生矿物按其与水的作用可分为易溶的、难溶的和不溶的，次生矿物的水溶性对土的性质有重要的影响。黏土矿物的代表性矿物为高岭石、伊利石和蒙脱石，由于其亲水性不同，当其含量不同时土的工程性质就各异。

在以物理风化为主的过程中，岩石破碎而其成分并不改变，岩石中的原生矿物得以保存下来；但在化学风化的过程中，有些矿物分解成次生的黏土矿物。

黏土矿物内部是细小的扁平颗粒，表面具有极强的和水相互作用的能力。颗粒愈细，其表面积愈大，这种亲水的能力就愈强，对土的工程性质的影响也就愈大。在风化过程中，在微生物作用下，土中产生复杂的腐殖质，此外还会有动植物残体等有机物，如泥炭等。有机颗粒紧紧地吸附在无机矿物颗粒的表面，形成了颗粒间的连接，但这种连接的稳定性较差。

从外表上看到的土的颜色，在很大程度上反映了土的固相的不同成分和各成分的不同含量。红色、黄色和棕色一般表示土中含有较多的三氧化二铁，并说明氧化程度较高。黑色表示土中含有较多的有机质或锰的化合物；灰蓝色和灰绿色的土一般含有亚铁化合物，是在缺氧条件下形成的；白色或灰白色则表示土中有机质较少，主要含石英或高岭石等黏土矿物。当然，湿度会影响颜色的深浅，我们一般描述的是土处在潮湿状态的颜色。

土的固相及其对工程的影响如表 2-1 所示。

表 2-1　土的固相及其对工程的影响

固相构成		颗粒大小	特点及对工程性质的可能影响
风化作用的深入（物理→化学→生物）发展	原生矿物（石英、长石、云母）	粗大，呈块状或粒状（碎石、砾石与砂土为主要成分）	性质稳定，硬度高，具有强或较强的抗水性和抗风化能力，亲水性弱或较弱，颗粒大小、形状与硬度不同对土体工程性质的影响不同
	次生矿物	溶于水，如方解石、石膏等	颗粒细小，粒径多在 0.005 mm 以下，呈针状或片状，是黏性土固相的主要成分	高度的分散性，胶体性状，它的含量的变化对黏性土工程性质影响很大，巨大的比表面使其具有很强的与水相互作用的能力
		不溶于水，如高岭石、伊利石、蒙脱石等		
有机质（腐殖质和非腐殖质）		颗粒极细，粒径多小于 0.1 μm，呈凝胶状	高度的分散性，性质易变，带电荷，吸附性和亲水性强，对土的工程性质影响巨大
盐类		—	其溶解于水的情况不同而对土质的影响不同。如钠、钾的盐酸盐或钙、镁的硫酸盐和碳酸盐，前者易溶于水，无法加强土性；后者易结晶，可加强土性

（2）土的粒度成分

天然土是由大小不同的颗粒组成的，土粒的大小称为粒度。土颗粒的大小相差悬殊，从大于几十厘米的漂石到小于几微米的胶粒。同时由于土粒的形状往往是不规则的，我们很难直接测量土粒的大小，只能用间接的方法来定量地描述土粒的大小及各种颗粒的相对含量，常用的方法有两种：对粒径大于 0.075 mm 的土粒常用筛分析的方法；而对小于 0.075 mm 的土粒则用沉降分析的方法。工程上常用不同粒径颗粒的相对含量来描述土的颗粒组成情况，这种指标称为粒度成分。根据国标《土的工程分类标准（附条文说明）》（GB/T50145—2007）规定的界限粒径 200 mm、60 mm、2 mm、0.075 mm 和 0.005 mm 把土粒粒组划分为巨粒、粗粒和细粒三个粒组统称，再分为六大粒组：漂石或块石颗粒、卵石或碎石颗粒、圆砾或角砾颗粒、砂粒、粉粒及黏粒，如表 2-2 所示。

表 2-2　粒组划分

粒组统称	粒组名称		粒径范围 /mm	一般特征
巨粒	漂石（块石）		$d > 200$	透水性很强，无黏性，无毛细水
	卵石（碎石）		$60 < d \leq 200$	
粗粒	圆砾或角砾	粗砾	$20 < d \leq 60$	透水性强，无黏性，毛细水上升高度不超过粒径大小
		中砾	$5 < d \leq 20$	
		细砾	$2 < d \leq 5$	
	砂粒	粗砂	$0.5 < d \leq 2$	易透水，当混入云母等杂质时透水性降低，而压缩性增强；无黏性，遇水不膨胀，干燥时松散；毛细水上升高度不大，随粒径变小而增大
		中砂	$0.25 < d \leq 0.5$	
		细砂	$0.075 < d \leq 0.25$	
细粒	粉粒		$0.005 < d \leq 0.075$	透水性弱，湿时稍有黏性，遇水膨胀小，干时稍有收缩；毛细水上升高度较大较快，极易出现冻胀现象
	黏粒		$d < 0.005$	透水性很弱，湿时有黏性，遇水膨胀大，干时收缩显著；毛细水上升高度大，但速度较慢

（3）土粒的形状

土粒的形状是多种多样的，卵石接近于球形而碎石颇多棱角，云母是薄片状而石英砂却是颗粒状的。土粒的形状对于土的密实度和土的强度有显著的影响，棱角状的颗粒互相嵌挤咬合形成比较稳定的结构，强度较高；磨圆度好的颗粒之间容易滑动，土体的稳定性比较差。土粒的形状与土的矿物成分有关，也与土的形成条件及地质历史有关。

2. 土的液相物质

土的液相物质指存在于土孔隙中的水，通常认为水是中性的，在 0 ℃时冻结，但实际上土中的水是一种成分非常复杂的电解质水溶液，它和亲水性的矿物颗粒表面有着复杂的物理化学作用。按照水与土相互作用的强弱，可将土中水分为结合水和自由水两大类。结合水指处于土颗粒表面水膜中的水，受到土颗粒表面引力的控制而不服从静水力学规律，其冰点低于 0 ℃，结合水又可分为强结合水和弱结合水。强结合水在最靠近土颗粒表面处，水分子和水化离子排列得非常紧密，以致其密度大于1，并有过冷现象，即温度降到 0 ℃以下不发生冻结的现象。在距土粒表面较远地方的结合水称为弱结合水，由于土颗粒表面的引力降低，弱结合水的水分子的排列不如强结合水的紧密，弱结合水可能从较厚水膜或浓度较低处缓慢地迁移到较薄的水膜或浓度较高处，即可从一个土粒迁移到另一个土粒。这种运动与重力无关，这一层不能传递静水压力的水被定义为弱结合水。

自由水包括毛细水和重力水。毛细水不仅受到重力的作用，还受到表面张力的作用，能沿着土的细孔隙从潜水面上升到一定的高度。重力水在重力或压力差作用下能在土中渗流，对土颗粒和结构物都有浮力作用。

3. 土的气相物质

土的气相物质指充填在土的孔隙中的气体，包括与大气连通的和不连通的两类。与大气连通的气体对土的工程性质没有多大的影响，它的成分与空气相似，当土受到外力作用时，这种气体很快被挤出。但是密闭的气体对土的工程性质有很大的影响，密闭气体的成分可能是空气、水汽或天然气。在压力作用下这些气体可被压缩或溶解于水中。而当压力减小时，气泡会恢复原状或重新游离出来。含气体的土称为非饱和土，非饱和土和土的工程性质研究已成为土力学的一个新分支。

4. 土的物理指标

（1）三个基本物理性质指标

土的三个基本物理性质指标指土粒比重 G、土的含水量 ω 和密度 ρ，一般由实验室直接测定其数值。

①土粒比重（土粒相对密度）G。土粒质量与同体积的 4 ℃时纯水的质量之比，称为土粒比重（无量纲），亦称土粒相对密度，即：

$$G = \frac{m_{\mathrm{s}}/V_{\mathrm{s}}}{m_{\omega\mathrm{l}}/V_{\mathrm{s}}} = \frac{\rho_{\mathrm{s}}}{\rho_{\omega\mathrm{l}}} \qquad (2\text{-}1)$$

式中：ρ_{s}——土粒密度，即土粒单位体积的质量，单位是 g/cm；

$\rho_{\omega\mathrm{l}}$——4 ℃时纯水的密度，等于 1 g/cm^3 或 1 t/m^3。

一般情况下，土粒比重在数值上就等于土粒密度，但两者的含义不同，前者是两种物质的质量或密度之比，无量纲；而后者是一物质（土粒）的质量密度，有量纲。土粒比重取决于土的矿物成分，一般无机矿物颗粒的比重为 2.6～2.8；有机质的为 2.4～2.5；泥炭的为 1.5～1.8。土粒（一般指无机矿物颗粒）的比重变化幅度很小。土粒比重可在实验室内用比重瓶法测定，我们通常按经验数值选用，一般土粒比重参考值如表 2-3 所示。

2-3 土粒比重参考值

土的名称	砂类土	粉性土	黏性土	
			粉质黏土	黏土
土粒比重	2.65～2.69	2.70～2.71	2.72～2.73	2.74～2.76

②土的含水量（含水率）。土中水的质量与土粒质量之比，称为土的含水量，以百分数计，即：

$$\omega = \frac{m_\omega}{m_s} \times 100\% \qquad (2\text{-}2)$$

含水量 ω 是衡量土含水程度（湿度）的一个重要物理指标。天然土层的含水量变化范围很大，它与土的种类、埋藏条件及其所处的自然地理环境等有关。一般干粗砂，其值接近于零，而饱和砂土，其值可达 40%；坚硬黏性土的含水量可小于 30%，而饱和软黏土（如淤泥），其值可达 60% 或更大。一般来说，同一类土（尤其是细粒土），当其含水量增大时，其强度就会降低。土的含水量一般用"烘干法"测定。

③土的密度 ρ。土单位体积的质量称为土的密度，单位为 g/cm³，即：

$$\rho = \frac{m}{V} \qquad (2\text{-}3)$$

天然状态下土的密度变化范围较大。一般黏性土 ρ=1.8～2.0 g/cm³；砂土 ρ=1.6～2.0 g/cm³；腐殖土 ρ=1.5～1.7 g/cm³。土的密度一般用"环刀法"测定。

（2）特殊条件下土的密度

①土的干密度 ρ_d。土单位体积中固体颗粒部分的质量，称为土的干密度 ρ_d，即：

$$\rho_d = \frac{m_s}{V} \qquad (2\text{-}4)$$

在边坡工程上常把干密度作为评定土体紧密程度的标准，尤以控制填土工程的施工质量为常见。

②土的饱和密度 ρ_{sat}。

$$\rho_{sat} = \frac{m_s + V_s\rho_w}{V} \qquad (2-5)$$

式中：ρ_w——水的密度，近似等于 1 g/cm³ 或 1 t/m³。

③土的浮密度（有效密度）ρ'。在地下水位以下，土单位体积中土粒的质量与同体积水的质量之差，称为土的浮密度 ρ'，即：

$$\rho' = \frac{m_s - V_s\rho_w}{V} \qquad (2-6)$$

土的基本物理性指标中，质量密度指标共有 4 个，即土粒密度 ρ_s、干密度 ρ_d、饱和密度 ρ_{sat} 和有效密度 ρ'。与之对应，土的重力密度（简称重度）指标也有 4 个，即土的天然重度 γ_s、干重度 γ_d、饱和重度 γ_{sat} 和浮重度 γ'。

（3）描述土的孔隙体积相对含量的指标

①土的孔隙比 e。土的孔隙比是土中孔隙体积与土粒体积之比，即：

$$e = \frac{V_v}{V_s} \qquad (2-7)$$

孔隙比用小数表示。它是一个重要的物理性指标，可以用来评价天然土层的密实程度。一般 $e < 0.6$ 的土是密实的低压缩性土，$e \geqslant 1.0$ 的土是疏松的高压缩性土。

②土的孔隙率 n。土的孔隙率是土中孔隙所占体积与总体积之比，以百分数表示。即：

$$n = \frac{V_v}{V} \times 100\% \qquad (2-8)$$

③土的饱和度 S_r。土中被水充满的孔隙体积与孔隙总体积之比，称为土的饱和度，以百分数表示。即：

$$S_r = \frac{V_w}{V_v} \times 100\% \qquad (2-9)$$

土的饱和度 S_r 与含水量 ω 均为描述土中含水程度的比例指标，根据饱和度 S_r（%）不同，砂土的湿度可分为三种状态：稍湿 $S_r \leqslant 50\%$；很湿 $50\% \leqslant S_r \leqslant 80\%$；饱和 $S_r > 80\%$。

（二）有效应力与孔隙水压力

土中应力按其作用原理或传递方式可分为有效应力和孔隙应力两种。土中有效应力指土粒所传递的粒间应力，它控制土的体积（或变形）和强度。土中孔隙应力指土中水和土中气所传递的应力，土中水传递的孔隙水应力，即孔隙水压力；土中气传递的孔隙气应力，即孔隙气压力。

1. 有效应力

饱和土的有效应力原理是太沙基提出的，该理论阐明了松散颗粒土体与连续固体材料的本质区别，为现代土力学变形和强度计算奠定了基础。该原理认为，施加在饱和土体上的总应力可以分为两部分，一部分由孔隙水承受，称为孔隙水压力；另一部分由土体骨架承受，称为有效应力，它们构成了饱和土体内部的受力和传力机制，在总应力不变的条件下，二者共同承担又互相转换。该原理还可以这样表述：

①饱和土体任一平面上受到的总应力 σ 等于有效应力 σ' 与孔隙水压力 u 之和，即：

$$\sigma=\sigma'+u \tag{2-10}$$

②土体的强度变化和变形只取决于土中的有效应力变化，而与土体内的孔隙水压力无直接关系。

非饱和土（三相土体）的有效应力与孔隙压力问题由于土中存在孔隙气而相对复杂。其孔隙压力中包含了孔隙气压力。相对而言，非饱和土的有效应力原理远不如饱和土的成熟。对于它的总应力、有效应力和孔隙压力三者之间的关系，目前人们仍常用以下表达式来说明和讨论：

$$\sigma'=\sigma-u_a+\chi(u_a-u_w) \tag{2-11}$$

式中：χ——表征孔隙气压力存在和作用的系数，随土的饱和度、土类和应力路径的改变而变化，大小介于 $0\sim1$ 之间；

u_w、u_a——孔隙水压力、孔隙气压力，它们的单位是 kPa。

当土体承受力系时，作用于任意平面上的总应力等于土颗粒骨架之间的有效应力与土体孔隙中流体所承受的孔隙压力之和。由于孔隙压力各向同性，它并不会引起土体的变形；只有有效应力才会导致土体发生变形。实际上，土体有效应力是总应力在土颗粒之间传递的一个平均应力。对于成土其年代长久，土体在自重应力作用下已经完成压缩固结，土中竖向和侧向的自重应力一般均指有效应力。为了简化方便，我们将常用的竖向有效自重应力简称为自重应力，用符号 σ_c 表示。侧向自重应力 σ_{cx} 和 σ_{cy} 与竖向自重应力 σ_c 均成正比，而剪应力均为零，即：

$$\sigma_{cx}=\sigma_{cy}=K_o\sigma_c \tag{2-12}$$

$$\tau_{xy}=\tau_{yz}=\tau_{zx}=0 \tag{2-13}$$

式中比例系数 K_0 称为土的静止侧压力（土压力）系数。

对于成层土，各层土具有不同的重度。如地下水水位位于同一土层中，计算自重应力时，地下水水位面也应作为分层的界面。天然地面下深度 z 范围内各层土的厚度自上而下分别为 h_1、h_2、$\cdots$、h_i，计算出高度为 z 的土柱体各层土重的总和后，可得到成层土自重应力的计算公式：

$$\sigma_c = \sum_{i=1}^{n} \gamma_i h_i \qquad (2\text{-}14)$$

式中：σ_c——天然地面下任意深度处的竖向有效自重应力，单位是 kPa；

n——深度 z 范围内的土层总数；

h_i——第 i 层土的厚度，单位是 m；

γ_i——第 i 层土的天然重度，对地下水位以下土层取浮重度 γ_i'，单位是 kN/m^3。

在地下水位以下，如埋藏有不透水层（如岩层或只含结合水的坚硬黏土层），由于不透水层中不存在水的浮力，所以不透水层顶面的自重应力值及其以下深度的自重应力值应按上覆土层的水土总重计算。

2. 孔隙水压力

孔隙水压力指土壤或岩石中地下水的压力，该压力作用于微粒或孔隙之间。静孔隙水压力约等于没有水流作用下的静水压力。对于水流条件下的高渗透性土，其孔隙水压力计算比较简单，渗流场中各点孔隙水压力等于压力水头 h_u（测压管中水柱高度）乘以水的复杂度，即：

$$u = h_u \times \gamma_w \qquad (2\text{-}15)$$

3. 有效应力原理在边坡工程中的应用

土体的有效应力原理在边坡及其工程中的重要性已日益被认识和重视。因为它几乎在土力学的若干重要方面都得到了反映，而且促进了土力学解决工程问题的发展。它的发现使土力学有了自己特定的理论。有效应力原理的提出与应用使土力学有了自身区别于一般固体力学的特征性原理。从现有的土力学系统来看，它几乎不同程度地贯穿于整个土力学学科的各项内容中。

土体固结理论应该是有效应力原理中孔隙压力与有效应力的分担与转换关系的最重要和最明确的应用，其是固结理论得以建立的物理基础；土力学中抗剪强度的不同试验测定方法及其相应指标的产生则是有效应力原理对经典强度理论和破坏准则在土体中的具体化描述和可操作应用所做出的贡献。由于有效应力指标或参数具有相对稳定不变的特点，因而它被认为反映了土体的固有属性且可以作为可信赖的常数使用，由此就可引导出边坡设计和稳定分析的有效应力方法。估算支护结构上土压力大小的水土分算方法即是这一原理在边坡工程应用的一个具体实例。必须指出和注意的是，从理论上来说，此时的抗剪强度应采用相应的有效应力指标。

不饱和土层中气体部分体积膨胀，会造成土体中气压失去平衡，土体中的气压暂时小于大气压，由于气压差形成了负孔隙水压力，负孔隙水压力对土粒产生吸附作用，而增加有效应力，当气压达到平衡时，负孔隙水压力消散。

（三）土的渗透性

土的渗透性指水在土孔隙中渗透流动的性能，或称透水性。土中的渗流会对土颗粒施加作用力即渗流力，渗流力过大时就会引起土颗粒或土体的移动，产生渗透变形，甚至渗透破坏，如边坡破坏、地面隆起、堤坝失稳等现象。土的渗透性和土中渗流是土中渗流问题计算和模拟试验的物理基础，它们对土体的强度和土体的变形有重要影响。

1. 土的层流渗透定律

由于土体中孔隙一般非常微小且很曲折，水在土体流动过程中黏滞阻力很大，流速十分缓慢，因此多数情况下其流动状态属于层流，即相邻两个水分子运动的轨迹相互平行而不混流。地下水在土中的渗透速度一般可根据实验得到的直线渗透定律计算，其公式如下：

$$v = \frac{q}{A} = ki \qquad (2\text{-}16)$$

式中：q——单位渗水量，单位是 cm^3/s；

v——断面平均渗流速度，单位是 cm/s；

i——水力梯度，表示单位渗流长度上的水头损失（$\triangle h/L$），或称水力坡降；

k——反映土的透水性的比例系数，一般称为土的渗透系数。它相当于水力梯度 $i=1$ 的渗流速度，故其量纲与渗流速度相同，单位是 cm/s。

达西定律表明在层流状态的渗流中，渗透速度 v 与水力梯度 i 的一次方成正比，如图 2-1（a）所示。但是，对于密实的黏土，由于吸着水具有较大的黏滞阻力，因此，只有当水力梯度达到某一数值，克服了吸着水的黏滞阻力以后，水才能渗透。我们将一开始发生渗透时的水力梯度称为黏土的起始水力梯度。一些试验资料表明，当水力梯度超过起始水力梯度后，渗透速度与水力梯度还会偏离达西定律而成非线性关系，如图 2-1（b）中的实线所示。为了实用方便，常用图中的虚直线来描述密实黏土的渗透速度与水力梯度的关系，达西定律表达式修正为：

$$v=k(i-i_b) \tag{2-17}$$

式中：i_b——密实黏土的起始水力梯度；其余符号意义同前。

另外，试验也表明，在砾土和巨粒土中，只有在小的水力梯度下，渗透速度与水力梯度才成线性关系，而在较大的水力梯度下，水在土中的流动即进入紊流状态，渗透速度与水力梯度成非线性关系，如图 2-1（c）所示，此时达西定律不能适用。

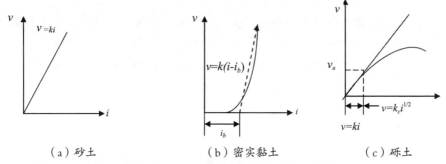

（a）砂土　　　　　　　　（b）密实黏土　　　　　　（c）砾土

图 2-1　土的渗透速度与水力梯度的关系

边坡工程中的渗流多数是边界条件较为复杂的二维或三维渗流。把达西定律表达的均匀不可压缩流体的单向渗流方程推广到各向异性介质中的二维和三维渗流，就要表达为微分形式，一般可以用如下向量形式表达：

$$\vec{v} = k\vec{i} = k\mathrm{grad}(h) \tag{2-18}$$

式中：$\vec{v}$——渗流速度向量，其分量为 v_x、v_y、v_z；

$\vec{i}$——水力梯度向量，其分量为 $i_x=h/x$、$i_y=h/y$、$i_z=h/z$；

k——渗透张量，其分量 k_{ij} 的物理意义是 j 方向的单位水力梯度引起 i 方向的流速大小，k_{ij} 具有对称性，单位是 cm/s；

h——总水头，单位是 m。

由于实际土层一般都是水平成层，我们只需要考虑其垂直方向和水平方向渗透性的各向异性性质。这时，式（2-18）可以简化为式（2-19）：

$$k_x \frac{\partial^2 h}{\partial h^2} + k_z \frac{\partial^2 h}{\partial z^2} = 0 \tag{2-19}$$

2. 谢才公式（非线性渗透定律）

在紊流条件下，土体内水的渗流服从谢才公式：

$$v=k_c i^{1/2} \tag{2-20}$$

式中：k_c——紊流运动时土的渗流系数（cm/s）。

通常，地下水只有在大裂隙、大溶洞中的运动才服从非线性渗透定律，当水力梯度很大时，土体内也可能出现紊流运动，此时土中水的渗流服从式（2-20）。

3. 渗透系数

渗透系数 k 是反映土的渗透能力的定量指标，也是计算渗流时必须用到的一个基本参数。我们常用单位水力梯度下土中的渗流速度，即渗透系数来反映土体渗透性的大小。不同类型土体的渗透性变化很大，常见土体的渗透系数经验值如表 2-4 所示。由于土体的各向异性和土层结构构造上的特点等，土体渗透性也常常具有各向异性，其渗透系数在水平方向和垂直方向表现出明显的差异。

渗透系数可通过试验直接测定或间接测定。直接测定方法可分为室内渗透试验和现场试验两大类。

表 2-4 常见土体的渗透系数经验值

土类	k 值 /cm·s^{-1}	土类	k 值 /cm·s^{-1}
粗砾	$5 \times 10^{-1} \sim 10^{0}$	黄土（砂质）	$10^{-4} \sim 10^{-3}$
砂质砾、河砂	$10^{-2} \sim 10^{-1}$	黄土（黏质）	$10^{-6} \sim 10^{-5}$
粗砂	$10^{-2} \sim 5 \times 10^{-2}$	粉质黏土	$10^{-6} \sim 10^{-4}$
细砂	$10^{-3} \sim 5 \times 10^{-3}$	黏土	$10^{-8} \sim 10^{-6}$
粉砂	$10^{-4} \sim 2 \times 10^{-3}$	淤泥质土	$10^{-7} \sim 10^{-6}$
粉土	$10^{-4} \sim 10^{-3}$	淤泥	$10^{-10} \sim 10^{-8}$

（四）土的压缩和固结

土的压缩性指土体在压力作用下体积缩小的特性。试验研究表明，在一般压力（100 ～ 600 kPa）作用下，土粒和土中水的压缩量与土体的压缩总量的比值是很小的，可以忽略不计。很少量封闭的土中气被压缩，其也可忽略不计，因此，土的压缩指土中孔隙的体积缩小，即土中水和土中气的体积缩小，此时，土粒调整位置、重新排列、互相挤紧。土在压力作用下的体积变化（包括压力增加所发生的压缩以及压力减小所发生的膨胀）是非常复杂的，有些土的体积变化在荷载变化后立即完成，有些土的体积变化随时间的推移逐步发展。在随时间的推移而逐步发展的变形中又包括两部分：一部分是由于超静孔压消散和孔隙水排出引起的体积变化，称为固结；另一部分与超静孔压和孔隙水变化无关，称为流变。土体具有的固结和流变特性是地基沉降发生的内在原因。

1. 土的压缩性及其指标

（1）压缩曲线、回弹曲线和再压缩曲线

在土力学中一般采用基于室内单向压缩试验得到的孔隙比 e 和压力 p 的变化关系来表明土的压缩及膨胀特性，在室内侧限压缩试验中连续递增压力，得到了常规的压缩曲线。现在如果加压到某一值后不再加压，而是逐级进行卸载直至零，测得各卸载等级下土样回弹稳定后土样的高度，进而换算得到相应的孔隙比，即可绘制出卸载阶段的关系曲线，称为回弹曲线（或膨胀曲线）。不同于一般的弹性材料，回弹曲线不和初始的加载曲线重合，卸载至零时，土样的孔隙比没有恢复到初始压力为零时的孔隙比 e_0。这就说明了土中残留了一部分压缩变形，称之为残余变形，但也恢复了一部分压缩变形，称之为弹性变形。若接着重新逐级加压，则可测得土样在各级荷载作用下再压缩稳定后的孔隙比，相应地可绘制出再压缩曲线。

（2）压缩系数、压缩指数和回弹指数

土的压缩系数 a 是土体在侧限条件下孔隙比减小量 Δe 与竖向有效压应力增量 Δp 的比值，e_1、e_2 相应于 p_1、p_2 作用下压缩稳定后的孔隙比。压缩系数可采用式（2-21）进行计算。e-p 曲线愈陡，说明随着压力的增加，土孔隙比的减小愈显著，因而土的压缩性愈高。

$$a = \tan\beta = \frac{\Delta e}{\Delta p} = \frac{e_1 - e_2}{p_2 - p_1} \qquad (2\text{-}21)$$

为了便于比较，我们通常采用压力段由 p_1=0.1 MPa 增加到 p_2=0.2 MPa 时的压缩系数 $a_{1\text{-}2}$ 来评定土的压缩性。$a_{1\text{-}2} < 0.1$ MPa^{-1} 时，为低压缩性土；0.1 MPa$^{-1} \leqslant a_{1\text{-}2} < 0.5$ MPa^{-1} 时，为中压缩性土；$a_{1\text{-}2} \geqslant 0.5$ MPa^{-1} 时，为高压缩性土。

土的压缩指数 C_c 指土体在侧限条件下孔隙比减小量与竖向有效压应力常用对数值增量的比值，即图 2-2 中 e-$\lg p$ 曲线中某一压力段的直线斜率。土的 e-p 曲线改绘成半对数 e-$\lg p$ 曲线时，它的后段接近直线（图 2-2），其斜率 C_c 为：

$$C_c = \frac{e_1 - e_2}{\lg p_2 - \lg p_1} = \Delta e / \lg (p_2 / p_1) \qquad (2\text{-}22)$$

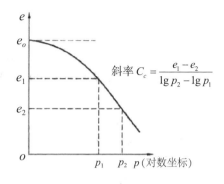

图 2-2　e-$\lg p$ 曲线

同压缩系数 a 一样，压缩指数 C_c 值越大，土的压缩性越高。低压缩性土的 C_c 一般小于 0.2，C_c 值大于 0.4 为高压缩性土。

回弹指数 C_e 多取 e-$\lg p$ 曲线中卸载段和再压缩段平均斜率的绝对值，其数值一般比压缩指数 C_c 要小得多，一般黏性土的回弹指数 $C_e \approx (0.1 \sim 0.2) C_c$。但是土体如经受多次重复卸荷加荷后，$C_e$ 将接近 C_c，乃至相等。

（3）压缩模量和体积压缩系数

压缩模量 E_s 指土体在侧限条件下竖向附加应力与竖向应变的比值，或称侧限模量。

土体在均匀压力作用下，仅产生竖向压缩，而无侧向变形的基本假定下的压缩模量公式如下：

$$E_s = (1 + e_o) / a \qquad (2\text{-}23)$$

式中：e_o——土的天然孔隙比。

土的压缩模量 E_s 越小，土的压缩性越高。E_s 的大小反映了单向压缩时土体对压缩变形的抵抗力。另一个压缩性指标为体积压缩系数 m_V，它是土体在侧限条件下体积应变与竖向压应力增量之比，即在单位压力增量作用下土体单位体积的体积变化。与压缩系数、压缩指数一样，体积压缩系数 m_V 的值越大，土的压缩性越高。

$$m_V = \frac{e_1 - e_2}{(1 + e_1)\,\Delta p} = \frac{\Delta H / H_1}{\Delta p} \qquad (2\text{-}24)$$

$$m_V = \frac{1}{E_s} = \frac{a}{(1 + e_1)} \qquad (2\text{-}25)$$

（4）弹性模量

弹性模量 E_o 是与压缩模量 E_s 相应的另一个常用的变形计算参数，它指无

27

侧限条件下在受压方向上的正应力与变形稳定时相应的正应变之间的比值。弹性模量 E_o 一般是在现场用载荷板试验及其所得的资料求出的，所以其适用于三维（空间）应力状态的地基最终变形计算，其估算公式为：

$$E_o = \frac{pb\omega(1 - \mu^2)}{s}$$ （2-26）

式中：E_o——地基土的弹性模量，单位是 kPa；

p——荷载板底压力，单位是 kPa；

b——方形荷载板边长，或圆形荷载板直径，单位是 cm；

ω——沉降影响系数，与荷载板形状、刚度有关，无量纲，一般对于圆形板其值是 0.79，对于方形板其值为 0.88；

μ——土的泊松比（侧膨胀系数），无量纲，砂土可取 0.20～0.25，黏性土可取 0.25～0.4；

s——对应于压力 p 的荷载板的沉降，单位是 cm。

2. 土的固结理论及其计算指标

土体变形随时间的发展过程中，土的固结问题和固结特性是土体区别于其他工程材料的又一个重要特点。通常论及土体固结均针对饱和的二相土（孔隙中完全充满水）而言。在外荷载作用下土中孔隙水逐渐排出，孔隙压力（超静水压力）逐渐消散，有效应力增长并至终止，相应的土体压缩并直至稳定的全过程即为固结。太沙基用有孔弹簧活塞模型形象地模拟了这一过程，并根据有效应力原理解释了固结过程中土体孔隙水压力和有效应力分担总应力及它们彼此相互转换的土体固结机理。

（1）太沙基一维固结理论

基于饱和土体的线弹性假设、达西定律、渗流连续条件和荷载瞬时施加且不随时间变化等条件，太沙基建立了土体一维（竖向）固结微分方程：

$$C_V \frac{\partial^2 u}{\partial z^2} = \frac{\partial u}{\partial t}$$ （2-27）

$$C_V = \frac{K_V(1 + e)}{a\gamma_w}$$ （2-28）

式中：C_V——土的固结系数，单位是 cm²/s，它是反映土体内超静孔压消散快慢的试验参数，一般可通过室内固结试验求得；

t、z——固结时间（s）和竖向坐标值（m）；

γ_w——孔隙中水的重度，单位是 kN/m；

K_v、a、e——竖向渗透系数、压缩系数和初始孔隙比。

根据合适的初始条件和边界条件可求解土中任意点孔隙压力的分布式以及对工程具有实用意义的土层平均固结度（U_t）的计算式。

平均固结度用来反映某一时刻 t 全压缩土层在初始孔隙压力（$u_o=p$）作用下的压缩过程的平均完成程度，也就是 t 时刻初始孔隙压力（$u_o=p$）转化为有效应力过程的平均完成程度。最常用的一维条件下的固结度表达式为：

$$U_t = 1 - \frac{8}{\pi^2} e^{-\frac{\pi^2}{4}T_v} \qquad （2-29）$$

$$T_v = \frac{C_v t}{H^2} \qquad （2-30）$$

式中：T_v——时间因数，无量纲；

H——孔隙水的最大渗径，单位是 cm。当可压缩土层为单面排水时，渗径与土层厚度取同一数值；为双面排水时，最大渗径取为土层厚度的一半。其余指标同前。

式（2-29）就是通常所说的基于太沙基固结理论建立的单向固结问题的固结度计算式。它适用的条件或模拟的工程实际情况相当于饱和压缩土层表面作用着面积无穷大的超载或者基础荷载宽度远大于可压缩土层的厚度时（一般认为宽度大于 4 倍层厚时），相应的附加应力沿土层深度不变，即初始孔压分布图形是矩形的情况。

当其他条件一定且相同时，达到某一固结度的时间只取决于时间因数，因此若有两个性质相同的土层（或对于在某个土层中取出的用于室内做试验的土样），其渗径分别为 H_1 和 H_2，则它们达到同一固结度所需的时间 t_1 和 t_2，将与其渗径之间存在如下关系：

$$\frac{t_1}{H_1^2} = \frac{t_2}{H_2^2} \qquad （2-31）$$

（2）比奥三维固结理论

太沙基固结理论只在一维固结情况下是精确的，对二维和三维问题并不精确。比奥在考虑了固结过程中土体平均总应力随时间变化的同时，基于连续介质力学的基本方程，从较严格的固结机理出发，推导建立了能准确反映孔隙水压力消散与土骨架变形相互关系的饱和土体三维固结方程组。

比奥固结理论比太沙基固结理论更为合理完整，但计算过程比较复杂，往往需要采用数值解法。运用比奥固结理论有限元法可以处理各种复杂边界条件、复杂计算域，将土体的弹性矩阵和渗透系数矩阵采用切线模量和变渗透系数后还可以处理土的非线性应力应变问题以及非达西渗流问题，比奥固结理论的应用范围更加广泛。

（3）边坡土体的变形特性

土体作为一种典型的黏弹塑性体，其力学特性不仅取决于物质组成和最初及最终的应力状态，也与应力路径、应力历史和受荷时间等因素密切有关。边坡开挖工程涉及大量的土体卸载问题，土体的加荷过程与卸荷过程是两种完全不同的应力路径，造成加荷与卸荷条件下土体的变形性状有显著差别。因此，在当前边坡工程设计中，我们应该考虑这一本质问题的影响。

迄今为止，国内外对土的力学性质的研究，大部分是针对加载方式进行的，对于卸载条件下土的力学性研究，虽然也取得了一些成果和进展，但相对前者而言则显得微不足道。况且目前国内外关于土的卸载试验研究，大多是在低应力水平下进行的，其只能为一般高边坡等近地表开挖工程提供工程地质基础参数和理论分析。土体的加荷过程与卸荷过程是两种完全不同的应力路径，而应力路径与土体的强度、变形特性密切相关，这就使得目前卸荷工程的设计计算与实际情形有较大差异，同时也是塌方、滑坡、支护结构破坏等工程事故发生的重要原因之一。掌握土体在卸荷状态下的工程性质，根据卸荷的各项强度指标进行卸荷工程设计，可减小工程设计与实际情况的误差，并且人们可采取有针对性的措施，预防事故的发生，避免重大人身伤亡和巨大的经济损失。

（五）土的强度和变形特性

土的抗剪强度指土体对于外荷载所产生的剪应力的极限抵抗能力。在外荷载作用下，土体中将产生剪应力和剪切变形。当土中某点由外力所产生的剪应力达到土的抗剪强度时，土就沿着剪应力作用方向产生相对滑动，该点便发生剪切破坏。工程实践和室内试验都证实了土是由于受剪而产生破坏的，剪切破坏是土体强度破坏的重要特点，因此，土的强度问题实质上就是土的抗剪强度问题。

1. 莫尔－库仑强度理论

土体抗剪强度是岩土工程中许多工程对象稳定与安全分析的基础条件，如边坡工程中支护结构上的土压力、地基承载力以及土坡稳定性等均与土的强度特性相关联。就目前的工程应用水平，土体的强度破坏与稳定仍是沿用传统的塑性力学的方法，取强度极限控制条件作为依据而尚未有机地反映与土体变形特性的结合。所以其破坏准则甚至包括屈服条件都是引用的经典弹塑性理论中已经被理想化了的几种强度理论，如莫尔－库仑准则、冯·米塞斯屈服准则和特雷斯卡屈服准则等。尽管在诸多岩土工程的非线性分析与研究中已有不少其他非常用的破坏准则，如德鲁克－普拉格准则等的引用或应用，但在具体工程中仍以莫尔－库仑准则的使用最为普遍，且它常被选作为各级各类工程设计规范制定相应规定条款的依据。

莫尔－库仑强度理论认为，土的破坏是剪切破坏；土体发生剪切破坏时，将沿着其内部某一曲面（滑动面）产生相对滑动，而该滑动面上的剪应力就等于土的抗剪强度；任一平面上的抗剪强度 τ_f 只是该面上法向应力 σ 的函数。这个函数所定义的曲线为一条微弯的曲线，称为莫尔破坏包线或抗剪强度包线。在应力水平不很高的情况下，这一函数关系可用下列线性方程，即库仑方程表达：

$$\tau_f = c + \sigma \tan\varphi \qquad (2\text{-}32)$$

式中：c、φ——都是总应力强度指标，分别为土体的黏聚力（单位为 kPa）和内摩擦角。

用有效应力表示时，该函数关系为：

$$\tau_f = c' + \sigma' \tan\varphi' \qquad (2\text{-}33)$$

相应的破坏准则为：

$$\sigma'_{1f} = \sigma'_3 \tan^2\left(45° + \varphi'/2\right) + 2c'\tan\left(45° + \varphi'/2\right)$$
$$\sigma'_{3f} = \sigma'_1 \tan^2\left(45° - \varphi'/2\right) - 2c'\tan\left(45° - \varphi'/2\right) \qquad (2\text{-}34)$$

式中：c'、σ'——都是有效应力强度指标，分别为土体的有效黏聚力（单位为 kPa）和有效内摩擦角。

根据土的莫尔－库仑强度理论，黏性土的抗剪强度主要是由两部分组成的，即摩擦强度和黏聚强度。而对于无黏性土（粗粒土），由于土颗粒较粗，颗粒的比表面积较小，土颗粒粒间没有黏聚强度，其抗剪强度主要来源于粒间的摩擦阻力。摩擦强度主要是由土粒之间的表面摩擦力和土粒之间的咬合力（土粒相对滑动时将嵌在其他颗粒之间的土粒拔出所需的力）引起的，而后者又是诱发土的剪胀、颗粒破碎和颗粒重定向排列等的主要原因；黏聚强度则主要是由土粒间水膜受到相邻土粒之间的电分子引力以及土中化合物的胶结作用而引起的。

土的抗剪强度，首先取决于其自身的性质，包括土的物质组成、土的孔隙比、土的结构和构造等。其中土的物质组成是影响土强度的最基本因素，它又包括土颗粒的矿物成分、颗粒大小与级配、含水率、饱和度、黏性土的粒子和胶结物种类等内容。其次，土的强度又与它所形成的沉积环境和应力历史等因素有关。最后，土的强度还与其当前所受的应力状态、应变状态、加荷条件和排水条件等因素密切相关。

2. 抗剪强度的试验方法与选用

（1）抗剪强度的试验方法

土体本质上是多相体，最一般的工程条件下它也是二相饱和介质。土中孔隙水的存在与否将对其性质产生多种影响，使得土的强度指标有所谓总应力强度指标和有效应力强度指标之区分，相应的分析方法有总应力分析法和有效应力分析法。有效应力强度指标描述的是抗剪强度与破坏面上的有效应力之间的关系，总应力强度指标描述的是抗剪强度与破坏面上的总应力之间的关系。理论上，对于密度和含水率都给定的某一种土来说，其抗剪强度应该是不变的，即土的抗剪强度与有效应力之间存在一一对应关系。有效应力指标概念明确，指标稳定，被认为是土体的一种固有属性。而对于总应力强度而言，不同的排水控制条件和应力路径会产生相应不同的强度及其指标，换言之，此时的土体强度与外荷载无一一对应关系，它是随试验条件（首先是排水控制条件）的不同而改变的。

土的抗剪强度主要用黏聚力 c 和内摩擦角 φ 来表示。土的抗剪强度主要依靠土的室内剪切试验和土体原位测试来确定。测试土的抗剪强度时所采用的试验仪器种类和试验方法对土的总应力强度指标有很大影响，但对有效应力强度指标影响甚微。根据实际工程中不同的排水条件和施工速率，一般地可以引出六种不同的室内试验方法及其相应的总应力强度指标。这就是对于直剪试验的快剪、固结快剪、慢剪和对于三轴试验的不固结不排水剪、固结不排水剪、固结排水剪，而且前三者与后三者及其结果又是两相对应的。换言之，直剪试验中的"快"与"慢"，实际是三轴试验"不排水"与"排水"的同义语，这里并不是纯粹为了讨论剪切速率对强度的影响。三轴试验过程中的孔隙水压力 u 及含水量 ω 的变化如表 2-5 所示。

表 2-5　三轴试验过程中的孔隙水压力 u 及含水量 ω 的变化

加荷情况试验方法	施加围压 σ_3	施加法向应力增量 $\sigma_1-\sigma_3$
不固结不排水剪	$u_1=\sigma_3$（不固结） $\omega_1=\omega_0$（含水量不变）	$u_2=A(\sigma_1-\sigma_3)$（不排水） $\omega_2=\omega_0$（含水量不变）

续表

加荷情况试验方法	施加围压 σ_3	施加法向应力增量 $\sigma_1-\sigma_3$
固结不排水剪	$u_1=0$（固结） $\omega_1 < \omega_0$（含水量减小）	$u_2=A（\sigma_1-\sigma_3）$（不排水） $\omega_2=\omega_1$（含水量不变）
固结排水剪	$u_1=0$（固结） $\omega_1 < \omega_0$（含水量减小）	$u_2=0$（排水） $\omega_2 < \omega_1$（正常固结土排水） $\omega_2 > \omega_1$（超固结土吸水）

对于不同的试验方法，由于其排水条件不同，土体排水固结将要对抗剪强度做出不同程度的贡献，因而就内摩擦角 φ 而言，对于正常固结土，固结排水剪的 φ_{cd} 大于固结不排水剪的 φ_{cu}（总应力指标），又大于不固结不排水剪的 φ_u 值，如图 2-3 所示。理论上，固结排水剪的 φ_{cd} 应与固结不排水剪（测孔压）所得到的有效指标 φ' 相同，实际上两者相近已令人满意。所以有效应力强度指标测定除了可以用固结不排水剪（测孔压）的方法求取外，也可用直剪慢剪或三轴排水剪试验结果近似表示。这里必须指出，土体内摩擦角 φ 的大小顺序规律并不适用于另一个强度指标黏聚力 c。因为虽然 c 值在几何上表现为库仑强度破坏线在纵轴上的截距，但迄今的研究已经表明，库仑强度破坏线不总是一条直线，它受应力历史、应力水平等的影响。由此可见，土体的总应力强度参数随排水情况、应力历史的不同而差异甚大，在实际工程计算中，人们应注意选择符合实际情况的试验方法来测定强度参数。如果强度参数选择不当，就不可能得出正确的稳定计算结果。

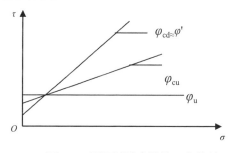

图 2-3　不同试验方法的 φ 角比较

（2）抗剪强度指标的选用

①与有效应力法或总应力法相对应，应分别采用土的有效应力强度指标或总应力强度指标。当土中的孔隙水压力能通过实验、计算或其他方法加以确定时，人们宜采用有效应力法。有效应力法是一种比较合理的分析方法，我们只要能比较准确地确定孔隙水压力，就应该采用有效应力强度指标。有效应力强度可用三轴排水剪或三轴固结不排水剪（测孔压）测定。

②三轴试验中的不固结不排水剪和固结不排水剪这两种试验方法的排水条件是很明确的。不固结不排水剪相应所施加的外力全部为孔隙水压力所承担，土样完全保持初始的有效应力状态，此时的强度为土的天然强度；固结不排水剪的固结应力全部转化为有效应力，而在施加偏应力时又产生了孔隙水压力。所以仅当实际工程中的有效应力状况与上述两种情况相对应时，采用上述试验方法及相应指标才是合理的。因此，对可能发生快速加荷的正常固结黏性土上的路堤进行短期稳定分析时可采用不固结不排水剪的强度指标；对土层较厚、渗透性较小、施工速度较快工程的施工期或竣工时的分析也可采用不固结不排水剪的强度指标；对土层较薄、渗透性较大、施工速度较慢工程的施工期或竣工时的分析可采用固结不排水剪的强度指标。

③工程情况不一定都是很明确的，如加荷速度的快慢、土层的厚薄、荷载大小以及加荷过程等都没有定量的界限值，因此在具体使用中常根据工程经验判断选用哪一种强度指标，这是应用土力学基本原理解决工程实际问题的基本方法。此外，常用的三轴试验条件也是理想化了的室内条件，与实际工程有一定的差距，因此使用强度指标时需要结合实际经验。

3. 土的变形特性

土的基本变形特性与其他工程材料一样，土体在遭受外力后会发生变形。由于土是岩石在漫长地质过程中受风化、搬运、沉积、固结和地壳运动等共同作用后的产物，其变形性质十分复杂，且影响因素众多，一般土随着种类、状态及外界条件的变化而有很大变化。关于土的应力与应变关系以及土体力学反应等的分析在引用材料力学和弹塑性力学的原则、原理和计算表达式时，必须以土体自身的基本变形特性为依据。土的基本变形特性主要包括非线性、弹塑性、剪胀（缩）性、压硬性、各向异性等。此外，土的基本变形特性会受到应力路径和应力历史等因素的影响。

（1）非线性

土体是松散的颗粒堆积体，受力后土体的变形主要不是由于土颗粒本身变形，而是由于颗粒之间的位置调整，这样在不同应力水平下由相同应力增量而引起的应变增量就会不相同，从而表现出非线性特性。土体的应变软化过程实际上是一种不稳定过程，常伴随着局部剪切带的出现，因此其应力应变的影响因素更加复杂，反映应变软化过程的数学模型也更难准确建立。

（2）弹塑性

土体是一种典型的弹塑性材料，其在各种应力增量作用下一般都会产生卸载后无法恢复的塑性变形，哪怕在加载初始应力－应变关系接近直线的阶段，总应变 ε 仍然包括可以恢复的弹性应变 ε_e 和不可恢复的塑性应变 ε_p 两部分，即在加载后再卸载到原应力状态时，土体一般不会恢复到原来的应变状态。土体的另一个特性是在经过一个加卸载循环后存在滞回环。滞回环的存在表示土体在卸载和再加载过程中存在能量消耗，再加载时还会产生新的不可恢复的变形，不过同一荷载多次重复后每一循环产生的塑性加载与卸载的应力 – 应变曲线性变形将逐渐减小。

（3）剪胀（缩）性

土体在受力后不仅体积应力会引起明显的体积变形，剪应力也会引起体积变形。正常固结黏性土和松砂在剪应力作用下多引起体积收缩，称为剪缩；而超固结黏性土和密砂在剪应力作用下除开始有少量体积压缩外，随后会产生明显的体积膨胀（负体积应变），称为剪胀。土体剪胀（缩）性实质上是由于剪应力引起土颗粒间相对位置变化，加大或减小了颗粒间的孔隙，从而引发体积变化的。土体的剪缩和剪胀与硬化和软化常有一定的联系，但也不是必然的联系，软化类型的土往往是剪胀的，而剪胀土未必都是软化的。

不仅剪应力能引起土体的剪应变，体积应力也会引起剪应变。由于土体存在初始剪应力，所以施加各向相等的正应力增量时，颗粒间的相对错位滑移在各方向上是不均匀的，宏观上就表现为剪应变，这与纯弹性材料是完全不同的。土体内剪应力引起的体积应变以及体积应力引起的剪应变不但存在，而且往往是不可忽视的，合理的本构模型应考虑这些因素的影响。

（4）压硬性

通常，土体的强度和刚度都随压应力的增大而增大，随压应力的降低而降低，即土体具有压硬性。随应力水平的变化，土体的应力 – 应变关系曲线形状也有变化，在很高的围压下，即使很密的土，其应力 – 应变关系曲线也与松砂的相似，没有剪胀性和应变软化现象。土的弹性模量也随着围压的增大而提高。围压所提供的约束对于土体的强度和刚度是至关重要的，这也是土体区别于其他材料的重要特性之一。例如，下列土在三轴试验中初始模量 E_i 与围压 σ_3 之间的扬布公式就是土体压硬性的一种具体体现：

$$E_i = K p_a (\frac{\sigma_3}{p_a})^n \qquad (2\text{-}35)$$

式中：K，n——试验常数；

p_a——大气压，单位是 kN/m²。

（5）各向异性

所谓各向异性就是材料在不同方向上的物理性质不同。由于土体在形成过程中水平和垂直方向的条件不同，多为水平向成层的层状构造，因此土体在许多方面表现为各向异性。土的各向异性主要表现为横向各向同性（即在水平面各个方向的性质大体相同），而竖向与横向性质不同。土的各向异性可分为初始各向异性和诱发各向异性，初始各向异性主要指土体在天然沉积和固结过程中造成的各向异性，而诱发各向异性主要指土体受外力作用引起其空间结构改变造成的各向异性，后者对土体工程性状的影响往往更加显著。

（6）应力路径和应力历史的影响

土体作为一种特殊的弹塑性材料，其变形特性不仅取决于当前的应力状态，而且与到达当前应力状态所经过的应力路径和此前经历的应力历史密切相关。土体沿不同的应力路径加载或卸载，各阶段的塑性变形增量不同，即使初始和终了应力状态相同，其最终累积起来的应变总量一般并不相等。应力路径对土体的变形指标也有明显影响，如砂性土的初始模量通常会随着主应力的增加而提高；土体在加载条件和卸载条件下的弹性模量一般差别很大等。

应力历史既包括天然土在过去地质年代中受到的固结应力和地壳运动作用，也包括在试验室或者工程施工、运行中受到的应力过程，对于黏性土一般指其固结历史。超固结黏性土指在历史上受到的最大固结压力（指有效应力）大于目前受到的固结压力的黏性土；当黏性土历史上受到的最大固结压力等于目前受到的固结压力时，称其为正常固结黏性土；而欠固结黏性土指尚未完成自重固结过程的黏性土。不同固结历史土体的应力－应变曲线具有明显区别，在相同荷载作用下，超固结土的变形会明显小于正常固结土。对于黏性土，当其在长期荷载作用下因流变性而发生次固结沉降时，即使固结应力不变，正常固结土也会表现出超固结土的性状，这也是一种应力历史的影响。

二、岩石（体）的物理性质

岩石是矿物的集合体，具有复杂的组分和结构，不同性质岩石的应力－应变关系、变形条件或破裂条件等都不同，因此其力学属性很复杂。由于各种岩石的组分和结构各异，形成的年代不同，其中还有许多裂隙，因此其力学性质相差很大，小块岩石与大块岩石，以及岩块和岩块的各点之间的力学性质差别也很大。岩石的力学性质还受时间、温度、湿度、围压、加载的方式和速率、应力路径，以及岩石所处的周围介质等因素的影响。岩石的力学性质指岩石在应力作用下表现出的弹性、塑性、弹塑性、流变性、脆性、韧性等。岩石的力学性质可分为变形性质和强度性质两类，表征岩石力学性质的变形特性参数包括岩石的弹性模量、切变模量、泊松比和流变性等，表征岩石力学性质的强度特性参数包括岩石抗拉、抗弯、抗剪、抗压等各种强度极限。

（一）岩石的物理指标

岩石的物理指标主要包括密度、重度、孔隙性，以及吸水性、渗水性和软化性等。

1. 质量密度

岩石的质量密度指单位体积的岩石所含有的质量，设岩块的质量为 m，自然体积为 V，则天然状态下岩石的质量密度为：

$$\rho = \frac{m}{V} \tag{2-36}$$

式中：m——岩块自然状态下的质量，单位是 g；

V——相应的岩石在自然状态下的体积，单位是 cm^3。

岩石的质量密度，简称为密度。组成岩石的矿物密度越大，岩石矿物质胶结越紧密，岩石的密度就越大。如果能确定岩石的矿物组成，那么岩石的密度可以由各种矿物成分的多少大致确定。例如，基性岩和超基性岩的岩石矿物密度较大，胶结紧密，岩石的密度也大；酸性岩的矿物密度较小，胶结松散，岩石的密度也就小；主要成分为石英的砂岩，其密度与石英的很接近。

2. 重度

单位体积岩石的重量叫重量密度，简称为重度。由于天然体积包括孔隙体积，岩石的重量又可能包括其中含水的重量，因此，重度应有干重度、湿重度之分，天然状态下的重度应与湿重度相同，因此，天然重度为：

$$\gamma = \frac{W}{V} \tag{2-37}$$

式中：W——岩石自然状态下的重量，单位是 kN；

V——相应的岩石在自然状态下的体积，单位是 m^3。

干重度为：

$$\gamma_d = \frac{W_D}{V} \tag{2-38}$$

式中：W_D——岩石试件完全烘干后的重量，单位是 kN；

V——岩石试件的体积，单位是 m^3。

这里假定干燥过程中岩石试件的体积保持不变。在工程中区别天然重度和干重度，对一些黏土质岩石（如泥岩）具有重要意义。按定义，岩石的重度与岩石的矿物成分、孔隙性和含水量有关，深层的岩石由于孔隙性小，岩石埋深越大，重度也越大。多孔性岩石由于孔隙性大，重度较小。一些火山熔岩、浮石、漂石等孔隙性很大，其重度甚至可能小于水的重度。岩石重度的大小，在一定程度上反映出岩石力学性质的优劣，通常岩石重度愈大，其力学性质愈好。

3. 岩石的孔隙性

岩石的孔隙性指岩石内的裂隙和空隙发育程度。在工程上常用孔隙比来表示孔隙性的大小。孔隙比定义为孔隙体积与岩石内固体矿物颗粒的体积之比，即：

$$e = \frac{V_a}{V_o}$$（2-39）

式中：V_a——孔隙体积，单位是 m^3；

V_o——岩石内固体矿物颗粒的体积，单位是 m^3。

因为自然体积 $V = V_a + V_o$，因此：

$$e = \frac{V_a}{V - V_a} = \frac{n}{1-n}$$（2-40）

式中 $n = V_a/V$，表示孔隙体积与岩石自然体积之比，常称为孔隙率，并用百分数表示，即：

$$n = \frac{V_a}{V_o} \times 100\%$$（2-41）

孔隙内充水的程度称为饱和度，即：

$$S_w = \frac{V_w}{V_a}$$（2-42）

岩石受力作用或温度变化时发生变形，孔隙体积发生改变，从而岩石的孔隙性改变，相应地岩石的密度改变，岩石的声学特性也随之发生变化，因此，孔隙性是岩石的一个重要物理特性。这里所说的孔隙性相对岩块而言，不包括岩石中的宏观节理及其他不连续结构面。岩石孔隙性的工程意义在于：随着岩石孔隙比的增大，一方面岩石的完整性降低，同时岩石的重度与强度也降低；另一方面，岩石的透水性增加，其为各种风化提供可乘之机，风化进程加快，从而岩石的力学性质进一步弱化。

4. 岩石的吸水性、渗水性和软化性

岩石的吸水能力可用吸水性表征。在一定的压力下，岩石干试样吸入水的重量与岩石试样干燥时重量之比即为吸水率，吸水率常用 ω 表示，即：

$$\omega = \frac{W_w}{W_D} \times 100\%$$（2-43）

式中：W_w——在一个大气压力下试样吸入水的重量，单位是 N；

$\qquad W_D$——岩石试样完全烘干后的重量，单位是 N。

岩石吸水率的大小既与岩石孔隙率、孔隙的连通和开闭情况有关，也与压力的大小有关。相同的岩样在压力大时吸水率也大，压力小时吸水率也小。它还与浸水时间有关，浸水时间不同，可得出不同的吸水率。

岩石的饱和吸水率亦称饱水率，是在强制状态（真空、煮沸或高压）下，岩样的最大吸入水的重量与岩样的烘干重量之比，以 ω_{sa} 表示，即：

$$\omega_{sa} = \frac{W_p - W_D}{W_D} \times 100\% \qquad （2\text{-}44）$$

式中：W_p——岩样饱和后的重量，其余符号同前。

岩石的渗水性指在一定的实验条件下水渗入岩石透过试样的能力。由于水透过岩石必须有连通的孔隙，所以透水性的大小不仅取决于孔隙比的大小，还与孔隙的大小和孔隙的连通情况有关。岩石渗水性可用渗透系数表征，渗透系数根据达西定律定义为：

$$Q = -iKA \qquad （2\text{-}45）$$

式中：Q——单位时间内的渗流量，单位是 m^3；

$\qquad i$——水力梯度，无量纲；

$\qquad K$——渗透系数，单位是 m/s。

$\qquad A$——过水面积，单位是 m^2；

在边坡岩石工程中，常用渗透系数 K 来表征渗透性。通过引入流体参数 k 使之与岩体的性质有关，即定义：

$$k = \frac{k_\mu}{\gamma} = \frac{k_v}{g} \qquad （2\text{-}46）$$

式中：k——空隙介质的渗透率，与岩石固体骨架的性质有关；

$\qquad \gamma$——流体的重度，单位是 N/m^3；

$\qquad k_\mu$——流体的动力黏度，单位是 Pa·s；

$\qquad k_v$——流体的运动黏度，单位是 m^2/s；

$\qquad g$——重力加速度，单位是 m/s^2。

由于流场是空间的，所以 K 和 k 都是张量。

一般地，完整性好、密度大的岩石，渗透系数很低，常常小于 10^{-9} m/s。几种典型的岩石渗透系数如表 2-6 所示。渗透系数是地下水流和岩体渗流场的重要力学参数，岩石的渗透系数可以在钻孔内通过抽水或压水实验测定。

表2-6　典型岩石的渗透系数

岩石类型	喀斯特灰岩	砂岩	泥岩	透水性火山岩
渗透系数/(m/s)	$10^{-6} \sim 10^{-2}$	$10^{-10} \sim 10^{-6}$	$10^{-13} \sim 10^{-9}$	$10^{-7} \sim 10^{-2}$

岩石的软化性指岩石与水相互作用时强度降低的特性。软化作用的机理是水分子进入颗粒间的间隙而削弱了颗粒间的连接。岩石的软化性与其矿物成分、颗粒连接方式、孔隙率以及微裂隙发育程度等因素有关。岩石的软化性高低一般用软化系数表示，软化系数指岩样饱水状态下的抗压强度与干燥状态下的抗压强度的比值，即：

$$\eta_c = \frac{R_{cw}}{R_c}$$

（2-47）

式中：η_c——岩石的软化系数；

R_{cw}——岩样在饱水状态下的抗压强度，单位是 MPa；

R_c——干燥岩样的抗压强度，单位是 MPa。

岩石的软化系数总是小于1的，常见岩石的软化系数的试验值如表2-7所示。

表2-7　常见岩石的软化系数试验值

岩石种类	η_c	岩石种类	η_c	岩石种类	η_c
花岗岩	$0.80 \sim 0.98$	砂岩	$0.60 \sim 0.97$	凝灰岩	$0.65 \sim 0.88$
闪长岩	$0.70 \sim 0.90$	泥岩	$0.10 \sim 0.50$	白云岩	0.83
辉长岩	$0.65 \sim 0.92$	页岩	$0.55 \sim 0.70$	石灰岩	$0.68 \sim 0.94$
辉绿岩	0.92	片麻岩	$0.70 \sim 0.96$	石英岩	$0.80 \sim 0.98$
玄武岩	$0.70 \sim 0.95$	片岩	$0.50 \sim 0.95$	千枚岩	$0.76 \sim 0.95$

常见岩石的物理性质指标如表2-8所示。

表2-8　常见岩石的相对密度、重度、孔隙率以及吸水率

岩石名称		相对密度	重度/(N/m³)	孔隙率/%	吸水率/%
岩浆岩	花岗岩	$2.50 \sim 2.84$	$2.30 \sim 2.80$	$0.040 \sim 0.92$	$0.10 \sim 0.92$
	正长岩	$2.50 \sim 2.90$	$2.40 \sim 2.85$	—	$0.47 \sim 1.94$
	闪长岩	$2.60 \sim 3.10$	$2.52 \sim 2.96$	$0.25 \sim 3.00$	$0.30 \sim 0.48$
	辉长岩	$2.70 \sim 3.20$	$2.55 \sim 2.98$	$2.29 \sim 1.13$	—
	辉绿岩	$2.60 \sim 3.10$	$2.53 \sim 2.97$	$0.40 \sim 6.36$	$0.22 \sim 5.00$
	玢岩	$2.60 \sim 2.84$	$2.40 \sim 2.80$	—	$0.07 \sim 1.65$
	斑岩	$2.62 \sim 2.84$	$2.70 \sim 2.74$	$0.20 \sim 2.75$	$0.20 \sim 2.00$
	粗面岩	$2.40 \sim 2.70$	$2.30 \sim 2.67$	—	—
	安山岩	$2.40 \sim 2.80$	$2.30 \sim 2.70$	$1.00 \sim 2.19$	0.29
	玄武岩	$2.60 \sim 3.30$	$2.50 \sim 3.10$	$0.35 \sim 3.00$	$0.31 \sim 2.69$
	凝灰岩	$2.56 \sim 2.78$	$2.29 \sim 2.50$	$3.00 \sim 4.90$	$0.12 \sim 7.54$

岩石名称		相对密度	重度 / (N/m³)	孔隙率 /%	吸水率 /%
沉积岩	砾岩	2.67 ～ 2.71	2.42 ～ 2.66	0.34 ～ 9.30	0.20 ～ 5.00
	砂岩	2.60 ～ 2.75	2.20 ～ 2.71	1.60 ～ 2.83	0.2012.10
	页岩	2.57 ～ 2.77	2.30 ～ 2.62	1.46 ～ 2.59	1.80 ～ 2.10
	石灰岩	2.48 ～ 2.85	2.30 ～ 2.77	0.53 ～ 2.00	0.10 ～ 4.45
变质岩	片麻岩	2.63 ～ 3.01	2.30 ～ 3.05	0.70 ～ 4.20	0.10 ～ 3.15
	片岩	2.75 ～ 3.02	2.69 ～ 2.92	0.70 ～ 2.92	0.08 ～ 0.55
	石英岩	2.53 ～ 2.84	2.40 ～ 2.80	0.50 ～ 0.80	0.10 ～ 1.45
	大理岩	2.80 ～ 2.85	2.60 ～ 2.70	0.22 ～ 1.30	0.10 ～ 0.80
	板岩	2.66 ～ 2.76	2.31 ～ 2.78	0.36 ～ 3.50	0.10 ～ 0.90

（二）岩石的强度特性

岩石在某种荷载作用下以某种形式破坏时所承受的最大荷载应力称为岩石的某种强度。我们通常研究岩石的抗压强度、抗拉强度、抗剪强度等。岩石的强度取决于很多因素，岩石结构、风化程度、围压大小、各向异性等都会影响岩石的强度。通过试验确定各种岩石的强度指标时，对于同一种岩石，其强度指标会随试件尺寸、试件形状、加载速率、时间、湿度等因素变化。

1. 抗压强度

岩石单轴抗压强度一般是采用室内刚性试验机在单轴压力作用下（无围压，只在轴向加压力）通过加压试验得到的。单轴抗压强度 R_c 等于达到破坏时最大轴向压力 P_c 除以试件的横截面积 A。试件一般采用圆柱体或立方体，广泛采用的圆柱体岩样尺寸一般为 $\Phi 50 \times 100$。进行岩石单轴抗压强度试验时应将试件端部磨平，并在试件与加压板之间加入润滑剂，以减少"端部效应"，同时应使试件长度达到规定要求，以保证在试件中部出现均匀应力状态。此外，根据三个方向施加应力的不同，该试验可分为常规三轴压力试验（一般为圆柱体）和真三轴压力试验（一般为立方体）两种，三轴压力试验测得的岩石强度和围压关系很大，岩石抗压强度随围压的增加而提高。通常岩石类脆性材料随围压的增加其延性增强。

影响岩石强度的因素很多，除实验方法因素之外，岩石本身的因素，如矿物成分、颗粒大小、颗粒连接及胶结情况、密度、层理和裂隙的特性和方向、风化程度和含水情况等对岩石强度的影响也是较大的。不同矿物组成的岩石，具有不同的抗压强度；即使是相同矿物组成的岩石，也因受到颗粒大小、连接和胶结情况、生成条件等的影响，其抗压强度可能相差很大。此外，同一岩石的抗压强度因其受力方向的不同，具有不同的数值，即表现出强度上的各向异性，具有明显层理的沉积岩这一方面更为明显。一般而言，垂直于层理的抗压强度均大于平行于层理的抗压强度，二者比值大致有这样的规律：岩石愈坚硬，σ_{cv}/σ_{ch} 之值越小；岩石愈软，其比值愈大。

2. 抗剪强度

岩石的抗剪强度是岩石在一定的应力条件下所能抵抗的最大剪应力，它是岩石力学中重要的指标之一，常以内聚力 c 和内摩擦角 φ 这两个抗剪参数表示。确定岩石抗剪强度的方法可分为室内试验和现场试验两大类。室内试验常采用直接剪切试验、楔形剪切试验和三轴压缩试验来测定岩石的抗剪强度指标。现场试验主要以直接剪切试验为主，也可做三轴强度试验。室内的岩石剪切强度测定以目前常用的楔形剪切仪测定岩石的抗剪强度为例。通过式（2-48）及式（2-49）可以得到受剪面上的法向应力 σ 和剪应力 τ_f：

$$\sigma = \frac{P}{A}(\cos\alpha + f\sin\alpha) \qquad (2\text{-}48)$$

$$\tau_f = \frac{P}{A}(\sin\alpha - f\cos\alpha) \qquad (2\text{-}49)$$

式中：A——剪切面面积，单位是 m²；

α——剪切面与水平面所成的角度；

P——压力机上施加的总垂直力，单位是 N；

f——压力机垫板下面的滚珠的摩擦系数，可由摩擦校正试验测定。

试验中采用多个试件，分别以不同的角度进行试验。岩石遭到破坏时，对应每一个 α 值可以得出一组 σ、τ_f 值。岩石的抗剪强度关系曲线是一条弧形曲线，我们一般把它简化成直线形式，建立式（2-50）的关系式，这就是库仑强度公式。直线在 τ_f 轴上的截距即为岩石的内聚力 c，该线与水平线的夹角即为岩石的内摩擦角 φ。

$$\tau_f = c + \sigma\tan\varphi \qquad (2\text{-}50)$$

3. 抗拉强度

岩石的抗拉强度就是岩石试件在单轴拉力作用下抵抗破坏的极限能力，它在数值上等于破坏时的最大拉应力值。对岩石直接进行抗拉强度的试验比较困难，目前我们研究得比较少。人们一般进行各种各样的间接试验，再用理论公式算出岩石的抗拉强度。试验方法有直接拉伸法、抗弯法、劈裂法、点荷载试验法，目前常用劈裂法（也称巴西试验法）测定岩石抗拉强度，试验时用一个实心圆柱形试件，使它承受径向压缩线荷载直至破坏，求出岩石的抗拉强度。

根据布辛奈斯克半无限体上作用着集中力的解析解，求得试件破坏时作用在试件中心的最大拉应力，见式（2-51）。

$$\sigma_x = \frac{2P}{\pi Dl}$$

（2-51）

式中：P——试件破坏时的极限压力；

D——圆柱体试样的直径；

l——圆柱体试样的长度。

4. 三轴压缩应力作用下的强度

地层中的岩石绝大多数处在三轴压缩应力的作用下，所以岩石在三轴压缩应力作用下的强度特性才是岩石的本性反映。三轴压缩试验根据施加围压状态的不同，可分为真三轴压缩试验和假三轴压缩试验，前者两个水平方向施加的围压不等，后者的相等。在进行三轴压缩试验时，先将试件施加侧压力，即小主应力 σ_1'，然后逐渐增加垂直压力，直至破坏，得到破坏时的大主应力 σ_1'，从而得到一个破坏时的应力圆。采用相同的岩样，改变侧压力使其为 σ_3''，施加垂直压力直至破坏，得 σ_1''，从而又得到一个破坏应力圆。绘出这些应力圆的包络线，即可求得岩石的抗剪强度曲线。如果把它看作一根直线，则可根据该线在纵轴上的截距和该线与水平线的夹角求得内聚力 c 和内摩擦角 φ。与单轴压缩试验一样，三轴压缩试验试件的破裂面与大主应力 σ_1 方向间的夹角为（$45°-\varphi/2$）。

岩石三轴压缩强度的影响因素有试件尺寸、侧向压力的大小、加载速率和加载途径等，其中侧向压力的影响具有一定的规律性，即随着围压的增大，最大主应力也变大，从变形特性的角度分析，围压的增大使试件从脆性破坏向塑性流动过度。

根据大量数据统计，岩石的强度可按如下顺序排列：三轴抗压强度＞两轴抗压强度＞单轴抗压强度＞抗剪强度＞抗拉强度。岩石的极限抗拉强度一般远小于极限抗压强度，它平均为抗压强度的 3% ～ 5%。岩石的极限抗弯强度一般也远小于极限抗压强度，但大于极限抗拉强度，极限抗弯强度平均为抗压强度的 7% ～ 12%。岩石的极限抗剪强度一般也远小于极限抗压强度，等于或略小于极限抗弯强度。

（三）岩石的变形特性

岩石在载荷发生变化时首先发生的现象是变形。工程上最常研究由于外力作用引起的变形或在岩石中开挖引起的变形，岩石的变形性对边坡工程有重要影响。岩石的变形（用应变表示）与载荷（用应力表示）有关，有时还与时间有关。当岩石的变形不仅取决于应力还取决于时间时，我们就需要考虑岩石的流变特性。例如，在常温常压下，岩石既不是理想的弹性材料，也不是简单的塑性或黏性材料，而往往表现出弹－塑性、塑－弹性、弹黏－塑或黏－弹性等性质。此外，岩石周围的环境条件，如温度、地下水与天然应力对其性状的影响也很大，如具有坚固结晶连接的细粒岩石，在常温常压环境中，以弹性变形占优势，破坏前应变量不大，即属于弹－脆性体；但当在高温和高围压环境中时，其会发生大量塑性变形，转变成塑－延性体。因此，在讨论任意一种岩石属于何种变形体时，必须说明它的受力环境和条件。

1. 岩石在单轴压力下峰值前应力－应变曲线类型

根据美国学者米勒对 28 种岩石的试验结果可知，岩石在单轴压力下峰值前应力－应变曲线可分为六种类型。类型Ⅰ：线性应力－应变关系。坚硬岩石，如细粒岩浆岩、细粒变质岩、玄武岩、石英岩、辉绿岩、白云岩和坚硬石灰岩，脆性破坏。类型Ⅱ：弹塑性。开始弹性，以后塑性。代表性岩为石灰岩、粉砂岩、凝灰岩。类型Ⅲ：塑弹性开始上凹，后转为直线。破坏以前没有明显屈服。具有这类塑弹性变形特征的是岩石中有孔隙和细裂隙的坚硬岩石，如砂岩、花岗岩、某些辉绿岩等。类型Ⅳ：塑性－弹性（细 S 形）。线性段斜率较大。这类变形的岩石是坚硬致密的变质岩，如大理岩、片麻岩。类型Ⅴ：亦为细 S 形，但线性段斜率较小。如在垂直片理方向受压的片岩，有很高的压缩性和很大的塑性变形。类型Ⅵ：岩盐及其他蒸发岩的变形特征曲线。开始是很短的直线，随后出现不断增大的非弹性变形和连续蠕变。

米勒对岩石应力－应变曲线类型的归纳和划分是比较全面合理的。它们清楚地反映出岩石的矿物成分和结构对岩石变形特征的控制意义。除了米勒的岩石应力－应变曲线类型的划分外，1968 年法默根据岩石峰值前的应力－应变曲线，把岩石划分为准弹性、半弹性和非弹性三类。准弹性岩石多为致密块状岩石，如无气孔构造的喷出岩、浅成岩、浆岩和变质岩等，这些岩石的应力和应变近似成线性关系，具有弹脆性性质。半弹性岩石多为空隙率低且具有较大内聚力的粗粒岩浆岩和细粒致密的沉积岩，这些岩石的变形曲线斜率随应力的增大而减小。非弹性岩石多为内聚力低、空隙率大的软弱岩石，如泥岩、页岩、千枚岩等，其应力－应变曲线为缓"S"形。

由于岩石是一种带有缺陷的介质，其内部存在着许多微裂隙，当其受力后这些裂隙会产生扩展、连接等现象，米勒和法默的研究结果表明除坚硬岩石外，其余岩石并不具有理想的弹性特征。在实际工程中，人们经常遇到岩石在单轴和三轴压缩状态下的变形问题。

2. 岩石在单轴压缩状态下的应力－应变全过程曲线形态

在刚性压力机上进行单轴压力试验可以获得完整的岩石应力－应变全过程曲线，根据应力－应变曲线的形态变化，可将其分为以下四个区段。①微裂隙压密段（OA 段），存在于岩石内的微裂隙在外力作用下发生闭合。②弹性变形阶段（AB 段），岩石内部原有裂隙的压密与新产生的裂隙大致相等，岩石被继续压缩，应力－应变曲线的斜率不变，应力与应变成线性关系。③塑性阶段（BC 段），在该阶段岩石中新产生的裂隙超过了被压密的裂纹，岩石发生体积膨胀，同时有声发射加剧的现象。④应变软化阶段（CD 段），裂隙加速度产生不稳定扩展，直至岩石试件完全丧失承载能力。C 点的纵坐标就是单轴抗压强度。在这个阶段随着应变力的增加，岩石强度减小，岩石的这种特性称为岩石的应变弱化。

对大多数岩石来说，在 OA 和 AB 这两个区段内应力－应变曲线近似直线，这种应力—应变关系可用下式表示：

$$\sigma = E\varepsilon \tag{2-52}$$

式中：E——岩石的弹性模量，即 OB 线的斜率。

如果岩石严格地遵循式（2-52）的关系，那么这种岩石就是线弹性的，弹性力学的理论适用于这种岩石。如果某种岩石的应力－应变关系线不是直线，而是曲线，但应力与应变之间存在一一对应关系，则称这种岩石为完全弹性的。因为这时应力与应变的关系线是一条曲线，所以没有唯一的模量，但一个应力值对应有一个切线模量和一个割线模量。

切线模量就是该点切线的斜率，而割线模量就是该点割线的斜率。如果逐渐加载至某点，然后再逐渐卸载至零，应变也退至零，但卸载曲线不走加载曲线的路线，这时产生了所谓的滞回效应，卸载曲线上某点的切线斜率就相当于该应力的卸载模量。这两个阶段的岩石很接近于弹性岩石，卸载后其应变可以恢复。

塑性阶段从 B 点开始，岩石中产生新的张拉裂隙，岩石模量下降，应力－应变曲线的斜率随着应力的增加而逐渐降低，直至变为零。在这一范围内，岩石将发生不可恢复的变形，加载与卸载的每次循环都是不同的曲线。这一阶段发生的变形中，能恢复的变形叫弹性变形，而不可恢复的变形，称为塑性变形或残余变形或永久变形。加载曲线与卸载曲线所组成的环叫作塑性滞回环。弹

性模量 E 就是加载曲线直线段的斜率，而加载曲线直线段大致与卸载曲线的割线相平行。这样，一般可将卸载曲线的割线的斜率作为弹性模量，而岩石的弹性模量 E_o 取决于总的变形量，即取决于弹性变形与塑性变形之和，它是正应力 σ 与总的正应变之比，相应于割线 OP 的斜率。在线性弹性材料中，弹性模量等于弹性模量；在弹塑性材料中，当材料屈服后，其弹性模量不是常数，它与荷载的大小或范围有关。在应力 – 应变曲线上的任何点与坐标原点相连的割线的斜率，都表示该点所代表的应力的弹性模量。如果岩石上再加载，则再加载曲线 QR 总是在曲线 $OABC$ 以下，但最终会与之连接起来。应变软化阶段开始于应力 – 应变曲线上的峰值 C 点，是下降曲线，在这一区段内卸载可能产生很大的残余变形。

3. 反复加载与卸载条件下岩石的变形特性

当进行加、卸载试验后，岩石的应力 – 应变曲线将形成一个环，通常称作塑性滞环。经研究发现，塑性滞环的形成反映了加、卸载试验，消耗于裂隙的扩展和裂隙面之间的摩擦所做的功，反复多次加载与卸载循环时，所得的应力 – 应变曲线将具有以下特点：卸载应力水平一定时，每次循环中的塑性应变增量逐渐减小。加、卸载循环次数足够多后，塑性应变增量将趋于零，卸载曲线与其后一次再加载曲线之间所形成的滞回环的面积将愈变愈小，且愈靠拢愈趋于平行。如果常应力下岩石加加、卸载多次，每次施加的最大荷载比前一次循环的最大荷载大，那么随着循环次数的增加，塑性滞回环的面积也有所扩大，卸载曲线的斜率（它代表着岩石的弹性模量）也逐次略有增加，这个现象称为强化。加载后的曲线似乎始终沿着原应力 – 应变的轨迹发展，具有"记忆"功能。

4. 岩石变形性力学基本参数

反映岩石变形特性的力学基本参数有弹性模量（弹性模量）和泊松比（侧向变形系数）。

（1）弹性模量 E（变形模量）定义为 $E=\sigma/\varepsilon$，由于单向受压情况下岩石的应力应变关系是非线性的，因此弹性模量不是常数，常用的弹性模量有以下几种。

1）初始模量，用应力 – 应变曲线坐标原点的切线斜率表示，即：

$$E_i=d\sigma/d\varepsilon \tag{2-53}$$

2）割线模量，由应力 – 应变曲线的起始点与曲线上另一点作割线，割线的斜率就是割线模量，一般选强度为 50% 的应力点 σ_{50}。

$$E_s=\sigma_{50}/\varepsilon_{50} \tag{2-54}$$

3）切线模量，用应力－应变曲线直线段的斜率表示：

$$E_t = \frac{\sigma_{t1} - \sigma_{t2}}{\varepsilon_{t1} - \varepsilon_{t2}} \qquad (2\text{-}55)$$

随岩性不同，这三种模量可以相差很大，一般有 $E_t > E_s > E_i$。

（2）泊松比 μ 就是单向载荷作用下，横向变形与纵向变形之比：

$$\mu = \frac{\varepsilon_x}{\varepsilon_z} \qquad (2\text{-}56)$$

式中：ε_z——平行于加载方向的纵向应变；

ε_x——垂直于加载方向的横向应变。

岩石变形的这两个力学基本参数受到岩石矿物组成、结构构造、风化程度、空隙率、含水率、微结构面以及试验条件等因素的影响，变化较大，同时具有各向异性特征。

描述岩石变形性的指标除了弹性模量和泊松比两个基本指标外，还有其他一些指标也可以从不同角度反映岩石的变形特性，如剪切模量 G、拉梅常数 λ、体积模量 K_v、弹性抗力系数 K 等，这些量均可由弹性模量和泊松比求得。

$$\begin{cases} G = \dfrac{E}{2(1+v)} \\[2mm] \lambda = \dfrac{vE}{(1+v)(1-2v)} \\[2mm] K_v = \dfrac{E}{3(1-2v)} \end{cases} \qquad (2\text{-}57)$$

（四）岩体的强度特性

岩体指在地质历史过程中形成的，由岩石单元体（或称岩块）和结构面网络组成的，具有一定的结构并赋存于一定的天然应力状态和地下水等地质环境中的地质体。岩体在其形成与存在过程中，长期经受着复杂的地质作用，生成了各种不同类型和规模的结构面，岩体的力学性质及其力学作用不仅受岩体的岩石类型控制，还受岩体中结构面控制。

1. 结构面

结构面指地质历史发展过程中，在岩体内形成的具有一定的延伸方向和长度，厚度相对较小的地质界面或带，也称不连续面，是使岩体工程性质显著下降的重要因素。结构面按地质成因的不同，可划分为不同类型，如表 2-9 所示。

表 2-9　结构面的基本类型

成因类型	地质类型	主要特征			工程地质评价
		产状	分布	性质	
原生结构面	沉积结构面	1. 层理层面；2. 软弱夹层；3. 不整合面、假整合面；4. 沉积间断面	一般与岩层产状一致，为层间结构面	海相岩层中此类结构面分布稳定，陆相岩层中呈交错状，易尖灭	层面、软弱夹层等结构面较为平整；不整合面及沉积间断面多由碎屑泥质物构成，且不平整	国内外较大的坝基滑动及滑坡很多由此类结构面所造成，如马尔帕塞坝的破坏，瓦依昂水库附近的巨大滑坡
	原生岩浆结构面	1. 侵入体与围岩接触面；2. 岩脉岩墙接触面；3. 原生冷凝节理	岩脉受构造结构面控制，而原生节理受岩体接触面控制	接触面延伸较远，比较稳定，而原生节理往往短小密集	与围岩接触面可具熔合及破碎两种不同的特征，原生节理一般为张裂面，较粗糙不平	一般不造成大规模的岩体破坏，但有时与构造断裂配合，也可形成岩体的滑移，如有的坝肩局部滑移
	变质结构面	1. 片理；2. 片岩软弱夹层	与岩层产状或构造方向一致	片理短小，分布极密，片岩软弱夹层延展较远，具固定层次	结构面光滑平直，片理在岩层深部往往闭合成隐蔽结构面，片岩软弱夹层有片状矿物，呈鳞片状	在变质较浅的沉积岩，如千枚岩等路堑边坡常见塌方。片岩夹层有时对工程及地下洞体稳定也有影响
构造结构面		1. 节理（X型节理、张节理）；2. 断层（冲断层、掩断层、横断层）；3. 层间错动；4. 羽状裂隙、劈裂	产状与构造线成一定关系，层间错动与岩层一致	张性断裂较短小，剪切断裂延展较远，压性断裂规模巨大，但有时为横断层切割成不连续状	张性断裂不平整，常具次生充填，呈锯齿状，剪切断裂较平直，具羽状裂隙，压性断层具多种构造岩，呈带状分布，往往含断层泥、糜棱岩	对岩体稳定影响很大，在上述许多岩体破坏过程中，大都有构造结构面的配合作用。此外常造成边坡及地下工程的塌方、冒顶
次生结构面		1. 卸荷裂隙；2. 风化裂隙；3. 风化夹层；4. 泥化夹层；5. 次生夹泥层	受地形及原结构面控制	分布上往往呈不连续状，透镜状，延展性差，且主要在地表风化带内发育	一般为泥质物充填，水理性质很差	在天然及人工边坡上造成危害，有时对坝基、坝肩及浅埋隧洞等工程亦有影响，一般在施工中予以清基处理

2. 岩体的变形特性

（1）结构面对岩体变形的影响

结构面对岩体变形的影响包括结构面方位、密度、充填特征及其组合关系等方面的影响，统称为结构效应。

①岩体变形随结构面与其应力作用方向间夹角的不同而不同，导致岩体变

形呈各向异性。岩体的弹性模量 E 也有明显的各向异性，一般平行结构面方向的弹性模量大于垂直方向的弹性模量。

②随结构面密度的增大，岩体完整性变差，变形增大，弹性模量减小。

③张开度较大且无充填或充填薄时，岩体变形较大，弹性模量较小。

（2）岩体法向变形

根据应力 P 与变形 W 曲线的性状和变形特征不同，可将岩体的法向变形曲线分为直线型、上凹型、上凸型以及复合型四类，如图2-4所示。

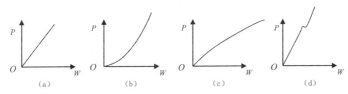

图2-4　岩体法向变形曲线类型示意图

①直线型。变形曲线为一通过原点的直线，如图2-4（a）所示，岩性均匀且结构面不发育或结构面分布均匀的岩体法向变形曲线多为此种类型。根据曲线的斜率大小及卸压曲线特征，又可分为陡直线型和缓直线型。陡直线型表明岩体刚度大，不易变形；卸压后变形几乎恢复到原点，以弹性变形为主，此种岩体接近于均质弹性体。缓直线型反映出岩体刚度低、易变形；卸压后岩体变形只能部分恢复，有明显的塑性变形和回滞环。

②上凹型。变形曲线呈上凹型，如图2-4（b）所示，层状及节理岩体的法向变形曲线多为此种类型。据其加卸压曲线不同又可分为两种：一种是岩体刚度随循环次数增加而增大，卸压曲线相对较缓，岩体弹性变形成分较大；另一种是卸压曲线较陡，表明卸压后变形大部分不能恢复，为塑性变形。

③上凸型。变形曲线呈上凸型，如图2-4（c）所示，结构面发育且有泥质充填的岩体、较深处埋藏有软弱夹层或岩性软弱的岩体（如黏土岩、风化岩）等法向变形曲线多为此种类型。

④复合型。变形曲线呈阶梯状或 S 形，如图2-4（d）所示，结构面发育不均或岩性不均匀的岩体法向变形曲线多为此种类型。

（3）岩体剪切变形

根据 $t–u$ 曲线的形状及残余强度（τ_f）与峰值强度（τ_p）的比值不同，可将岩体剪切变形曲线分为如图2-5所示的三类。

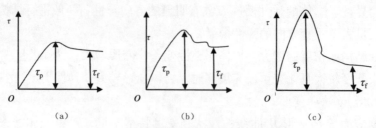

(a)　　　　　　　　(b)　　　　　　　　(c)

图 2-5　岩体剪切变形曲线类型示意图

①峰值前变形曲线平均斜率小，破坏位移大；峰值后随位移增大强度损失很小或强度不变。沿软弱结构面剪切时变形曲线多为这类曲线，如图 2-5（a）所示。

②峰值前变形曲线平均斜率较大，峰值强度较高。峰值后随位移增大强度损失较大，有较明显的应力降。沿粗糙结构面剪切时变形曲线多为这类曲线，如图 2-5（b）所示。

③峰值前变形曲线斜率大，曲线具有较明显的线性段和非线性段，比例极限和屈服极限较易确定。峰值强度高，破坏位移小，峰值后随位移增大，强度迅速降低，残余强度较低。剪断坚硬岩体时的变形曲线多属此种类型，如图 2-5（c）所示。

3. 岩体的强度特性

岩体强度指岩体抵抗外力破坏的能力，受到岩块和结构面强度及其组合方式（岩体结构）的影响。由于结构面的自然特征与力学性质对裂隙岩体强度具有控制性影响，因此裂隙岩体的强度在很大程度上取决于结构面的强度。工程设计上一般不允许岩体中有拉应力出现，主要考虑的是岩体的抗压强度和剪切强度。

（1）结构面对岩体强度的影响

①结构面的方位对岩体强度的影响。当结构面倾角为 β 时，在应力条件下，结构面破坏准则（极限平衡）可表示为：

$$\sigma_1 - \sigma_3 = \frac{2c_j + 2\sigma_3 \tan\varphi_j}{\left(1 - \tan\varphi_j \cot\beta\right)\sin 2\beta} \qquad （2-58）$$

上式中 φ_j、c_j 均为常数，分别是结构面的内摩擦角以及黏聚力。只有当结构面的倾角 β 满足 $\varphi_j < \beta < 90°$ 的条件时，破坏才可能沿着结构面发生，当 β 不满足上述条件时，破坏沿着岩石材料内部发生。

②结构面的粗糙程度对岩体强度的影响。直剪试验时水平剪应力与结构面方向一致的情况下可达到极限平衡状态，设滑动面的内摩擦角为 φ_j，内聚力 c_j 为零，则：

$$\frac{T}{P} = \tan\varphi_j \qquad (2\text{-}59)$$

结构面与水平方向的倾角为 i 时，若结构面发生滑动则其上的剪应力 T 与法向力 P 之间的关系为：

$$\frac{T}{P} = \tan(\varphi_j + i) \qquad (2\text{-}60)$$

对于呈锯齿状的结构面，当 P 较小时，结构面的滑动遵循式（2-60）。随着剪切的进行，试样在垂直方向体积不断增大（扩容）。当 P 值增加到某个临界值时，滑动不沿倾斜面产生。

$$\tau_f = \sigma\tan(\varphi_j + i) \qquad (2\text{-}61)$$

$$\tau_f = c_j + \sigma\tan\varphi_j \qquad (2\text{-}62)$$

式中的 i 称为起伏角，φ_j 应当用试验求取。φ_j 的值大多在 $21° \sim 40°$ 范围内变化，一般为 $30°$。当结构面上存在云母、滑石、绿泥石或其他片状硅酸盐矿物时，或者当有黏土质断层时，φ_j 可降低很多。结构面的起伏角 i 变化范围很大，一般为 $0° \sim 40°$。

③结构面内充水对岩体强度的影响。结构面内有水压力，会使有效正应力降低，结构面强度也相应降低。除了初始应力和强度参数之外，还需考虑结构面的方位（结构面法线与大主应力成 β 角）。结构面在水压力下开始破坏，此时的水压力为：

$$P_w = \frac{c_j}{\tan\varphi_j} + \sigma_3 + (\sigma_1 - \sigma_3) \times \left(\cos^2\beta - \frac{\sin\beta\cos\beta}{\tan\varphi_j}\right) \qquad (2\text{-}63)$$

（2）岩体剪切强度

岩体的剪切强度指岩体内任一方向剪切面，在法向应力作用下所能抵抗的最大剪应力。一般采用双千斤顶法直剪试验确定岩体的剪切指标。实验时，先施加垂直荷载，待其变形稳定后再逐级施加水平剪应力直至破坏。通过试验可获得岩体剪应力 τ – 剪位移 u 曲线及法向应力 σ – 法向位移 W 曲线。

岩体的内摩擦角与岩石的内摩擦角很接近，而岩体的内聚力则大大低于岩石的内聚力，表明结构面的存在主要是降低了岩石的联结能力，进而降低了其内聚力，结构面对内摩擦角影响不大。由于结构面的存在，岩体一般都具有高度的各向异性。

当沿岩体结构面剪切（重剪破坏）时，岩体剪切强度最低，等于结构面的抗剪强度；横切结构面（剪断破坏）时，岩体剪切强度最高；沿复合剪切面剪切（复合破坏）时，其剪切强度介于以上两者之间。

在高应力条件下，岩体的剪切强度较接近于岩石的；在低应力条件下，岩体的剪切强度主要受结构面发育及其组合关系的控制。作用在岩体上的工程荷载一般都在 10 MPa 以下，因此与工程有关的岩体破坏基本受结构面特征控制。

（3）岩体抗压强度

岩体的抗压强度分为单轴抗压强度和三轴压缩强度，通常采用原位单轴压缩实验和三轴压缩试验来确定。这两种试验也是在平巷中制备试件，并采用千斤顶等加压设备施加压力，直至试件破坏。

耶格的单结构面理论，指出沿结构面产生剪切破坏的条件为式（2-58），只有当 $\beta_1 \leqslant \beta \leqslant \beta_2$ 时，岩体才能沿结构面破坏。β_1、β_2 分别为：

$$\beta_1 = \frac{\varphi_j}{2} + \frac{1}{2}\arcsin\left[\frac{(\sigma_1 + \sigma_3 + 2c\cot\varphi_j)\sin\varphi_j}{\sigma_1 - \sigma_3}\right] \quad （2\text{-}64）$$

$$\beta_2 = 90° + \frac{\varphi_j}{2} - \frac{1}{2}\arcsin\left[\frac{(\sigma_1 + \sigma_3 + 2c\cot\varphi_j)\sin\varphi_j}{\sigma_1 - \sigma_3}\right] \quad （2\text{-}65）$$

含多组结构面，且假定各组结构面具有相同的性质时，可分步运用单结构面理论确定岩体抗压强度包线及岩体抗压强度。随结构面组数的增加，岩体的抗压强度趋向于各向同性，并被大大削弱，且多沿复合结构面破坏，含四组以上结构面岩体的强度可按各向同性考虑。

（五）岩体的流变特性

在工程实践中经常会遇到岩体的形状随时间的推移而变化的现象。例如，岩体边坡长期沿着某一软弱结构面的滑移往往引起突发性的大滑坡；地下建筑物由于围岩变形随时间的变化，可能会引起衬砌破坏或丧失使用条件等。岩质边坡的失稳破坏与时间密切相关。尤其是岩体在开挖、卸荷以及渗流等复杂应力状态下所表现出的流变特性更加明显，这为工程的长期稳定带来了许多不利影响。大量室内试验和现场量测已充分证明，对于软弱岩石以及含有泥质充填物和夹层破碎带的岩体，其流变特性是非常显著的，即使是比较坚硬的岩体，由于受到多组节理或发育裂隙的切割，以及渗流场的作用，其流变也会达到较大的量值。1966 年在里斯本召开了首届国际岩石力学会议，有学者就提出了适合岩石的流变模型，并指出岩石蠕变在边坡稳定中起的重要作用。我国岩土流变学科的奠基人陈宗基先生早在 1959 年就把土流变学方面的许多研究方法和研究成果推广应用于软弱岩体及坚硬岩体中的软弱结构面。同济大学孙钧院士及其所在的学术团队系统研究了不同岩石的结构面的蠕变、松弛特性，就岩石流变的试验技术、本构理论与模型参数辨识、数值分析方法以及工程应用进行了全面探讨。

岩石流变的大小，不仅取决于其抗压、抗剪强度，还与它所承受的应力水平有关。当应力水平（一般为地应力）的赋存值较高时，甚至如长江三峡工程那样的闪云斜长花岗岩，沿其节理裂隙软弱结构面和断裂带也会有一定的剪切蠕变，这已由实践所证实。

1. 岩石流变的基本性质

岩石的流变力学特性与土体流变特性有共同之处，也有不同之处。岩石的流变力学特性一般包括以下几个方面：①蠕变；②应力松弛；③长期强度；④流动。

岩石的蠕变可用蠕变方程和蠕变曲线表示。在较高应力水平下，蠕变历程一般可分为Ⅰ（初始／衰减蠕变）、Ⅱ（稳态／等速蠕变）和Ⅲ（加速蠕变）三个阶段。蠕变随着岩石自身的属性、应力状态以及环境条件等的不同，也可分为三种类型：稳定蠕变、亚稳定蠕变和不稳定蠕变。

岩石的应力松弛特性也可划分为三种类型：立即松弛、完全松弛和不完全松弛。在同一变形条件下，不同岩石具有不同类型的松弛特性。同一岩石，在不同变形条件下也可能表现为不同类型的应力松弛特性。在较低应力水平下，卸载后变形也可能不能恢复到零而留有残余应变，此应变是由黏性流动造成的。在高应力水平下，卸载后残余应变较大，其中可能包括塑性应变、黏塑性应变、黏性流动和塑性流动。

岩石的屈服极限（强度）随时间的延长而衰减，这已被众多实验室试验和现场试验所证实。岩石长期强度的确定方法有多种，可以在岩石蠕变试验中将稳定蠕变速度为零时的最大荷载值定为岩石的长期强度；或者在蠕变曲线族中选取各曲线上骤然上升的拐点作为流动极限，相应地找到经历各时间后的流动极限值，从而得到流动极限的衰减曲线。当流动极限不再随时间的增长而降低时，其值即为岩石的长期强度。

2. 岩体的流变

岩体中存在着大量断层、节理以及软弱夹层等不连续面，正是这些不连续面造成了岩体与岩石材料的巨大区别，使得节理岩体的流变特性不同于岩石材料的流变特性。岩体中的断层、裂隙及节理，由于挤压破碎以及地下水的活动，经常会形成软弱带或泥化带，即软弱夹层，软弱夹层的强度较低，且变形量大，具有显著的时间效应，因而软弱夹层的流变力学特性直接影响着岩体工程的长期稳定性。

节理裂隙岩体的流变与节理裂隙岩体的瞬时变形一样，主要受节理性状（节理空间位置、节理厚度、贯通程度、有无充填物及充填物属性）的影响、制约和控制，呈现比较明显的各向异性。闭合节理岩体受法向压应力作用时，岩体的压缩蠕变变形较小，长期强度较高。节理岩体在受较高剪切应力作用时，节理剪切蠕变相对时间和应力的非线性特性明显，蠕变变形较大，呈现强烈的流动特征，长期强度较低。节理裂隙岩体的变形和破坏不仅受自身的性状和所处环境影响，而且是其内部原（初）始微观缺陷（微裂隙）、宏观缺陷（裂隙或结构面）的演化、发展和贯通的结果。几乎所有的工程岩体的破坏失稳都不是一开始就出现的。一般在岩体工程建设和运营过程中，岩体变形是在某些结构面或其间的薄弱部位随时间的推移而发展的；水文地质条件、工程地质条件逐渐恶化，会使岩体中内在裂纹（裂隙）随时间不断蠕变、演化，进而产生宏观断裂扩展，最终导致岩体由局部破坏发展到整体失稳。这就是岩体损伤、断裂的时效特性。

三、本构关系

岩土作为天然地质材料在组成及构造上呈现高度的各向异性、非均质性、非连续性和随机性，在力学性能上表现出强烈的非线性、非弹性和黏滞性，其应力－应变关系非常复杂。在弹性状态下，应力状态决定应变；在塑性状态下，应力－应变关系是非线性的，而且其与应力路径、应力历史、加载卸载状态有关，简单地说就是应力－应变关系已不能完全反应实际情况，所以称之为本构关系。一个合理的本构模型除要符合力学和热力学的基本原则和反应岩土实际状态外，还需进行适当的简化，从而使参数的选择和数据的处理尽量简便。经过前人多年的探索研究，现在已形成了多种描述岩土应力－应变关系的本构模型，主要有线弹性模型、非线性弹性模型、弹塑性模型和黏弹塑性模型几类。在研究及工程应用中，我们应具体根据岩土的特性和问题的复杂情况选择合适的本构关系模型。

1. 线弹性模型

早期岩土力学中的变形计算主要是利用基于广义胡克定律的线弹性理论进行的，其形式简单、参数少、物理意义明确。在线弹性模型中，只需两个材料常数即可描述其应力、应变状态，可表示成：

$$\{\sigma\} = [D]\{\varepsilon\} \tag{2-66}$$

其中 D 为刚度矩阵：

$$[D] = \frac{E(1-\mu)}{(1+\mu)(1-2\mu)} = \begin{bmatrix} 1 & & & & & \\ \dfrac{\mu}{1-\mu} & 1 & & 对 & & \\ \dfrac{\mu}{1-\mu} & \dfrac{\mu}{1-\mu} & 1 & & 称 & \\ 0 & 0 & 0 & \dfrac{1-2\mu}{2(1-\mu)} & & \\ 0 & 0 & 0 & 0 & \dfrac{1-2\mu}{2(1-\mu)} & \\ 0 & 0 & 0 & 0 & 0 & \dfrac{1-2\mu}{2(1-\mu)} \end{bmatrix} \tag{2-67}$$

由于岩土为各向异性的，大多数情况下表现为横观各向同性，即层状结构。假设岩土在 x、y 组成的水平面内为各向同性的，用线性理论表述需五个独立的材料常数，即 E、E'、μ、μ'、G'，其表达式为：

$$\varepsilon_x = \frac{1}{E}\left(\sigma_x - \mu\sigma_y\right) - \frac{\mu'}{E'}\sigma_z \tag{2-68}$$

$$\varepsilon_y = \frac{1}{E}\left(\sigma_y - \mu\sigma_x\right) - \frac{\mu'}{E'}\sigma_z \tag{2-69}$$

$$\varepsilon_z = \frac{1}{E'}\sigma_z - \frac{\mu'}{E'}\left(\sigma_x + \sigma_y\right) \tag{2-70}$$

$$\gamma_{xy} = \frac{2(1+\mu)}{E}\tau_{xy} \tag{2-71}$$

$$\gamma_{yz} = \frac{1}{G'}\tau_{yz} \tag{2-72}$$

$$\gamma_{zx} = \frac{1}{G'}\tau_{zx} \tag{2-73}$$

对于岩土的应力应变关系，线弹性理论过于简化，但当应力水平不高且在一定的边界条件情况下，该理论还是比较实用的。

2. 非线性弹性模型

线弹性理论只适用于安全系数较大，不发生屈服的情况下，实际上岩土在一定应力状态下都可能发生屈服，应力－应变关系是非线性的。非线性弹性模型中岩土的切线模量和切线泊松比不是常量，它们随着应力状态而改变。在非线性弹性模型中，描述岩土的本构关系实际上采用的是增量形式的广义胡克定律。在各种非线性弹性模型中，邓肯－张模型、多马舒克－维利亚潘模型是目前被广泛应用的增量弹性模型。

（1）邓肯—张模型

康纳根据大量常规三轴试验得出应力－应变关系曲线，他指出可以用双曲线来拟合一般土的三轴试验（$\sigma_1-\sigma_3$）－ε_1 曲线。基于常规三轴试验，邓肯等在前人的基础上提出一种目前被广泛应用的增量弹性模型，称为邓肯—张模型。模型中引入了切线弹性模量 E_t 和切线泊松比 μ_t 两个参数，因此也称为 $E-\mu$ 模型。

邓肯－张模型是国内外广泛采用的岩土模型，它既适用于黏性土，也适用于砂土，但不宜用于密砂、严重超固结土。优点是可以利用常规三轴剪切试验确定所需的计算参数。由于是非线性弹性模型，所以它一般只适用荷载不太大的条件（即不太接近破坏的条件）。该模型是应用单一剪切试验结果进行全部应力应变分析的，而且一切公式都是在 σ_3 为常量的基础上得出的，因此它适用于以土体的稳定分析为主的，而且 σ_3 接近常数的土体工程问题。邓肯—张模型没有考虑剪胀性和应力路径问题，这是模型的主要缺点。

（2）多马舒克－维利亚潘模型

多马舒克－维利亚潘模型将应力和应变分解为球张量和偏张量两部分，分别建立球张量 p（σ_m）与 ε_v、偏张量 q 与 $\bar{\varepsilon}$ 之间的增量关系。通过体积弹性模量 K 和剪切模量 G 表示内力关系的一类模型统称为 $K-G$ 模型。多马舒克等假设在各向等压试验中 p 与 ε_v 之间的关系可近似用幂函数表示，在 p 为常数的三轴压缩试验中，q 与 $\bar{\varepsilon}$ 之间的关系可近似用双曲线表示，得到切线体积模量 K_t 和剪切模量 G_g。一般认为，$K-G$ 模型优于 $E-\mu$ 模型，因为弹性模量和泊松比的选定比较困难，尤其是泊松比受试验方法影响较大，而且泊松比的稍微变化会引起应力、应变的较大变化，所以我们认为采用 $K-G$ 模型是较优的。

3. 弹塑性模型

在弹性状态下，应变唯一地决定于应力状态；在塑性状态下，应变与应力成非线性关系，应变不仅与应力现状有关，还与加载历史、加卸载状态、加载路径以及物质微观结构的变形等有关。作为一种弹塑性体，土受到的应力超过一定范围后，除发生一部分弹性变形外，很大一部分变形属于不可恢复的塑性变形。弹塑性模型利用胡克定律计算弹性部分变形，而利用塑性理论计算塑性变形，常用的弹塑性模型有以下几种。

（1）摩尔 – 库仑模型

摩尔 – 库仑模型是理想塑性模型，是具有一个固定屈服面的本构模型。固定屈服面指的是由模型参数完全定义的屈服面，不受（塑性）应变的影响。

摩尔 – 库仑模型的最大优点是它既能反映岩土材料的 S–D 效应（拉压的屈服与破坏强度不同）和对静水压力的敏感性，而且简单实用，材料参数 c 和 φ 可以通过各种不同的常规试验仪器和方法测定。因此在岩土力学弹塑性理论中该模型得到了广泛的应用，人们积累了丰富的试验资料与应用经验。但是摩尔 – 库仑模型不能反映单纯的静水压力可以引起岩土屈服的特性，而且屈服曲面有棱角，不便于塑性应变增量的计算，这就给数值计算带来了困难。

（2）剑桥模型

剑桥模型是由剑桥大学罗斯柯等提出的，1965 年勃兰德根据能量方程重新得到剑桥模型的屈服曲线，一般称其为修正剑桥模型。剑桥模型是第一个用增量塑性理论建立起来的土的应力 – 应变计算模型，并取得了一定成效，是一种很著名的、最具代表性的土的弹塑性模型。这个模型从实验上和理论上较好地阐明了土体弹塑性变形特性，尤其是考虑了土的塑性体积变形。

剑桥模型中除弹性参数外，只有 λ、k、M 三个模型参数，它们均可通过常规三轴试验测定。人们可利用剑桥模型来确定土的弹塑性应力 – 应变关系，应用较方便。对于剪应力较小时，剑桥模型所给出的剪应变计算值一般比较大，为此勃兰德对剑桥模型进行了修正，他认为剑桥模型的屈服轨迹应为椭圆，人们称其为修正剑桥模型，该模型较剑桥模型能更好反应实际情况，应用更为广泛。

剑桥模型是当前应用最广的模型之一，人们已积累较多的应用经验，这种模型能较好适用于正常固结黏土和弱固结黏土。模型主要缺点是不仅受到传统塑性位势理论的限制，而且没有充分考虑剪切变形，因为屈服面只是塑性体积变形的等值面，只采用 e 作为硬化参量。1968 年，罗斯柯和勃兰德指出在 p'-q' 平面内还存在一个剪切屈服面，进一步修正了剑桥模型，但剪切屈服面不够合理，后来有些学者将剪切屈服面改成抛物线和双曲线等，从而发展出双屈服面的剑桥模型。

（3）拉特 – 邓肯模型

拉特和邓肯根据砂土的真三轴试验结果，提出了拉特 – 邓肯模型。该模型采用不相适应的流动规则，适用于砂土和正常固结黏土，并考虑了中主应力、剪胀性以及应力路径的影响。

拉特－邓肯模型不仅考虑了剪切屈服，还考虑了应力洛德角，但该模型需要的计算参数较多，而且没有充分考虑体积变形，难以考虑单纯静水压力作用下的屈体缩性。这种模型即使采用非关联流动法则，也存在产生过大的剪胀的问题。

4. 黏弹塑性模型

岩土的特点是黏性、弹性和塑性共存，要全面准确地反应岩土的应力－应变－时间关系，就必须寻找既能反映其黏性，又能反映其弹性和塑性的本构模型。在黏弹塑性模型中，主要通过理想弹性模型和黏滞模型、塑性模型的组合来描述岩土的变形特征。较常用的黏弹塑性模型有麦克斯韦模型、开尔文模型和黏塑性体模型。

（1）麦克斯韦模型

麦克斯韦模型是弹性元件和黏滞元件串联而组成的结构模型。当单元受拉时，弹性元件和黏滞元件中的应力相等，整个系统的变形等于两个元件变形之和：

$$\frac{d_\varepsilon}{d_t} = \frac{1}{E}\frac{d_\sigma}{d_t} + \frac{\sigma}{\eta} \tag{2-74}$$

本构关系方程解为：

$$\sigma = e^{-\frac{E}{h}t}\left(\sigma_0 + E\int_0^t e^{\frac{E}{h}t}\varepsilon dt\right) \tag{2-75}$$

式中：$\sigma_0 = E\varepsilon_0$ 为初始应力；ε_0 为初始应变。

当施加恒力 $\sigma = \sigma_0 H(t)$ 时：

$$\varepsilon(t) = \sigma_0\left(\frac{1}{E} + \frac{1}{\eta}t\right)H(t) \tag{2-76}$$

当施加恒定的应变 $\varepsilon = \varepsilon_0 H(t)$ 时：

$$\sigma(t) = E\varepsilon_0 \exp\left(-\frac{E}{\eta}t\right)H(t) \tag{2-77}$$

式中：E——弹性元件的弹性模量；

η——黏滞元件的黏滞系数。

根据该模型得到的蠕变与松弛曲线，固定应力下弹性元件弹性应变不变，而黏滞元件蠕变量随时间线性发展，显然是不合理的；应变状态下黏滞元件逐渐伸长同时负荷逐渐降低，而弹性元件则逐渐收缩直至完全恢复。由此可见麦克斯韦模型能描述材料的松弛特性而不能确切地描述蠕变特性，因此该模型又称松弛模型。麦克斯韦体又叫松弛弹黏体，没有后续效应，而且它在剪应力为常数时以固定的速度流动，其性状与牛顿理想黏滞液体的性状相似。

（2）开尔文模型

开尔文模型是弹性元件和黏滞元件并联而组成的结构模型。当结构单元受拉时，两个元件的变形一致，两个元件变形之和等于结构单元的总伸长。这时，结构单元的荷载由两个元件共同承担：

$$\sigma = E\varepsilon + \eta \frac{\mathrm{d}\varepsilon}{\mathrm{d}t} \tag{2-78}$$

本构关系方程解为：

$$\varepsilon = \mathrm{e}^{-\frac{E}{\eta}t}\left(\varepsilon_0 + \frac{1}{\eta}\int_0^t \sigma \mathrm{e}^{\frac{E}{\eta}t}\mathrm{d}t\right) \tag{2-79}$$

当施加恒力 $\sigma = \sigma_0 H(t)$ 时：

$$\varepsilon(t) = \frac{\sigma_0}{E}\left(1 - \mathrm{e}^{-\frac{E}{\eta}t}\right)H(t) \tag{2-80}$$

当施加恒定的应变 $\varepsilon = \varepsilon_0 H(t)$ 时：

$$\sigma(t) = E\varepsilon_0 H(t) + \varepsilon_0 \eta \delta(t) \tag{2-81}$$

根据开尔文模型得到的蠕变与松弛曲线可知，我们只能观察到其蠕变响应而无法实现真正的应力松弛实验，因此开尔文模型又称蠕变模型。开尔文体又称蠕变黏弹体，可以看成具有黏滞特性的弹性固体，具有后效特性，但没有松弛特性，在剪应变为常数时，其特性相当于弹性固体的性状。开尔文模型能用来描述岩土的蠕变性状，也能用来表示内摩擦引起的阻尼振荡，即表示阻尼引起的能量损耗。

（3）黏塑性体模型

黏塑性体模型是黏滞元件和塑性元件并联连接的结构模型。黏塑性体的总应变等于黏滞应变或塑性应变，而总应力等于黏滞应力与塑性应力之和。

本构方程为：

$$\sigma = \sigma_0 + \eta \dot{\varepsilon} \tag{2-82}$$

黏塑性体的特征是在载荷超过屈服应力之后它才出现流动，其流动速率取决于介质的黏性。黏塑性体是介于固体与流体之间的一种连续介质。为方便起见，我们往往不区分黏性变形与塑性变形，黏塑性变形的本构方程如下：

$$\dot{\varepsilon}_{ij}^{p} = \frac{k}{\eta} \langle F \rangle \frac{\partial F}{\partial \sigma_{ij}}$$

$$（2-83）$$

式中：k 为纯剪状态下的屈服应力；函数 F 可取为 $F\sqrt{J_2}/k$-1；J_2 为应力偏量的第二不变量。

该黏塑性体模型是具有变黏性系数的麦克斯韦模型，其松弛时间不再是常数，而是应力的函数。

第二节　高边坡稳定的影响因素

随着我国工程建设的飞速发展，高边坡失稳现象时有发生。高边坡的变形与破坏因地而异、因质而异，影响因素如高边坡所在的场地地形地貌、地层的岩性特征、岩体结构特征、地下水特征、气候条件、地表水的活动规律、地表植被特征以及人类活动状况等，是多因素、多过程综合积累影响的结果，所以我们必须从高边坡失稳的内在机制及其对外在诱发因素的感应来进行深入研究和分析。

一、边坡开挖与岩、土体的物理力学性质的变化

工程边坡主要为单一结构的土质边坡、岩质边坡及土和岩石组成的二元结构混合边坡。开挖会对边坡造成扰（震）动、坡面裂缝发展、雨水入渗、地下水渗流、坡面岩体风化等不利影响，因为岩土内部存在大量微观缺陷，在震动、风化、渗流等外界作用的驱动下，这些缺陷将产生运动，如位错滑移、孔穴扩散、晶界滑移和微裂纹的扩展等，这些微观缺陷运动的宏观表现形式即为岩土物理力学性能的逐渐弱化，其会对边坡岩土的物理力学性质及长期强度指标造成一定的影响，主要表现在以下几个方面。

第一，在边坡开挖过程中，坡体中的应力状态将重新分布，即相对于边坡形成之前出现所谓的二次应力状态。由于坡体中原有的应力平衡状态被打破，坡体为适应这种新的应力状态，将发生一定的变形与破坏，通常表现为边坡的松弛张裂，即坡底和坡体土体回弹及坡顶土体开裂等，这种松弛张裂一方面会改变部分土体的孔隙比和密度等指标，使岩土强度降低，另一方面会使各种外应力更易深入坡体，增加了坡体内各种应力的活跃程度。有学者认为土的应力释放过程包括了原位应力的解除、含水量和孔隙比的改变、土体结构的破坏等。边坡开挖卸荷之后，坡体土体的抗剪强度略微下降，由于前期固结围压的不同，其抗剪强度下降的幅度不一。相对于内摩擦角而言，黏聚力值降低较为明显，内摩擦角变化幅度较小，边坡开挖卸荷后土体抗剪强度的下降主要是由黏聚力

值的降低引起的。

第二，边坡开挖后，风化作用长期作用于坡面岩层，时刻影响着岩石的结构和力学性能，这对边坡岩体强度影响很大，岩体强度参数具有时间和深度上的渐变特征，岩体强度随风化时间减弱，沿地层深度增强。在风化作用下，岩石由整体变成碎块、由坚硬变得疏松，甚至组成岩石的矿物成分也会发生分解变化，特别是容易风化的变质岩片岩，由于内含云母、滑石等易风化矿物成分，风化作用对它们的影响尤其显著，在风化作用下边坡岩体可成为片理发育、岩性软弱的软弱层。

第三，边坡浸水会造成土体含水率和饱和度的降低、岩土中孔隙水压力的变化及软硬物理状态的改变。因边坡水体作用引起的浸润湿化作用不但会改变土体的含水率等宏观物理指标，而且会诱发黏性土微结构失稳。当水侵入岩石中时，水将顺着裂隙和孔隙进入岩石内部，润湿岩石全部自由面上的每个矿物颗粒。由于水分子的侵入改变了岩石的物理状态，削弱了颗粒之间的联系，因此其强度降低。强度降低的程度取决于岩石中的孔隙和裂隙的状况、组成岩石的矿物成分的亲水性和水分含量、水的物理化学性质等。

第四，边坡开挖时的振动和扰动作用会使边坡岩土的结构发生变化，从而边坡岩土出现新的结构面或原有结构面张裂、松弛，也会使地下水状态发生变化，孔隙水压力增大，边坡岩土强度降低，岩土的结构面抗剪强度降低。

因此，在边坡工程中，人们应该重视边坡开挖对岩、土体物理力学性质的影响。

二、边坡几何效应的影响

公路高边坡的几何要素主要有坡高、坡脚、坡面产状、坡面几何形态及其规模大小等。对于以"岩体结构控制理论"为核心的岩质边坡，几何要素的特征对高边坡失稳影响更加明显，其中，岩体结构面的几何特征与力学特征是高边坡稳定性分析的关键所在。研究表明，高边坡坡面方位与结构面产状的组合关系对高边坡稳定至关重要。高边坡坡体几何要素的特征参数如表2-10所示。

表 2-10　边坡坡体几何要素

结构面	方位：结构面的空间位置。常用倾向、倾角和走向来表示
	间距：相邻结构面之间的垂直距离。通常指一组结构面的平均距离
	延续性：在露头中所观测到的不连续面的可追索长度
	连通性：不连续结构面之间沿某一方向相互贯通的程度
	粗糙度：结构面的粗糙起伏程度
	组数：不同方位产状的结构面数目

61

边坡坡面	坡高：边坡的坡顶与坡脚的相对垂直高差
	坡度：边坡面的倾角
	坡面几何状态：边坡坡面的空间几何展布特征
	方位：边坡坡面的空间位置，常用倾角和倾向表示

（一）边坡的走向

高边坡尤其是岩质边坡，岩体的结构特征对其失稳可以说是具有决定性的意义。无论是倾倒变形、平面破坏、楔形破坏还是圆弧形破坏，结构面与边坡面的产状组合关系是高边坡失稳分析的首要工作。通常，高边坡走向与结构面走向平行或接近于平行时对高边坡稳定不利。

（二）边坡的坡度

不论是土质边坡，还是岩质边坡，高边坡的坡度都对坡体的稳定性具有重要的影响。从极射赤平投影法可以看出，坡脚对坡体内楔体的稳定性具有决定性的意义。按照《公路路基设计规范》（JTG D30—2015），我国对公路高边坡的坡率设计具有严格的规定。

（三）边坡的高度

研究发现，不同的地区、不同的岩土特性，坡高对高边坡失稳的影响并不一致。重庆危岩滑坡调查统计表明，滑坡在坡高为 20 ～ 80 m 及 120 ～ 140 m 时发生的概率为 76%，危岩在坡高为 40 ～ 60 m 及 80 ～ 100 m 时发生的概率为 70%。坡高对崩塌的影响的相关研究表明，坡高为 10 ～ 20 m 的边坡崩塌概率最大，占总数的 32.9%，其次是 20 ～ 30 m 的，占总数的 15.8%。我国学者徐永年在凤州公路段也对坡高与崩塌关系进行了统计研究，研究结果如表 2-11 所示。由此表明，不同地区高边坡失稳的形式与概率是不一样的，这与高边坡的岩土特性有关。

表 2-11　边坡崩塌次数与坡高的关系

坡高 /m	崩塌次数	比例 /%
< 20	2	3.5
> 20	11	19.3
> 30	10	17.5
> 40	11	19.3
> 50	23	40.4

（四）坡面的几何形态

一般高边坡坡面呈凹凸不平的不规则形状，但不管怎样复杂的地形都可分为平面、凹面、凸面三种最基本的情况，由于纵横断面凹凸变化以及不同曲率半径的组合可以形成各种各样的高边坡。徐永年认为，常见的坡面可分为平面型、上升型、下降型、溪沟型、脊梁型和集水型等六种几何形态，如表2-12所示。

表2-12　常见坡面的几何形态

平面型坡面	坡面与基岩面都为平面而且它们互相平行
上升型坡面	坡面与基岩面的纵断面都为凹面，从最低处向上，坡度越来越大
下降型坡面	坡面与基岩面的纵断面都为凸面，从最高处向下，坡度越来越大
溪沟型坡面	坡面与基岩面的横断面都为凹面，形态类似溪沟
脊梁型坡面	坡面与基岩面的横断面都为凸面，形态类似山的脊梁
集水型坡面	坡面与基岩面的纵断面、横断面均为凹面，形态类似集水坑

三、岩体结构的影响

岩体结构是决定岩质边坡的稳定性和可能失稳模式最直接和最重要的因素。谷德振曾将岩体分为块状、层状、碎裂和散体四大类。由于岩体结构面和边坡开挖面产状的相互关系直接影响到高边坡的稳定性，因此他提出了高边坡岩体结构分类体系，如表2-13所示。

表2-13　高边坡岩体结构分类

岩体结构		岩石类型	岩体特征	边坡稳定性特性
类型	种类			
块状结构	—	岩浆岩、中深变质岩、厚层沉积岩	岩体成块状或厚层状，结构面不发育，间距在100 cm以上，多为刚性结构面，贯穿性软弱结构面少见	边坡稳定条件好，易形成高陡边坡，失稳边坡多沿某结构面崩塌或滑动。滑动稳定性受结构面抗剪强度与岩石抗剪强度影响
层状结构	层状同向结构	—	边坡与层面同向，岩层倾向与边坡倾向基本相同，夹角小于30°，岩层多呈互层状，结构面发育，软弱夹层和层间错动带常为贯穿性软弱结构面	层面或软弱夹层形成滑动面，坡脚切断后易产生滑动，倾角较陡时易产生溃屈或倾倒。稳定性受岩层走向、夹角大小、坡角与岩层倾角组合关系、顺坡向软弱结构面的发育程度及强度等因素影响

岩体结构		岩石类型	岩体特征	边坡稳定性特性
类型	种类			
层状结构	层状反向结构	各种厚度的沉积岩、层状变质岩和复杂的火山岩	岩层倾向与边坡倾向基本相反，其夹角应大于150°，岩体呈层状或二元结构，结构面发育	岩层较陡时易产生倾倒弯曲松动变形，坡角有软层时上部易拉裂，局部崩塌滑动。稳定性受坡角与岩层倾角组合关系、岩层厚度、层间结合能力及反倾结构面发育与否等因素影响
	层状斜向结构	—	层状岩石组成的边坡，岩层倾向与边坡倾向斜交，其夹角为30°～50°	边坡稳定条件较好，不受层面及夹层因素的影响
碎裂结构	—	各种岩石的构造影响带、破碎带、蚀变带或风化破碎岩体	岩体结构面发育，多短小无规则分布，岩块间存在咬合力	边坡稳定性较差，边坡稳定性取决于岩块间的镶嵌情况和岩块间的咬合力
碎裂结构	—	各种岩石的构造破碎带及其强烈影响带、强风化破碎带	由碎屑泥质物夹大小不规则的岩块组成，软弱结构面发育成网	边坡稳定性较差，边坡稳定性取决于岩体的抗剪强度，滑动面呈圆弧状

对层状同向结构高边坡的失稳机理的研究表明，层状结构岩体高边坡可分为两大结构类型：一种是以沉积岩为代表的，与原生建造有关的原生层状结构；另一种是以变质岩为代表的，与构造成因有关的板裂层状结构。层状结构岩体高边坡按边坡走向与层面或板裂面走向之间关系可分为平行坡、斜切坡、横向坡和无定向坡。岩体中的原生结构面和断裂结构面控制着岩体的变形和稳定。

对层状反向结构高边坡的失稳机理的研究表明，岩层走向与高边坡走向夹角小于25°，倾向与边坡倾向相反的层状结构岩质高边坡为反倾向层状结构岩质高边坡。通过对国内外26个较为典型的反倾向层状结构岩质高边坡变形破坏资料的整理分析，可知边坡变形破坏特征包括以下几个方面。

①岩层倾角小于30°的层状结构岩体构成的反倾向高边坡，在自重作用下岩层向临空面产生的弯矩最小，这类反倾向高边坡一般没有弯曲变形发生。

②岩层倾角大于30°的反倾向层状结构岩质高边坡，弯曲倾倒变形是这类高边坡变形破坏的主要形式。

块状结构岩体主要由以下各岩组岩石构成：沉积碳酸盐岩组的巨厚层、厚层至中厚层的石灰岩、白云岩及其过渡岩类等；沉积沙砾岩组的巨厚层、厚层至中厚层的砂岩、砾岩及其过渡岩类等；岩浆侵入岩组的花岗岩、闪长岩及辉绿岩等；火山岩组的流纹岩、鞍山岩及玄武岩等；变质岩组的混合岩、片麻岩、大理岩及石英岩等深变质岩。

四、软弱夹层的影响

在研究高边坡稳定问题时，首先要查清、分析各种结构面的性质、组合、规模等，包括结构面之间可能存在着的"岩桥"的性质与作用。一般而言，构成高边坡整体滑动的模式有以下几种。

①存在着大规模的顺坡向缓倾角断层或结构面，并与其他方向的构造面或节理裂隙或软弱夹层，将岩层（包括人工开挖形成的边坡）切割成滑动体。

②存在多组顺坡向不连续密集裂隙面，一旦坡角开挖切割（即切层）或存在缓倾角软弱结构面，就会形成高边坡整体滑动。这种顺坡向裂隙中，往往存在着"岩桥"，但由于"岩桥"单薄，有可能被各个击破而失去作用，这是要认真分析的。对于这种由裂隙面组成的滑动面，关键在于搜索其最不利的滑动面位置。

③存在大规模的构造、蠕变交互作用形成的顺坡向拉裂体，一旦高边坡坡脚受到扰动或切割，就会出现坍滑现象。

④软弱且裂隙发育的岩体，由于开挖或其他人工影响，其在雨季形成饱和状态，在渗透压力作用下，可能形成高边坡变形，严重时也会产生滑坡。

⑤高边坡高而陡，从而使岩体因高应力而破坏，造成整体滑动，这种情况可通过有限元分析其应力，采取适当的削坡、减载或锚固等措施，这些措施是防止滑动、改善应力状况的有力措施。

总之，高边坡要产生整体滑动，就必然存在着内在的某些软弱结构面，并且其与高边坡的开挖面形成了不利组合，以及受到外荷载的作用，否则是不会滑动的。因此，在设计和开挖高边坡时，关键在于查明各种裂隙或软弱面的规律、性质、产状、强度参数等与高边坡稳定性的关系。以往很多高边坡产生整体的滑动，主要是事先没有充分查明、掌握对高边坡稳定性构成严重威胁的结构面的性质，或者没有全面认识到其严重性，因而造成不可挽回的巨大损失。现在的技术手段，即使是严重影响高边坡稳定性的断层和软弱夹层，也是可以安全处理的。

五、降雨的影响

对高边坡而言，降雨的不利作用主要表现在降低岩体强度、抬高地下水位和加大高边坡内孔隙压力三个方面。

（一）降低岩体强度

对于高边坡稳定来说，起控制作用的是岩体结构面的强度。岩体结构面分为硬质结构面与软弱结构面。水的介入对硬质结构面的强度并无多大影响，而软弱结构面遇水后，特别是在原来充填介质含水量很低，降雨后却显著提高时，充填的软弱物会进一步软化，其抗剪强度则显著降低。

（二）抬高地下水位

降雨量使山体地下水位升高的幅度与水文地质条件有密切关系。在某些条件下，地下水位能大幅度升高，而在另一些条件下，地下水位升高可能极为有限。一般来说，当岩体不是特别厚、山坡较缓且地下水位在弱风化层以上时，由于岩体孔隙率大，水位上升需要更多水分供给，同样的降雨条件地下水位上升幅度小。同时由于裂隙发育，岩石破碎渗透系数大，地下水位升高后水很容易排走。

（三）加大高边坡内孔隙压力

根据渗流观点，岩体是由裂隙网络和孔隙介质的岩块构成的双重介质。岩块的渗透系数与岩石类别有关，致密岩石如微型花岗岩，其渗透系数为 10^{-10} cm/s。设裂隙宽 0.01 mm，按缝隙水力学，其过水系数（即渗透系数）约为 10^{-4} cm/s。雨水渗入后，水在裂隙内的运动速度远大于在岩块孔隙内的运动速度。

从以上分析可知，雨水从地面渗入，在重力作用下，首先以较快速度沿裂隙向下流，然后再缓慢地由裂隙渗入岩体孔隙。裂隙发育程度随深度而减弱，雨水从地表渗入裂隙很容易，而从深层岩体排走则十分困难。因此，若一个降雨过程不是太短，山体地下水位以上非饱和区就会形成暂态饱和区，地下水位上升会使边坡内孔隙压力增大。强度超过入渗率的降雨历时愈长，孔隙压力就愈大。虽然这一孔隙压力是暂态的，降雨停止后能以较快的速度消散，但如果量值较大，其对高边坡稳定的影响就不能忽视。

六、强扰动的影响

深挖方地段的路基边坡通常比较陡峻，由于重力的作用，高边坡附近的岩土体在自然状态下就存在向下运动的趋势。若遇到比较强烈的外界扰动，如地震发生或近距离的大爆破，高边坡的稳定性在一定程度上就会受到影响。因此，如需要在深挖方地段进行爆破，应当特别注意控制爆破震动的影响，一般应采用药孔爆破法和分段起爆技术以减轻震动，尽量避免洞室爆破。

七、风化作用的影响

边坡处的岩石，在裸露的状态下所受到的自然作用十分强烈。强度高、整体性好的岩石，自然风化进程非常缓慢。而原本强度低、裂隙发达、风化强度高的岩石，由开挖后的初始新鲜岩面进一步变化成沙砾的过程可能相当短暂。例如，湘西北某二级公路，在开挖中大部分由泥质页岩构成的高边坡基本处于稳定状态，当时未对高边坡采取防护措施。但仅仅经过四五年的时间，就有十多处高边坡因风化比较严重而出现大面积的重度剥离、脱落和局部塌方现象，因高边坡高度多在 20 ～ 30 m，所以后期治理施工颇为困难。

八、高边坡坡面局部区域土石介质条件变化的影响

在高边坡的开挖过程中，逐渐形成了倾斜的高边坡坡面。它是一个新形成的土石介质与空气介质的分界面，即只有面。它的存在，改变了高边坡坡面附近局部区域内土石介质的边界条件，使其有了向外运动的空间。一般情况下高边坡坡面是不平整的，高边坡坡面附近的土石介质也是不均匀的，因此，在高边坡坡面上总有某些局部区域内的土石团块处于类似悬臂梁的受力状态。也就是说，这些团块的上部分承受拉应力，下部分承受压应力。而土和岩石的抗拉强度比其抗压强度要低得多（岩石的抗拉强度仅为其抗压强度的 $1/20 ～ 1/50$）。所以这些团块容易在拉应力作用下受到破坏，它们断裂的部分就会在重力作用下沿边坡滚落到路面上，这个过程如果产生连锁反应，就会形成塌方。除此之外，高边坡坡面附近一定范围内土石介质的抗压强度如果达不到一定的要求，则会被上部荷载压碎，直接造成塌方。

除了上述这些因素之外，还可能有其他方面的不确定因素。总之，影响高边坡稳定的因素比较多，通常是多种因素共同作用的。

第三节　高边坡变形失稳模式

一、不同类型边坡可能的失稳模式及其特征

不同研究领域和不同研究者，对边坡稳定性的定性判别有所差别。我们对岩质边坡可能的失稳模式可按表 2-14 进行判别，对土质边坡可能的失稳模式可按表 2-15 进行判别，对边坡失稳特性和破坏机制可按表 2-16 确定。

表 2-14 岩质边坡可能的失稳模式

岩体		可能的失稳模式
类型	亚类	
块状结构	整体状结构 块状结构 次块状结构	①多沿某一结构面或复合结构面滑动; ②节理或节理组易形成楔形体滑动; ③陡倾结构面发育时,易形成崩塌
层状结构	层状同向结构	①层面或软弱夹层易形成滑动面,坡脚切断后易产生滑动; ②倾角较陡时易产生溃屈或倾倒; ③倾角较缓时坡体易产生倾倒变形; ④节理或节理组易形成楔形体滑动; ⑤稳定性受坡角与岩层倾角组合、岩层厚度、顺坡向软弱结构面的发育程度及抗剪强度所控制
	层状反向结构	①岩层较陡或存在陡倾结构面时,易产生倾倒弯曲松动变形; ②坡脚有软层时,上部易拉裂或局部崩塌、滑动; ③节理或节理组易形成楔形体滑动; ④稳定性受坡脚与岩层倾角组合、岩层厚度、层间结合能力及反倾结构面发育与否所控制
	层状斜向结构	①易形成层面与节理组组成的楔形体滑动或崩塌; ②节理或节理组易形成楔形体滑动; ③层面与坡面走向夹角越小,滑动的可能性越高
	层状平叠结构	①存在陡倾节理时,易形成崩塌; ②节理或节理组易形成楔形体滑动; ③在坡底有软弱夹层时,在孔隙水压力或卸荷作用下,易向临空面滑动
碎裂结构	镶嵌结构 碎裂结构	边坡稳定性差,坡度取决于岩块间的镶嵌情况和岩块间的咬合力。失稳类型多以圆弧状滑动为主
散体结构		边坡稳定性差,坡角取决于岩体抗剪强度,多为圆弧状滑动

表 2-15 土质边坡可能的失稳模式

边坡类型	主要特征	影响稳定的主要因素	可能的失稳模式	与水利水电工程的关系
黏性土边坡	以黏粒为主,一般干时坚硬,遇水膨胀崩解。某些黏性土具有大孔隙(如山西南部的黏土),某些黏性土甚坚固(如南方网纹红土),某些黏性土呈半成岩状,但含可溶盐量高(如黄河上游黏土),某些黏性土具有水平层理(如淮河下游的黏土)	①矿物成分,特别是亲水、膨胀性、容滤性矿物的含量; ②节理裂隙的发育状况; ③水的作用; ④冻融作用	①裂隙性黏土常沿光滑裂隙面形成滑动,含膨胀性亲水矿物的黏土易产生滑坡,巨厚层半成岩黏土高边坡,因坡脚蠕变可导致高速滑坡; ②因冻融产生剥落; ③坍塌	①作为水库或渠道坡,因蓄水、输水可能引起部分黏土变形滑动; ②寒冷地区工程边坡由于冻融剥落而被破坏

续表

边坡类型	主要特征	影响稳定的主要因素	可能的失稳模式	与水利水电工程的关系
砂性土边坡	以砂粒为主，结构较疏松，凝聚力低为其特点，透水性大，包括厚层全风化花岗石残积层	①颗粒成分及均匀程度；②含水情况；③振动；④外水及地下水作用	①饱和均质砂性土边坡，在振动作用下，易产生液化滑坡；②管涌、流土；③坍塌和剥落	①机械振动可能出现局部滑坡；②基坑排水时易被破坏
黄土边坡	以粉粒为主、质地均匀。一般含钙量较高，无层理，但柱状节理发育，天然含水量低，干时坚硬，部分黄土遇水湿陷，有时呈固结状，有时呈多元结构	主要是水的作用，因水湿陷，或水对边坡浸泡，水的下渗使下垫隔水层泥化等	①崩塌；②张裂；③湿陷；④高或超高边坡可能出现高速滑坡	渠道边坡，因通水可能出现滑坡；库岸边坡因库水浸泡可能塌岸或滑动；因湿化引起古滑坡复活
软土边坡	以淤泥、泥炭、淤泥质土等抗剪强度极低的土为主，塑流变形严重	①土性软弱（低抗剪强度、高压缩性）；②外力作用、振动	①滑坡；②塑流变形；③塌滑、边坡难以形成	渠道通过软土地区因塑流变形而不能形成，坡脚有软土时，因软土流变挤出使边坡坍塌
膨胀土边坡	具有特殊物理力学特性，因富含蒙脱石等易膨胀矿物，内摩擦角很小，干湿效应明显	①干湿变化；②水的作用	①浅层滑坡；②浅层崩解	边坡开挖后因自然条件变化、表面膨胀、崩解引起连续滑动或坍塌
分散性土边坡	属中塑性土及粉质黏土类，含一定量的蒙脱石，易被水冲蚀，土粒被流动的水带走	①低含盐量环境水；②孔隙水溶液中钠离子含量较高，介质高碱性	①冲蚀孔洞、孔道；②管涌、崩陷和溶蚀孔洞；③塌滑、崩塌性滑坡	堤坝和渠道边坡在施工和运行中随机发生变形破坏或有潜在危机
碎石土边坡	由坚硬岩碎块和砂土颗粒或砾质土组成的边坡	①黏土颗粒的含量及分布特征；②坡体含水情况	①土体滑坡；②坍塌	因施工切挖导致局部坍塌，作为库岸边坡因水库蓄水可导致局部塌滑或上部坡体开裂，库水骤降易引起滑坡

边坡类型	主要特征	影响稳定的主要因素	可能的失稳模式	与水利水电工程的关系
岩土混合边坡	边坡上部为土层、下部为岩层,或上部为岩层下部为土层(全风化岩石),多层叠置	水对土层浸泡,水渗入土体	①土层局部塌滑;②上部岩体岩土层蠕动或错落	叠置型岩土混合边坡基岩面与边坡同向且倾角较大时,蓄水、暴雨后或震动时易沿基岩面产生滑动

表 2-16　边坡失稳特性和破坏机制

失稳模式		失稳特征	破坏机制	破坏面形态
崩滑		边坡局部岩体松动、脱落,主要运动形式为自由落体或滚动	拉裂破坏,岩体存在临空面,在结合力小于重力时发生崩塌	—
滑动	平面形	边坡岩体沿某一结构面整体向下滑动	剪切、滑移破坏,结构面临空,坡脚岩层被切断,或坡脚岩层被挤压剪切	层面或贯通性结构面形成滑动面
	曲面形	散体结构、碎裂结构的岩质边坡或土质边坡沿曲面滑动面滑动,坡脚隆起	剪切、滑移破坏。内摩擦角偏低,坡高、坡角偏大	圆弧形滑动面
	楔形体	结构面组合的楔形体,沿滑动面交线方向滑动	剪切、滑移破坏,结构面临空	两个以上滑动面组合
弯曲倾倒		层状反向结构的边坡,表部岩层逐渐向外弯曲倾倒,少数层状同向结构的边坡也出现弯曲倾倒	弯曲、拉裂破坏,劈楔。由于层面密度大、强度低,表部岩层在风化及重力作用下产生弯矩	沿软弱层面与反倾向节理追踪形成
溃屈		层状结构顺层边坡,岩层倾角与坡角大致相似,上部坡体沿软弱面蠕变,由于下部受阻而发生岩层鼓起、拉裂等现象	滑移,弯曲破坏。顺层向剪应力过大,层面间的结合力偏小,上部坡体软弱面蠕变,下部受阻而发生纵向弯曲	层面拉裂,局部滑移
拉裂		边坡岩体沿平缓面向临空方向产生蠕变滑移,局部拉应力集中而发生拉裂、扩展、移动等现象	塑流、拉裂破坏。重力作用下,软岩变形流动使上部岩体失稳	软岩中变形带
流动		在重力作用下,崩塌碎屑类堆积向坡脚或峡谷内流动,形成碎屑流滑坡,多发生在具有较大自然坡降的峡谷地区	流动破坏。碎屑体饱水后在重力作用下,产生流动	碎屑体内流动,无明显滑动面

二、高边坡单一变形与失稳模式

(一)崩塌失稳模式

边坡崩塌破坏指岩体在陡坡面上脱落而下的一种失稳形式,经常发生于陡坡顶部裂隙发育的地方。

崩塌破坏的机理如下。

①风化作用减弱了节理面间的黏结力;

②受到冰胀、风化和气温变化的影响,岩体的抗拉强度减弱了,岩块松动,形成了岩石崩塌的条件;

③雨水渗入裂隙中,造成裂隙水压力作用于岩块上,从而导致岩块崩塌。崩塌的岩块通常沿着层面、节理或局部断层带(断层面)发生倾倒。

(二)楔形失稳模式

在高边坡的失稳模式中,楔形破坏是最常见的一种失稳模式。楔形破坏又称为"V"形破坏,由两组或两组以上优势面(破裂面)与临空面和坡顶面构成不稳定的楔形体,楔形体沿两优势面的组合交线下滑。当坚硬岩层受到两组倾斜面相对的斜节理切割,节理面以下的岩层又较碎时,一旦下部遭到破坏,上部"V"形节理便失去平衡,于是发生崩塌,崩塌后边坡出现"V"形槽。

(三)倾倒失稳模式

倾倒破坏一般发生在坚硬块状或柱状岩体边坡内。其特征是优势结构面走向大体与边坡一致,倾角甚陡,倾向与边坡相反。不稳定岩体以分离形式失稳时会发生顺坡面倾倒,或向临空面转动滑移。一般可将倾倒破坏分为脱离式倾倒或错动式倾倒两种形式。

1. 脱离式倾倒

脱离式倾倒的稳定性,主要受岩块倾倒力矩控制,即取决于岩块自重荷载及其空间几何条件,与排间摩擦力无关。岩块破坏一般从前排开始,逐次向后排发展,最终稳定于折线形坡面。

2. 错动式倾倒

错动式倾倒为倾倒时岩块排之间无脱开,沿结构面以及倾倒底部产生一定剪切位移,且其位移值基本一致。错动式倾倒破坏通常是在坡脚部位有一定的阻挡,但在倾倒力作用下边坡产生位移时发生。

（四）圆弧失稳模式

圆弧破坏的机理为岩体内剪应力超过滑面的抗剪强度，致使不稳定体沿圆弧形剪切滑移面下滑。在均质的岩体中，特别是在均质泥岩或页岩中，边坡破坏的滑面通常呈弧形状，岩体沿此弧形滑面滑移。在非均质的岩体中，滑面近似于对数螺旋曲面或其他形状的弧面。

（五）平移滑动失稳模式

平移滑动破坏指一部分岩体沿着地质软弱面，如层面、节理面滑动。其特点是块体沿着平面滑移。这种滑移往往发生在地质软弱面，由于坡角开挖或者某种原因（如风化、水的浸润等）降低了软弱面的内摩擦角，地质软弱面以上的部分岩体沿此平面而下滑，造成边坡破坏。

三、高边坡复合变形与失稳模式

由两个或两个以上单一变形与失稳模式组合而成的变形与失稳模式称为复合变形与失稳模式。一般高边坡大多由多种不同类型的岩土介质构成，因而高边坡的失稳变形通常属于复合变形与失稳模式。常见的复合变形与失稳模式有如下四种。

（一）复合滑移失稳模式

边坡变形破坏虽然往往以某一种破坏模式为主，但由于边坡岩体结构和外形的复杂性，有的边坡可以同时出现两种或多种变形模式，这些变形模式以一定的方式组合在一起。

（二）滑移—拉裂失稳模式

这类变形破坏就是边坡岩体沿下伏软弱面向坡前临空面滑移，滑移体拉裂解体。受已有软弱面控制的这类变形，其进程取决于软弱面的产状与特性。当倾角足以使上覆岩体的下滑力超过该面的实际抗剪阻力时，该面一经揭露临空，其后缘拉裂面迅速滑落，蠕变过程极为短暂。

（三）弯曲—拉裂失稳模式

这类破坏一般都发生在斜坡前缘，陡倾的板状岩体在自重弯矩作用下，于前缘开始向临空面做悬臂梁弯曲，并逐渐向坡内发展。弯曲体之间互相错动且伴有拉裂，弯曲体后缘出现拉裂缝，平行于走向的反坡台阶和槽沟出现。

（四）楔形—平面组合失稳模式

此种破坏模式为横向上与直立岩层大角度斜交并呈"X"形组合的两组结构面，与一组倾向坡外的陡立结构面相叠加的变形破坏。前两组结构面常表现为剪切滑移，后者表现为拉裂变形，空间组合成楔形体。楔形—平面组合破坏形态为上部是楔形破坏，下部是平面破坏。其破坏机理是在自重荷载作用及水害诱导下，岩体内剪应力超过组合剪切滑移面的抗剪强度，导致不稳定体沿该剪切滑移面下滑而产生破坏。

第四节　高边坡失稳致灾机理

国内外对边坡失稳模式的研究起步较早，研究成果相对成熟，认识也相对统一。虽然分类型式多种多样，但宏观上一般划分为滑动型、崩塌型和有限变形等。小湾水电站工程边坡的岩土体结构类型复杂，变形失稳模式多样，种类齐全。

一、滑动型边坡失稳的致灾机理

滑动型变形破坏指坡体沿软弱带（结构面）或最大剪应力面产生滑移变形失稳。根据其力学机制，可分为推移式滑动和牵引式滑动；根据构成坡体物质结构特征的差异，可分为平面型滑动、圆弧型滑动、楔形体滑动和组合型滑动等四种类型。

（一）平面型滑动

当某一结构面走向与边坡面走向近似平行、顺坡倾斜且倾角小于坡角，并存在侧向切割面和后缘拉裂面，而且结构面在边坡上出露时，岩体有可能沿该组结构面滑边，边坡出现平面型滑动变形破坏。此类变形破坏主要发生在岩质边坡中。根据滑移面类型，平面型滑动又可分为顺层滑动和沿中缓倾角剪切裂隙、节理滑动。

1. 顺层滑动

以片理、片麻理方向的顺层挤压错动面为底滑面的变形破坏，即为顺层滑动破坏。由于组成底滑面的该类结构面延伸较长，其变形失稳规模主要取决于其倾角大小，倾角越小，滑动体厚度越大，变形失稳规模就越大。小湾水电站坝址附近地段，片麻理倾角一般为70°～85°，故失稳以浅层滑动为主；坝址下游地段片麻理倾角逐渐变小，在右岸砂石料加工地段，倾角只有 $35° \sim 40°$，其失稳主要为深层滑动。例如，孔雀沟下游分布的古滑坡体，滑坡体厚度为 $40 \sim 50$ m，属深层滑动；发生在右岸凤小公路场内Ⅱ段小新村沟上游山梁的滑坡，属浅表层滑动，该滑坡底滑面为顺片麻理结构面，山梁孤峰突出，两侧冲沟即为侧向切割面，顺片麻理结构面在边坡上部较平缓处出露，由于公路施工便道开挖，底滑面在便道内侧坡脚处出露，开挖爆破后即产生方量约 10×10^4 m³ 的塌方。

2. 沿中缓倾角剪切裂隙、节理滑动

以顺坡中缓倾角剪切裂隙、节理为底滑面，以拉张裂隙为后缘拉裂面的破坏，即为沿中缓倾角剪切裂隙、节理滑动。由于边坡部位卸荷作用强烈，一方面边坡岩体松弛，另一方面改造和产生了部分新裂隙。该类裂隙主要有两种类型：①使陡倾角结构面张开，形成拉张裂隙；②在河谷应力场拉、压、剪应力的综合作用下，改造原顺坡中缓倾角节理，形成剪切裂隙或剪切带。由于构成底滑面的结构面延伸长度相对较小，无论底滑面还是后缘拉裂面均是成组发育的节理、裂隙，因而其变形破坏具有牵引式、扩展式的特点，即在一般情况下，变形是从单一小统体破坏开始，逐渐向两侧扩展，向上发展。在一些特殊情况下，如强暴雨、地震和超常规爆破情况下，也可能一次发生较大范围和规模的破坏，这种破坏无论在倾向上或走向上，底滑面均呈现台坎状。小湾水电站坝址纵向凹凸相间的典型地貌特征在一定程度上反映了在边坡形成过程中，上述两种破坏形式的综合作用。

沿中缓倾角剪切裂隙、节理的滑动，根据其失稳规模和稳定分析方法，可以概化为三个分析模式，即单一滑面、折线型滑面和阶梯状滑面。其中，大范围的整体失稳滑面主要为阶梯状滑面。

（二）圆弧型滑动

若组成边坡的岩土体物质均匀一致，则其稳定程度受控于岩土体强度，而不受结构面强度控制，边坡中的破坏面沿松散堆积物内部的最大剪应力发生，这种破坏面近似为圆弧状，故称为圆弧型滑动。圆弧型滑动一般发生在第四系覆盖层、强烈蚀变岩体、较大的断层破碎带或全风化岩体中。如凤小公路场内Ⅰ段的 CD 段回头弯第四系坡积层中发生的滑坡，由于公路开挖，边坡前缘变陡，减小了阻滑力，岩土体产生滑动，后缘由于失去前缘岩土体的支撑作用，又产生滑动，在较短时间内连续发生 5 次滑移破坏，具牵引式特点。

（三）楔形体滑动

楔形体由两个相交结构面与开挖临空面组成，如果两结构面的交线倾向坡外，交线倾角接近或大于综合摩擦角，那么楔形体就会沿交线倾向方向滑动。当交线倾角很大时，楔形体也可能表现为坠落形式的破坏。楔形体滑动破坏的结构面组合形式视地质条件不同而有所不同。小湾水电站坝址区的楔形体滑动破坏大致可分为以下几种类型。

1. 一组陡倾角结构面和一组中缓倾角结构面的组合

例如，近东西方向平行片麻理的陡角结构面与近南北方向顺坡中缓倾角结构面的组合。当其组合滑动方向沿交线方向时，边坡就可能产生楔形体滑动破坏。

2. 两组陡倾角结构面的组合

例如，右岸大椿树沟ⅢA区高程1 315 m马道上下边坡F11下部楔形体破坏，由于存在一条产状为N 40°E、SE∠80°的陡倾角结构面、与近EW向陡倾角结构面构成楔形体，二者迹线延伸长度均大于20 m，下部开挖临空后边坡发生楔形体滑塌破坏。高程1 315 m马道以上部位变形破坏清除后，以下部位也产生变形破坏，楔形体下错十余厘米，之后做了清除处理。两组陡倾角结构面的组合也可能表现为坠落形式的破坏。

3. 两组中缓倾角结构面的组合

该组合因交线倾角相对较缓，组合交线在边坡上出露，深入岩体深部，在边坡上部不出露，当存在后缘拉裂面时，边坡有可能产生楔形体滑动破坏。如电站进水口边坡，以中缓倾角结构面①（产状近SN、E∠32°～45°）和②（产状N 68°～85°W、NE∠30°～45°）的组合为底滑面，以走向近SN和走向近EW的陡倾角结构面为后缘拉裂面，有可能产生向开挖临空方向滑动的楔形体滑动破坏。有陡倾角结构面的楔形体组合同样有可能存在后缘拉裂面。

楔形体滑动的滑移面主要为节理、剪切裂隙、断层等。对于断层，由于规模相对较大，人们可以较准确地确定其位置和延伸范围；对于剪切裂隙、节理，它们成组出现，人们很难确定每一条剪切裂隙和节理的准确位置和延伸范围。因此，根据构成楔形体的结构面形态及出露位置的确定性程度等，楔形体又可分为定位楔体、半定位楔体和随机楔体。

（1）定位楔体。由连续延伸的断层或控制性结构面组合形成的楔体称为定位楔体，其结构面在边坡面上具有确定的出露位置和较好的连续性。如电站

进水口由 f_3 断层、f_{89-1} 断层组合形成的楔形体，即为定位楔体。

（2）半定位楔体。由成组出现的结构面或随机结构面和确定性结构面组合形成的楔体称为半定位楔体。人们虽不能完全准确确定该楔形体的出露位置和规模，但可以确定边坡的哪个部位存在楔体。

（3）随机楔体。由随机结构面和成组出现的结构面，以及随机结构面之间组合形成的楔形体称为随机楔体。该类楔体在边坡面上的出露位置和规模均具有不确定性，同时结构面的延伸范围受其发育规模的限制而具有不连续性。

（四）组合型滑动

组合型滑动是由两种或两种以上的滑动型变形破坏组合形成的变形破坏。小湾水电站坝址区的组合型滑动破坏主要是滑体上部为圆弧型滑动、下部为平面型滑动的组合，这种组合有以下两种表现形式。

1. 堆积体边坡

在堆积体边坡中，颗粒相对较细的物质一般分布在边坡的底部，一般称其为接触带土体。就材料本身而言，土质类边坡抗剪强度的高低主要取决于碎石和孤石的含量，碎石和孤石越多，边坡的抗剪强度就越高。因此，接触带土体在堆积体内部抗剪强度相对较低。当堆积体发生变形时，一般是堆积体内部先产生圆弧型滑动破坏，当底滑面与接触带土体贯通后，堆积体沿接触带土体产生平面型滑动。

2. 上部为第四系覆盖层，下部为基岩的边坡

右岸砂石加工系统及混凝土拌和系统粗碎车间平台高程为 1 130 m，其后侧边坡上部主要为坡积层，下部为风化岩体，风化岩体中顺片麻理错动面较发育。初期开挖过程中曾发生变形破坏，上部坡积层中为圆弧型滑动破坏，下部风化岩体中为沿顺片麻理错动面滑动。

二、崩塌型边坡失稳的致灾机理

崩塌破坏发生在天然边坡的陡坡和高陡开挖边坡部位，在自重作用下边坡产生瞬间塌落破坏。崩塌破坏主要发生在岩质边坡中，在较陡部位开挖或在库水作用下边坡也有可能发生崩塌破坏。按发生崩塌的机制，崩塌破坏可分为倾倒型和滑移型两种类型。置于斜面上的岩块由两组节理 J_1 和 J_2 切割形成，节理间距分别为岩块的底边长 b 和高度 h。J_1 为近 SN 向或近 EW 向陡倾角节理，产状为 N 0° ~ 20°E、NW（SE） $\angle$ 75° ~ 90° 或 N 70° ~ 85°W、

NE $\angle$ 75°～90°；J_2 为倾向河谷或倾向冲沟的顺坡中缓倾角卸荷节理。节理间距比 b/h 决定了岩块发生崩塌的形式。当 $b/h>1$ 时，岩块重心落于底边 b 之内，如果斜面倾角 α 大于摩擦角 φ，岩块将产生滑移型崩塌；当 $b/h<1$ 时，岩块高而细，重心可能落于底边 b 之外，此时岩块将产生倾倒型崩塌。

（一）倾倒型崩塌

倾倒型崩塌破坏是天然山坡失稳的主要形式之一。按岩性或结构面组合与工程边坡的关系，倾倒型崩塌破坏主要有以下三种组合情况。

①边坡岩性分布存在下软上硬或软硬相间结构特征的地段。由于片岩、角闪斜长片麻岩和黑云花岗片麻岩抗风化能力的差异，较软弱的片岩和角闪斜长片麻岩、全强风化岩体厚度相对较大，加之各类层间错动、断层的存在，在逆向坡的软润岩体易被压缩变形，从而导致上部岩体倾倒拉裂变形，若进一步发展，则产生崩塌破坏。

②岩层近直立的冲沟地段。如小湾水电站左岸饮水沟和右岸大椿树沟，片麻理产状近 EW 向直立，平行片麻理的结构面发育，Ⅱ级断层 F_7 从沟中通过，由于冲沟深切，在地质营力作用下，冲沟两侧岩层均有不同程度的倾倒崩塌现象，边坡开挖揭露片麻理倾角仅为 20°～60°。在这些地段，近 EW 向的工程边坡有可能产生类似的倾倒型崩塌破坏。

③近 SN 向节理密集发育地段。工程边坡近 SN 向陡开挖，则有可能产生倾倒型崩塌破坏。从天然地貌可以观察到，许多高陡峭壁就是近 SN 向节理裂隙倾倒崩塌形成的。小湾水电站左岸 8 号山梁上游侧坡面（左岸砂石系统上游地段），基岩裸露地段岩性为黑云花岗片麻岩，岩体中近 SN 向陡倾角节理发育，且其间距一般为 50～150 cm，在中缓坡面上未见连续滑移面，该地段边坡的形成受结构面控制，主要为沿 SN 向陡倾角节理发生的倾倒型崩塌破坏，局部形成陡壁。

（二）滑移型崩塌

滑移型崩塌破坏也是天然边坡失稳的主要形式之一。滑移型崩塌破坏一般发生在顺坡中缓倾角节理发育不均匀的地段，边坡上发育有顺坡中缓倾角结构面和近 SN 向陡倾角结构面，随着变形的发展，裂面逐渐扩展，当裂面贯通后，就容易产生以近 SN 向陡倾角结构面为后缘拉裂面、近 EW 向陡倾结构面为侧向切割面、顺坡中缓倾角结构面为底滑面的滑移型崩塌破坏，在结构面连通率较好的地段，经常发展为扩展式的滑移型崩塌破坏。

三、有限变形边坡失稳的致灾机理

有限变形指工程边坡开挖后，边坡岩体在卸荷应力释放和调整过程中出现的变形，变形发展到一定程度，在适当环境条件下边坡会发生失稳破坏。有限变形破坏一般发生在岩石坚硬完整、地应力较高的地段。工程边坡开挖后，卸荷应力释放和调整，并表现为各种不同的形式，如"葱皮"现象、岩爆现象、结构松弛现象、结构面张开错位现象等。在一些开挖深度较大的地段，还会产生新的裂隙，如电站进水口开挖后，进水口的岩柱由于应力释放产生新的近水平裂隙。

工程边坡开挖后，坡体会出现不同程度的应力松弛现象。相同条件下，开挖强度越高，应力松弛现象越明显，应力松弛程度越大，对边坡稳定性影响也越大。变形破坏影响主要表现在以下两个方面：①使松弛影响范围内的岩体产生卸荷回弹，导致边坡岩体松动，岩体结构发生一定程度的破坏；②使一定范围内的岩体松动变形，变形体范围内岩体质量降低，其中的结构面往往呈网格状互相连通，且与外界（地表）有一定联系，成为地下水活动、风化等地质营力作用的通道，结构面参数明显降低，导致变形进一步产生和发展，并促使上部岩体变形进一步发展。

四、强度理论与屈服准则

边坡岩土类型与结构特征等内在因素，是影响边坡稳定的根本因素，决定了边坡变形失稳的模式和规模，对边坡稳定起关键性的控制作用。土质类边坡的稳定性主要取决于坡体组成材料的强度；岩质类边坡的稳定性则更多地受到结构面及其组合的控制，其中结构面的规模控制边坡的失稳规模，结构面的性状及强度控制边坡的稳定程度。因此，分析边坡的稳定性离不开强度指标与屈服准则，定量评价必须遵循相应的失稳判据。为此，我们有必要从微观到宏观、从局部到整体进行强度理论与失稳判据的分析研究。

（一）岩土强度理论

当边坡岩土的应力与应变增加到一定程度时，由于量变促成质变，因而边坡产生破坏。表征边坡破坏的应力应变函数，称为强度准则。它反映了边坡岩土的破坏机理。描述岩土破坏机理、过程及条件等的理论，统称为岩土强度理论。

典型的岩土强度经典理论包括最大正应力理论、最大应变理论、最大剪应力强度理论和剪应变能强度理论等。常用理论有最大应变理论、摩尔强度理论、格里菲斯强度理论、剪应变能强度理论等，其中以考虑应力状态的强度理论居多，并各有自己的适用范围。任一强度理论均有其适用范围和条件，人们不能将其盲目地应用于岩土体的各种变形与破坏。

关于岩土强度的理论较多，本书重点论述与边坡工程相关的常用理论。目前在边坡分析领域，往往将边坡岩土材料概化为各类均质、连续、同性材料考虑，以简化计算分析工作。

由于土质类边坡的稳定性主要取决于坡体组成材料的强度，对此类边坡进行简化不会形成过大偏差，其合理性已经受到工程实践的长期考验。可以说，现有的土质类边坡工程，几乎都是在此简化前提下采用刚体极限平衡法进行分析评价的，人们根据评价结果采取相应的工程措施进行治理。

岩质边坡的结构面性状及其强度控制着边坡的稳定性，对此类边坡进行简化的可行性，受具体边坡条件、概化模型精度及其合理程度的制约。在刚体极限平衡法领域，由于结构面的随机分布，常将潜在滑面以上的坡体材料强度指标概化为结构面的强度指标，这样概化一定程度上偏于保守，但在工程应用上具有简捷、快速的特性。在连续介质力学数值分析领域，这样的概化与刚体领域基本相似，概化后往往造成塑性区范围过大，在分析评判概化结果时需予以考虑，并可以采取各向异性强度指标加以修正。

边坡工程所采用的强度理论主要基于材料力学中的最大剪应力强度理论。其中，摩尔强度准则和德鲁克－普拉格屈服准则分别在刚体分析与数值分析领域得到广泛应用。除此之外，八面体应力强度准则的应用也很广泛。

1. 最大剪应力强度理论

最大剪应力强度理论侧重研究塑性材料的破坏过程。材料屈服的试件表面常出现与轴线大致呈 45° 夹角的斜破裂面，与最大剪应力面基本吻合，因此相应的斜破裂面被认为是材料沿该斜面发生剪切滑移的结果，剪切滑移是材料塑性变形的根本原因。表达式为：

$$\tau_{max} \leqslant \tau_m \tag{2-84}$$

式中：τ_{max}——最大剪应力；

τ_m——单轴压缩或单轴拉伸极限剪应力。

满足式（2-84），岩体将不被破坏或处于受力极限平衡状态。

该强度理论未考虑岩土体的摩擦特性，人们很少直接采用。以该理论为基础，发展形成了如下常用的重要强度准则。

①摩尔强度准则。摩尔强度准则即单剪屈服准则，该理论在岩土力学中应用最为广泛。我们认为某一面上剪应力超过其所能承受的极限剪应力时材料会

被破坏，极限剪应力为作用于该面上法向应力的函数。对于软弱材料（泥岩及页岩等），其强度曲线近似于抛物线；对于坚硬材料（砂岩及石灰岩等），其强度曲线近似于双曲线。人们通常采用的强度曲线是直线型的摩尔－库仑强度曲线。

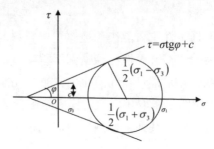

图 2-6　摩尔－库仑强度条件

如图 2-6 所示，在平面直角坐标系 $\sigma O \tau$ 中，摩尔－库仑强度曲线与 σ 轴的夹角 φ 为材料的内摩擦角，τ 轴上的截距 c 为材料的凝聚力。假定某应力状态的摩尔应力圆与摩尔－库仑强度曲线相切，则有：

$$\sin\varphi = \frac{\frac{1}{2}(\sigma_1 - \sigma_3)}{\frac{1}{2}(\sigma_1 + \sigma_3) + c\cot\varphi} = \frac{\sigma_1 - \sigma_3}{\sigma_1 + \sigma_3 + 2c\cot\varphi} \qquad （2-85）$$

式（2-85）为摩尔－库仑强度条件的数学解析式，据此判断材料是否破坏时，其破坏判据为：

$$\sin\varphi \leqslant \frac{\sigma_1 - \sigma_3}{\sigma_1 + \sigma_3 + 2c\cot\varphi} \qquad （2-86）$$

或者
$$\tau \geqslant \sigma + c \qquad （2-87）$$

若岩体受力满足式（2-86）或式（2-87），则岩体被破坏或处于受力极限平衡状态。

实验表明，对于较为软弱的材料，其强度曲线近似于抛物线。根据抛物线方程，可知这种摩尔强度条件的数学解析式为：

$$\tau^2 = \sigma_t (\sigma + \sigma_t) \qquad （2-88）$$

其破坏判据为：

$$\tau^2 \geqslant \sigma_t (\sigma + \sigma_t) \qquad （2-89）$$

式中：σ_t——材料单轴抗拉强度。

若岩体受力满足式（2-89），则岩体被破坏或处于受力极限平衡状态。这种强度条件或破坏判据适用于泥岩及页岩等岩性较为软弱的岩石。实验表明，较坚硬材料的强度曲线近似于双曲线。根据双曲线方程，可知这种摩尔强度条件的数学解析式为：

$$\tau^2 = (\sigma + \sigma_t)^2 \tan\eta + \sigma_t (\sigma + \sigma_t) \tag{2-90}$$

其破坏判据为：

$$\tau^2 \geq (\sigma + \sigma_t)^2 \tan\eta + \sigma_t (\sigma + \sigma_t) \tag{2-91}$$

其中，$\tan\eta = \dfrac{1}{2}\sqrt{\dfrac{\sigma_c}{\sigma_t} - 3}$。

式中：σ_c——材料单轴抗压强度。

当 $\dfrac{\sigma_c}{\sigma_t} < 3$ 时，$\tan\eta$ 为虚数，所以这种强度条件不适用于 $\dfrac{\sigma_c}{\sigma_t} < 3$ 的材料。若岩体受力满足式（2-91），则岩体被破坏或处于受力极限平衡状态。这种强度条件或破坏判据适用于砂岩及石灰岩等岩性较为坚硬的岩石。

摩尔强度理论实际上为最大剪应力强度理论，它较全面地反映了岩石的强度特性，既适用于塑性岩石也适用于脆性岩石，并体现了岩石抗拉强度小于抗压强度的性质和围压作用，缺点是没有考虑中间主应力对强度的影响。

摩尔强度理论在岩土压缩条件下适用性好，但对于拉伸条件，则由于破坏机制与拉伸方向的不同而需审慎应用。同时，摩尔强度理论未能反映静水压力可引起岩土破坏的特性，且屈服面存在棱角，给数值计算带来困难。

小湾水电站土质类与岩质类边坡的刚体极限平衡分析均以摩尔强度理论作为屈服准则，数值分析也大部分取用了该屈服条件，实践证明这样操作具有较高的合理性。

②德鲁克－普拉格屈服准则，简称D-P准则。D-P准则考虑了平均应力对屈服与破坏的影响，并将米塞斯条件进行了推广。该屈服准则考虑了围压对屈服特性的影响，并能反映剪切引起的膨胀扩容性质，同时在数学处理上较为方便，因而它得到了广泛的应用。

小湾水电站岩质边坡数值分析较多地采用了该屈服条件。实践证明，该准则在变形规律性把握方面具有较好效果，但在变形数量值方面与实际监测值存在一定差距。

③八面体应力强度准则。八面体应力强度准则即双剪强度理论，属于最大剪应力强度理论，从广义应力角度出发研究材料的强度条件，认为材料屈服或破坏是由于八面体上剪应力值达到某一临界值引起的。冯·米塞斯认为，该临界值可取为单向受力至屈服时八面体上的极限剪应力值。表达式为：

$$(\sigma_1-\sigma_2)^2+(\sigma_2-\sigma_3)^2+(\sigma_3-\sigma_1)^2 \geqslant 2\sigma_y^2 \tag{2-92}$$

式中：σ_y——屈服强度。

若岩体受力满足式（2-92），则岩体被破坏或处于受力极限平衡状态。该强度理论与剪应变能强度理论一样，仅适用于以塑性破坏或延性变形为主的岩土，分析结果与实验结果吻合较好。

剪应变能强度理论及八面体强度理论弥补了摩尔强度理论未考虑中间主应力影响的不足；针对岩土拉、压屈服强度相等的不符合实际的情况，纳达依进行了修正，从而使强度曲面由圆柱面转为更接近岩石破坏实际情况的旋转曲面。纳达依认为，材料屈服或破坏是由于八面体上的剪应力 τ 值达到临界值 τ_s 所致，而这种剪应力临界值 τ_s 又是八面体法向应力 σ 的函数，即 $\tau_s=f(\sigma)$。因此，强度条件为：

$$\tau=f(\sigma) \tag{2-93}$$

其中，$\tau=\dfrac{1}{3}\sqrt{(\sigma_1-\sigma_2)^2+(\sigma_2-\sigma_3)^2+(\sigma_3-\sigma_1)^2}$

$$\sigma=\frac{1}{3}(\sigma_1+\sigma_2+\sigma_3)$$

修正式适用于范围较为广泛的拉压强度不等的材料，并反映中间主应力效应和体积应力效应，因而在塑性力学中得到广泛应用。

2. 其他强度理论

（1）最大正应力强度理论，即朗肯理论。该理论认为，材料破坏取决于绝对值最大的正应力。作用于岩土的三个主应力，只要其中一个达到岩土的单轴抗压或抗拉强度，岩土便被破坏。表达式为：

$$\begin{cases} \sigma_1 \leqslant \sigma_c \\ \sigma_3 \leqslant -\sigma_t \end{cases} \tag{2-94}$$

式中：σ_c——单轴抗压强度；

σ_t——单轴抗拉强度。

或者写成如下解析式形式：

$$(\sigma_1^2-R^2)(\sigma_2^2-R^2)(\sigma_3^2-R^2)=0 \tag{2-95}$$

式中：R——岩体单轴抗压强度或单轴抗拉强度。

若满足式（2-94）或式（2-95），则岩体将不破坏或处于受力极限平衡状态。该强度理论只适用于岩土单向受力状态或脆性岩石在二维应力条件下的受拉状态。处于复杂应力状态的边坡岩土不宜采用此理论。

（2）最大正应变强度理论。材料受压时，将在受力方向上产生张性变形甚至破裂。该理论认为，材料破坏取决于最大正应变，材料发生张性破裂的原因在于其最大正应变达到或超过一定的极限应变。极限应变由岩土单轴压缩或单轴拉伸实验确定，任一方向的最大正应变由广义胡克定律求取。表达式为：

$$\varepsilon_{max} \leqslant \varepsilon_m \qquad (2\text{-}96)$$

式中：ε_{max}——最大正应变；

ε_m——单轴压缩或单轴拉伸破坏时的应变（极限应变）。

由广义胡克定律可知，岩土强度条件也可写成如下解析形式：

$$\{[\sigma_1-\mu(\sigma_2+\sigma_3)]^2-R^2\}\{[\sigma_2-\mu(\sigma_3+\sigma_1)]^2-R^2\}\{[\sigma_3-\mu(\sigma_1+\sigma_2)]^2-R^2\}=0 \qquad (2\text{-}97)$$

式中：μ——岩土的泊松比。

满足式（2-96）或式（2-97），则岩土将不破坏或处于受力极限平衡状态。该强度理论只适用于无围压或低围压条件下的脆性岩体或岩石。

（3）剪应变能强度理论。该理论从能量角度研究材料的强度条件，认为材料剪应变能达到一定值时，便会引起材料屈服或破坏。复杂应力状态下材料单位体积形变能与其单轴压缩或拉伸破坏的形变能相等时，材料被破坏。表达式为：

$$V=V_y$$

即：

$$\frac{1}{2}[(\sigma_1-\sigma_2)^2+(\sigma_2-\sigma_3)^2+(\sigma_3-\sigma_1)^2]=\sigma_y^2 \qquad (2\text{-}98)$$

式中：V——单位体积形变能；

V_y——单位体积单向受力时的形变能。

式（2-98）是基于剪应变能假说推导出来的强度条件，若岩体受力满足式（2-98），则岩体被破坏或处于受力极限平衡状态。该强度理论只适用于以塑性破坏或延性变形为主的岩土，分析结果与实验结果吻合较好。

小湾水电站左岸饮水沟堆积体边坡三维数值分析采用该理论作为屈服准则，实践证明，在变形规律性把握方面该理论具有特定效果。

（二）岩体与岩石材料屈服准则

与均质和似均质材料不同，岩体强度受到岩石材料本身及其结构面的双重影响，岩质边坡的稳定程度更多地受控于其结构面的性状。针对岩质特性，形成了相关的强度理论及破坏经验判据，其中较具代表性的为格里菲斯强度理论及霍克—布朗岩体破坏经验判据。

1. 格里菲斯强度理论

由于裂隙岩体具有非连续、非均质性质，格里菲斯于1920年首次提出材料破坏取决于内部微裂隙不断扩展的强度理论，并建立了裂隙扩展的能量准则和应力准则（初始强度准则），其强度理论以裂隙张开为前提条件。此后，麦克林托克考虑裂隙闭合及产生摩擦力的条件，对其进行了修正。表达式为：

$$\tau_{xy}^2 \geqslant 4\sigma_t (\sigma_t - \sigma_y) \tag{2-99}$$

$$\frac{(\sigma_1 - \sigma_3)^2}{(\sigma_1 + \sigma_3)} = -8\sigma_t \tag{2-100}$$

$$\sigma_1 = \frac{-4\sigma_t}{\left(1 - \dfrac{\sigma_3}{\sigma_1}\right)\sqrt{1 + f^2} - \left(1 + \dfrac{\sigma_3}{\sigma_1}\right)f} \tag{2-101}$$

其中，$f = \tan\varphi$，φ 为裂隙闭合后的内摩擦角。

当岩体（岩石）受力满足式（2-99）或式（2-100）时，裂隙便开始扩展。式（2-101）为修正后的格里菲斯强度条件。霍克与布朗对岩体所做的三轴实验结果表明：在拉应力范围内，格里菲斯强度理论、修正的格里菲斯强度理论的包络线与摩尔极限应力圆较为吻合；而在压应力区，这两种理论的包络线与摩尔极限应力圆均有较大偏离。

格里菲斯强度理论是针对岩体中的裂隙对破坏强度的影响而建立的极为有用的数学模型，随后众多学者在此基础上陆续提出和发展了许多符合岩体变形与破坏实际的经验判据和准则，如霍克—布朗岩体破坏经验判据。

2. 霍克—布朗岩体破坏经验判据

霍克和布朗认为，岩体破坏判据一方面要与实验结果相吻合，且数学解析式尽量简单；另一方面还要适应结构完整、各向同性的均质岩体，以及碎裂岩体、各向异性的非均质岩体。基于大量的岩体抛物线型破坏包络线的研究，霍克和布朗提出的岩体破坏经验判据为：

$$\sigma_1' = \sigma_3' + \sqrt{m\sigma_c\sigma_3' + s\sigma_c^2} \tag{2-102}$$

式中：σ_1'——破坏时最大有效主应力；

σ_3'——破坏时最小有效主应力；

σ_c——结构完整的均质岩石材料单轴抗压强度；

m、s——经验系数，m 的变化范围为 0.001（强烈破碎岩体）～25（坚硬而完整岩石），s 的变化范围为 0（节理化岩体）～1（完整岩石）。

布朗将式（2-102）改写为剪切强度形式，即：

$$\tau = \frac{1}{8} m \sigma_c (c \tan \varphi' - \cos \varphi') \quad （2-103）$$

式中：τ——抗剪强度；

φ'——瞬时摩擦角。

其强度包络线较之摩尔—库仑强度包络线与摩尔极限应力圆吻合程度更好。

该经验判据较为综合地考虑了岩质边坡的各种影响因素，更加具有工程意义，因而具有推广应用前景。不足之处在于其统计样本数据更多地从实验中获得，具体取值有其局限性，需要在工程实践中不断完善与改进。

3. 其他岩石破坏经验判据

（1）库仑—纳维叶岩石破坏经验准则。库仑认为，岩石的剪切破坏发生于某一平面，当作用于破坏面上的剪应力超过其抗剪强度时，岩石便发生剪切破坏。库仑准则的数学解析式为：

$$|\tau| = \sigma f + c \quad （2-104）$$

式中：σ、τ——分别为作用于（潜在）破坏面上的正应力及剪应力（二者均为外力）；

f、c——分别为岩石的内摩擦系数及凝聚力（即为潜在破坏面的内摩擦系数及凝聚力）。

纳维叶对库仑准则进行了适当补充，并采用最大主应力与最小主应力进行表达，即：

$$\sigma = \frac{1}{2} (\sigma_3 + \sigma_1) + \frac{1}{2} (\sigma_1 - \sigma_3) \cos 2\theta \quad （2-105）$$

$$\tau = -(\sigma_1 - \sigma_3) \sin 2\theta \quad （2-106）$$

式中：θ——破坏面法线与最大主应力 σ_1 之间的夹角。

在低围压条件下，最大主应力与最小主应力之间接近线性变化关系，吻合程度好；但在高围压条件下，最大主应力与最小主应力之间为非线性变化关系，式（2-105）和式（2-106）则不适用。同时，由于没有反映中间主应力的影响，该准则未能全面反映岩石的破坏机理，是一个来自岩石强度实验的经验性准则。

（2）伦特堡岩石破坏经验判据。根据大量岩石强度实验结果，伦特堡认为，当岩体所受应力达到岩石晶体强度时，由于岩石晶体破坏，即使继续增加法向应力岩石的抗剪强度也不再随之增大，据此他提出了描述岩石在荷载作用下的破坏状态表达式，即：

$$\frac{1}{\tau - \tau_0} = \frac{1}{\tau_i - \tau_0} + \frac{1}{A\sigma} \quad （2-107）$$

式中：σ、τ——分别为所考查部位（点）的正应力及剪应力（即外荷载作用应力）；

τ_0——正应力 $\sigma=0$ 时岩石的抗切强度；

τ_i——岩石晶体极限抗切强度；

A——与岩石类型有关的经验系数。

式（2-107）即为伦特堡岩石破坏经验判据，当岩石所受的正应力 σ 及剪应力 τ 满足该关系时，岩石便被破坏。因此，式（2-107）中的 τ 实际上代表岩石所能承受的最大剪应力，所以也是岩石的抗剪强度。这样，岩石的抗剪强度 τ 可以采用 τ_0、τ_i 及 A、σ 几个参数来表达。

五、边坡稳定判据

岩土强度理论与屈服准则从微观角度揭示了边坡岩土的变形失稳机理，对于实际边坡工程，我们需依据基于岩土强度理论的概化力学模型或监测信息来做出稳定性评价。

①力学强度判据。利用常规的数值分析可计算出边坡稳定性系数，当稳定性系数小于 1 或小于某一临界值时，我们便认为边坡在力学强度方面是不稳定的。由于各种复杂效应的影响，不稳定边坡在力学概念上的失稳与实际产生滑动之间往往存在差别和时效问题，因此，用该判据预测边坡的滑动无实际指导意义，但其可作为评价边坡长期稳定性的依据。

因此，基于岩土强度理论的力学强度判据主要用于分析评价边坡稳定安全度以及进行相应的加固设计，也可用于边坡岩土力学参数的反演分析。其应用主要针对滑动破坏失稳模式，亦可作为崩塌破坏模式的辅助参考。小湾水电站边坡工程主要基于力学强度判据进行抗滑稳定性分析评价和加固设计。实践证明，这一简单易行、传统常规的稳定判据，在相关边界条件以及参数取值合理的条件下，能较好地反映边坡的实际稳定程度，是边坡工程治理的重要稳定判据。

②变形速率判据。随着边坡变形的发展，边坡自身抵抗变形的能力不断减弱，变形速率相应增大。当变形速率大于某一允许值时，破坏开始。但临界速率的确定，有赖于先进的理论体系和大量模型试验。同时，外力触发的短暂大变形可能在外力消失后又恢复至原来的量级，因此，变形速率判据存在不确定性。变形速率判据主要是依据监测体系提供的统计信息和分析曲线，判定边坡某一时段所处的稳定状态（稳态或非稳态）以及变形发展阶段（发生、发展、加速或减缓、失稳或趋稳以及收敛稳定）。

小湾水电站边坡工程采用了变形速率判据，该判据在边坡相关部位的稳态判识、变形阶段评判等方面发挥了十分重要的作用。

③位移量与变形极限判据。边坡岩土材料所能承受的变形（位移）量是有限的，临界位移量同变形速率一样，与岩土类型、性质、坡形及坡体结构等因素相关，有赖于综合确定。

在部分分析中，根据边坡变形的时间序列作变形曲线，在变形曲线的发展端作时间轴的垂线，与时间轴交点的时间作为滑坡时间，这种确定方法相对简单，但不易准确；也有人为变形序列建立数学模型，并将导数为无限大的时间作为滑坡时间，该方法的缺点在于变形量未达此标准时破坏早已发生。位移总量既可用于边坡稳定程度的评判，又可用于监测资料的评判。

④可靠度分析评价。从古典概率方法，经蒙特卡罗统计试验法、罗森布鲁斯点估计法、傅里叶快速变换法，到一次二阶矩理论应用，我们可以看出实际工程中仍然较少采用可靠度分析评价方法。可靠度分析评价方法受制约的因素主要体现在与现行规程规范的相互协调、配套方面，以及进行可靠度分析所需的大量资料难以取得。

与变形极限判据指标难以确定所不同的是，可靠度指标相对容易统一，其困难在于相似度较高，有关统计分析参数需大量试验支撑。但可靠度分析适用不同变形失稳模式的通用程度高。

第三章　高边坡勘查与评价

高边坡勘查是按照不同勘查阶段的要求，采取特定的手段，正确反映某一特定场地的工程地质条件及岩土体性状，并结合工程设计、施工条件以及地基处理等工程的具体要求，进行技术论证和评价，提出高边坡潜在变形破坏模式及工程防护的具体建议，以及高边坡工程防护的设计准则和防治加固施工的指导性意见，为设计、施工提供依据，服务于工程建设的全过程。

第一节　勘查技术要求

一、勘查目的与任务

①阐述建筑场地的工程地质条件，指出场地内不良地质现象的发育情况及其对工程建设的影响，对场地稳定性做出评价。

②查明工程范围内岩土体的分布、性状和地下水活动条件，提供设计、施工和整治所需的地质资料和岩土技术参数。

③分析、研究有关的岩土工程问题，并做出评价结论。

④对场地内建筑总平面布置、各类岩土工程设计、岩土体加固处理、不良地质现象整治等具体方案进行论证和提出建议。

⑤预测工程施工和运行过程中对地质环境和周围建筑物的影响，并提出保护措施。

⑥为现有工程安全性的评定、拟建工程对现有工程的影响和事故工程的调查分析提供依据。

⑦指导工程在运营和使用期间的长期观测，如建筑物的沉降和变形观测等工作。

二、勘查等级

岩土工程勘查等级划分的主要目的是方便勘查工作的布置和工作量的确定。显然，工程规模较大或较重要、场地地质条件以及岩土体分布和性状较复杂者，所投入的勘查工作量就较大，反之则较小。高边坡工程勘查的等级，是由工程场地等级和边坡重要性等级综合分析确定的。首先应分别对各个因素进行分级,在此基础上进行综合分析,以确定边坡工程的勘查等级,如表3-1所示。

表3-1 工程勘查等级确定表

场地等级／工程勘察等级　　边坡重要性等级	一级	二级	三级
一等	Ⅰ级	Ⅰ级	Ⅱ级
二等	Ⅰ级	Ⅱ级	Ⅲ级
三等	Ⅱ级	Ⅲ级	Ⅲ级

场地等级根据场地的复杂程度分为三级,如表3-2所示。

表3-2 场地等级确定表

复杂程度／场地等级　　场地条件	一级	二级	三级
地形地貌	很复杂	较复杂	简单
地层	很复杂	较复杂	简单
软弱结构面	很发育	较发育	不发育
水文地质条件	很复杂	较复杂	简单
不良地质现象	很发育	较复杂	不发育

场地复杂程度如表3-3所示。

表3-3 场地复杂程度主要特征表

主要特征／复杂程度　　场地条件	很复杂或很发育	较复杂或较发育	简单或不发育
微地形地貌	变化大	变化较大	变化小
岩土组成	种类多,性质变化大	种类较多,性质变化较大	种类少,性质单一
外倾临空结构面倾角	> 15°	8° ~ 15°	< 8°
水文地质条件	很复杂	较复杂	简单
不良地质现象	很发育	较发育	不发育

边坡重要性等级确定如表3-4所示。

表3-4 边坡重要性等级确定表

边坡高度等级／边坡重要性等级　　工程安全等级	一级	二级	三级
一级	一等	一等	一等
二级	二等	二等	三等
三级	二等	三等	三等

边坡高度等级划分如表 3-5 所示。

表 3-5　边坡高度等级划分

等级 边坡高度/m 边坡类型	一级	二级	三级
土质边坡	> 20	10 ~ 20	< 10
软质岩边坡	> 30	15 ~ 30	< 15
硬质岩石边坡	> 40	30 ~ 40	< 30

工程安全等级是根据工程岩土体或结构失稳破坏，导致的建（构）筑物破坏、生命财产损失、社会影响及修复可能性等后果的严重性来划分的，如表 3-6 所示。

表 3-6　工程安全等级

安全等级	破坏后果	工程类型
一级	很严重	重要工程
二级	严重	一般工程
三级	不严重	次要工程

三、勘查阶段与技术要求

（一）选址勘查

搜集、分析已有资料，进行现场踏勘、工程地质测绘、少量勘探工作，对厂址稳定性和适宜性做出岩土工程评价，进行技术经济论证和方案比较。

（二）初步勘查

对建（构）筑地段的稳定性进行岩土工程评价，提出主要建（构）筑物地基基础方案，对不良地质现象进行论证。

（三）详细勘查

对地基基础设计、地基处理与加固、不良地质现象的防治进行岩土工程计算与评价，从而满足施工设计的要求。

（四）施工补充勘查

施工补充勘查不作为一个固定阶段，视工程的实际需要而定，对条件复杂或有特殊施工要求的重大工程地基，人们需要进行施工补充勘查。

第二节　勘查方法

一、工程地质调查与测绘

1. 工程地质调查与测绘的具体内容

①当存在滑坡、危岩、崩塌、泥石流等不良地质灾害时，工程地质调查与测绘应符合岩土工程勘查规范的要求。

②调查岩土的类型、成因、工程特性，覆盖层厚度，基岩面的形态和坡度。

③调查岩体主要结构面的类型、产状、延展情况、闭合程度、充填状况、充水状况、力学属性和组合关系，以及主要结构面与临空面的关系，是否存在外倾结构面。

④调查地下水的类型、水位、水压、水量、补给和动态变化，岩土的透水性和地下水的出露情况。

⑤调查地区气象条件，如汇水面积、坡面植被，地表水对坡面、坡脚的冲剧情况。

⑥调查岩土的物理力学性质和软弱结构面的抗剪强度。

2. 大型边坡勘查步骤

大型边坡勘查宜分阶段进行，各阶段应符合下列要求。

①初步勘查应搜集地质资料，进行工程地质测绘和少量的勘探和室内试验，初步评价边坡的稳定性。

②详细勘查应对可能失稳的边坡及相邻地段进行工程地质测绘、勘探、试验、观测和分析计算，做出稳定性评价，对人工边坡提出最优开挖坡角；对可能失稳的边坡提出防护处理措施的建议。

③施工勘查应配合施工开挖进行地质编录，核对、补充前面阶段的勘查资料，必要时进行施工安全预报，提出修改设计的建议。

④边坡工程地质测绘除应符合岩土工程勘查规范的要求外，还应着重查明天然边坡的形态和坡角，以及软弱结构面的产状和性质。测绘范围应包括可能对边坡稳定有影响的地段。

二、勘探线及勘探点布置

勘探线应垂直边坡走向布置，勘探点间距应根据地质条件确定。当遇有软弱夹层或不利结构面时，应适当加密。勘探孔深度应穿过潜在滑动面并深入稳定层 2 ～ 5 m。除常规钻探外，可根据需要，采用探洞、探槽、探井和斜孔。

三、钻探、井探、槽探与洞探

勘探浅部土层可采用下列钻探方法：①小口径麻花钻（或提土钻）钻进；②小口径勺形钻钻进；③洛阳铲钻进。

钻探口径和钻具规格应符合现行国家标准。成孔口径应满足取样、测试和钻进工艺的要求。

钻探应符合下列规定。

①钻进深度和岩土分层深度的量测精度，不应低于 ±5 cm。

②应严格控制非连续取芯钻进的回次进尺，使分层精度符合要求。

③对鉴别地层天然湿度的钻孔，在地下水位以上应进行干钻；当必须加水或使用循环液时，应采用双层岩芯管钻进。

④岩芯钻探的岩芯采取率，对完整和较完整岩体不应低于 80%，较破碎和破碎岩体不应低于 65%；对需重点查明的部位（滑动带、软弱夹层等）应采用双层岩芯管连续取芯。

⑤当需确定岩石质量指标时，应采用 75 mm 口径（N 型）双层岩芯管和金刚石钻头。

钻探操作的具体方法，应按现行标准《建筑工程地质勘探与取样技术规程》（JGJ/T 87—2012）执行。

钻孔的记录和编录应符合下列要求。

①野外记录应由经过专业训练的人员承担；记录应真实及时，按钻进回次逐段填写，严禁事后追记。

②钻探现场可采用肉眼鉴别和手触方法，有条件或勘查工作有明确要求时，可采用微型贯入仪等定量化、标准化的方法。

③钻探成果可用钻孔野外柱状图或分层记录表示；岩土定样可根据工程要求保存一定期限或长期保存，亦可拍摄岩芯、土芯彩照纳入勘查成果资料。

当钻探方法难以准确查明地下情况时，人们可采用探井、探槽进行勘探。在坝址、地下工程、大型边坡等勘查中，当需详细查明深部岩层性质、构造特征时，人们可采用竖井或平洞的方式。

探井的深度不宜超过地下水位。竖井和平洞的深度、长度、断面按工程要求确定。

对探井、探槽和探洞除文字描述记录外，还应以剖面图、展示图等反映井、槽、洞壁和底部的岩性、地层分界、构造特征、取样和原位试验位置，并辅以代表性部位的彩色照片。

四、岩土取样

在钻孔中采取Ⅰ、Ⅱ级砂样时，可采用原状取砂器，并按相应的现行标准执行。

在钻孔中采取Ⅰ、Ⅱ级土试样时，应满足下列要求。

①在软土、砂土中宜采用泥浆护壁；如使用套管，应保持管内水位等于或稍高于地下水位，取样位置应低于套管底三倍孔径。

②采用冲洗、冲击、振动等方式钻进时，应在预计取样位置1 m以上改用回转钻进。

③下放取土器前应仔细清孔，清除扰动土，孔底残留浮土厚度不应大于取土器废土段长度（活塞取土器除外）。

④采取土试样宜用快速静力连续压入法。

⑤具体操作方法应按现行标准《建筑工程地质勘探与取样技术规程》（JGJ/T 87—2012）执行。

⑥Ⅰ、Ⅱ、Ⅲ级土试样应妥善密封，防止湿度变化，严防曝晒或冰冻。在运输中应避免振动，保存时间不宜超过三周。对易于振动液化和水分离析的土试样宜就近试验。

⑦岩石试样可利用钻探岩芯制作或在探井、探槽、竖井和平洞中刻取。采取的毛样尺寸应满足试块加工的要求。在特殊情况下，试样形状、尺寸和方向由岩石力学试验设计确定。

每层的试样对土层不应少于6件，对岩层不应少于9件，软弱层宜连续取样。

五、原位测试

①原位测试方法应根据岩土条件、设计对参数的要求、地区经验和测试方法的适用性等因素选用。

②根据原位测试成果，利用地区性经验估算岩土工程特性参数和对岩土工程问题做出评价时，应与室内试验和工程反算参数做对比，检验其可靠性。

③原位测试的仪器设备应定期检验和标定。

④分析原位测试成果资料时，应注意仪器设备、试验条件、试验方法等对试验的影响，结合地层条件，剔除异常数据。

六、工程物探

岩土工程勘查中可在下列方面采用地球物理勘探。

①作为钻探的先行手段，了解隐蔽的地质界线、界面或异常点。

②在钻孔之间增加地球物理勘探点，为钻探成果的内插、外推提供依据。

③作为原位测试手段，测定岩土体的波速、动弹性模量、动剪切模量、卓越周期、电阻率、放射性辐射参数、土对金属的腐蚀性等。

应用地球物理勘探方法时，应具备下列条件。

①被探测对象与周围介质之间有明显的物理性质差异。

②被探测对象具有一定的埋藏深度和规模，且地球物理异常有足够的强度。

③能抑制干扰，区分有用信号和干扰信号。

④在有代表性地段进行方法的有效性试验。

地球物理勘探，应根据探测对象的埋深、规模及其与周围介质的物性差异，选择有效的方法。

地球物理勘探成果判断时，应考虑其多解性，区分有用信息与干扰信号。需要时应采用多种方法探测，进行综合判释，并应有已知物探参数或一定数量的钻孔验证。

七、室内土工试验

岩土性质的室内试验项目和试验方法应符合相应的规定，其具体操作和试验仪器应符合现行国家标准《土工试验方法标准》（GB/T 50123—2019）和国家标准《工程岩体试验方法标准》（GB/T 50266—2013）的规定。岩土工程评价时所选用的参数值，宜与相应的原位测试成果或原型观测反分析成果比较，经修正后确定。

试验项目和试验方法，应根据工程要求和岩土性质的特点确定。有需要时应考虑岩土的原位应力场和应力历史，以及工程活动引起的新应力场和新边界条件，使试验条件尽可能接近实际；并应注意岩土的非均质性、非等向性和不连续性以及由此产生的岩土体与岩土试样在工程性状上的差别。

对特种试验项目，应制定专门的试验方案。制备试样前，应对岩土的重要性状做肉眼鉴定和简要描述。

三轴剪切试验的最高围压和直剪试验的最大法向压力的选择，应与试样在坡体中的实际受力情况相近。对控制边坡稳定的软弱结构面，宜进行原位剪切试验。对大型边坡，必要时可进行岩体应力测试、波速测试、动力测试、孔隙水压力测试和模型试验。

抗剪强度指标，应根据实测结果结合当地经验确定，并宜采用反分析方法验证。对永久性边坡，还应考虑强度可能随时间降低的效应。

八、物理力学性质指标统计

在边坡稳定性定量分析中，岩土体的物理力学参数往往直接控制着稳定系数和支护工程量。常规的获取参数的方法主要有试验法、经验法、工程地质类比法、反演分析法等。此外，当边坡稳定受成组结构面和岩桥共同控制时，我们仍常采用结构面连通率，即采用结构面和岩桥强度的加权平均来求取潜在滑移面的综合抗剪强度。

（一）常用方法

1. 试验法

试验法一般可分为室内试验和现场试验两类。现场试验试件尺寸一般较大，多为（50～70 cm）×（50～70 cm），它能保持岩土体的原始状态，并能反映结构面二、三级起伏差对强度的影响，但加工困难，周期长，试验费用相对较高。室内试验试件一般较小，多为扰动样，存在尺寸效应问题，但取样简单，可以开展各种不同工况下的试验，如三轴直剪试验、饱和固结快剪试验、饱和固结排水剪试验、慢剪试验等。由于试验周期短，费用相对较低，可以大量开展。目前，随着取样技术的发展，我国已具备取原状样的条件，且可在刚性伺服机上开展试验，这样能有效地确定有效正应力，控制剪切速度，试验成果较为真实可靠。

2. 经验估算法

人们可根据一些经验公式，如利用霍克—布朗强度准则确定岩体的综合抗剪强度。这种方法一般是在工程前期和缺乏试验的地区应用，存在的问题是岩石强度权重偏大，应用在坚硬和极坚硬岩石中时，确定的抗剪强度常常偏高。

3. 工程地质类比法

工程地质类比法是将已有研究经验和成果，用于新的研究分析中，该法具有经验性和地区性，应用时必须全面分析已有经验和新研究条件的相似性。

采用工程地质类比法选取的经验值存在局限性，它们仅能用于地质条件简单的中、小型边坡，或供宏观判断参考。

4. 反演分析法

对于已失稳的边坡和正在变形的边坡，采用反演分析法获得的参数进行边坡稳定分析、确定支护工程量是最为经济合理的，但需注意的是，此时的抗剪强度已经不是常规物理意义上的岩土体抗剪强度，它还包含一些边界条件，应用时应注意条件的相似性。

5. 连通率

常规意义上的连通率为剪切破坏面上结构面出露的总长度与剪切路径的长度之比，可以通过现场实测或按一定经验估算方法获取，但不能考虑真正实际的剪切路径和岩桥的破坏机理，其只是一种粗略的估算方法。20 世纪 80 年代中后期，潘别桐、陈祖煜、汪小刚在国内率先采用蒙特卡洛法模拟现场结构面出露状况，并考虑岩桥的破坏机制，模拟最可能的破坏途径上的连通率和抗剪强度。

（二）选择原则

对于一些不重要或者工程前期缺乏试验资料的边坡，可通过经验法和工程地质类比法，初步确定岩土体的物理力学参数，以此估算边坡的稳定性和支护工程量。对于一些已经失稳或正在变形的边坡，采用反演分析法来获取岩土体的物理力学参数是一种最有效的办法，但由于此时的抗剪强度已不是常规物理意义上的抗剪强度，而是岩土体抗剪强度参数、边界条件、地下水条件等因素的综合反映，因此，在应用时应注意条件的相似性。同时，应考虑在工程有效期内工作条件的可能变化趋势对强度参数的影响，并适当进行调整。对于一些重要的工程边坡，尤其是在制作施工详图阶段，岩土体物理力学参数应以试验成果，尤其是现场试验成果为基本依据，由有经验的试验、地质、设计工程师共同分析研究影响岩土体物理力学参数的主要内在因素、外部条件后综合确定。

小湾水电站边坡高、陡、规模巨大，边坡稳定对工程安全运行至关重要。因此，人们有针对性地开展了大量现场和室内试验工作，采用多种方法进行校验，并对一些变形失稳边坡采用反演分析法进行复核，在此基础上综合确定岩土体的物理力学参数。

采用常规方法获得岩土体的物理力学参数后，通常是试验工程师根据试验的条件和自身经验提出试验建议值，地质工程师根据试验的代表性及其经验，并考虑一定的边界条件、环境条件，在试验建议值基础上提出地质建议值，设计工程师根据工程设计和运行等情况及其经验，在地质建议值基础上确定采用值。这种做法常常会造成参数与实际情况具有较大的偏差，其结果可能偏于保守，也可能偏于不安全。对于复杂的岩土体边坡工程，应由有经验的试验工程师、地质工程师和设计工程师在试验成果的基础上，共同对影响岩土体物理力学参数的主导因素进行分析、综合选择，以使采用的参数更接近实际。

1. 试验条件及代表性

试验代表性参数用来考查现场试验点和取样点的结构面、岩土体特征。土质类材料主要考查的是细颗粒、粗颗粒含量及其分布特征的相似程度。结构面主要考查其起伏、粗糙度、张开度、充填物性状以及泥的分布、含量等的相似程度。岩体则主要考查结构类型、风化、卸荷程度等的相似性。

试验条件参数用来考查试验条件与边坡在正常运行期内工作环境条件的相似程度，如正应力、饱水程度、变形速率、剪切方向等，特别是正应力。根据摩尔—库仑定律 $\tau=\sigma_{有效}\mathrm{tg}\varphi+c$，$\sigma_{有效}$ 指有效正应力，一般试验中，正应力 σ 包括 $\sigma_{有效}$ 和 $\sigma_{水压力}$ 两部分，二者有一定的差异，目前只有在刚性伺服机上进行的试验可以确定有效正应力 $\sigma_{有效}$。此外，由于边坡在一般情况下，作用在潜在滑移面上的正应力比较低，尤其是边坡的浅表层稳定问题和浅层滑坡，稳定系数对 c 值非常敏感，大量试验表明，$\tau=\sigma_{有效}\mathrm{tg}\varphi+c$ 只是在一定正应力范围内适用，当 $\sigma_{有效}$ 很低时，φ 值较大、c 值很小（尤其是对一些软弱夹层）；当 $\sigma_{有效}$ 很大时，τ 的增加主要是由于 c 值的增加。

2. 变形失稳模式及分析方法

不论何种变形模式，在进行定量分析时，都必须对复杂岩土体做一定程度的概化和简化模拟，依靠参数综合取值等方式进行补偿，使之形成相对接近的强度等效或变形等效计算模型进行求解，因而参数的选择与变形失稳模式、分析方法相配套便显得尤为重要。

对有后缘拉裂面的岩质类和土质类边坡，后缘拉裂面附近位置对边坡稳定起作用的主要是岩土体结构面的抗拉强度，中部和前缘的稳定主要是摩擦强度起作用。滑移型崩塌破坏采用滑移模式进行计算时，后缘陡坡段主要是结构面或岩体的抗拉（抗剪）强度起稳定作用，而中下部主要是结构面和岩桥的摩擦强度起稳定作用。倾倒型崩塌破坏通常有两种计算模式：①抗倾覆稳定，底面强度主要是抗压强度；②简化分析法，最终考虑沿折断面的阶梯状滑动，这种方法将破坏面简化为一般平面，分析计算时常考虑将"下阶梯""滑梯"之间的效应简化成爬坡效应，对于平面型滑移模式中的阶梯滑面的简化计算也是如此。具"二元结构特征"的压缩蠕变倾倒变形破坏边坡应当简化为滑移模式进行验算时，后缘部位也是岩体（结构面）抗拉强度起作用，下部是摩擦强度起作用。

因此，在进行稳定计算时，应根据变形失稳模式、分析方法及破坏面上不同部位的破坏机理，分别选择不同的强度参数。对由节理和岩体共同对边坡稳定起控制作用的节理化岩质类边坡以及存在各向异性的土质类边坡进行有限单元法分析时，岩土体的物理力学参数应根据是否能对边坡稳定起控制作用来选择。在目前条件下，人们使用数理统计分析方法时可根据试验成果和经验确定基本值（代替值），并分析各种岩土体物理力学参数，确定它们最可能的变化范围（代替标准差）。

3. 治理措施

治理措施宏观上可以分为削坡减载、回填反压、排水、主动支护、被动支护及固结灌浆等。削坡减载一方面因卸荷使岩土体结构变得松弛，土体饱水度增加，另一方面因正应力减小，使岩土体结构面强度降低。回填反压主要是增加荷载，对岩土体有压密固结作用，且若正应力有所增加，经过一段时期后，岩土体强度也有所增加。排水主要是减小土体软弱夹层的饱水度，对提高抗剪强度有利。主动支护（预应力锚索、锚杆）就是主动施加正应力，限制岩土体的变形。被动支护（锚洞、锚桩）就是开挖爆破，扰动了岩土体结构，使之变得松弛，从而降低了岩土体的抗剪强度。固结灌浆对提高岩土体参数有利。

4. 边坡环境

边坡环境主要包括区域构造稳定条件（如地震、活动断裂）、地质条件（风化、卸荷、水文地质特征）、边界条件、水文气象，施工过程中的开挖爆破、加载、卸载、开挖顺序、支护时期，以及运行过程中的水文地质特征、泡水（饱水）、泄洪雨雾等，均对岩土体的物理力学参数有影响。

5. 流变的影响

在长期荷载作用下，岩土体（尤其是软弱夹层等）有可能产生流变效应，岩土体抗剪强度较峰值强度明显降低。

6. 变形阶段

对于正在变形和已经失稳的边坡，岩土体的力学参数应取残余强度进行支护设计，对于未产生变形的边坡，可以取峰值强度进行计算。

由于边坡岩土体结构特征的复杂性，所以影响边坡岩土体物理力学参数的因素众多，且这些因素均处于动态变化中，因而只有充分分析这些因素的动态变化及其对岩土体物理力学参数的影响程度，才能使边坡岩土体物理力学参数接近实际，从而达到边坡稳定评价符合客观实际，治理安全可靠、经济合理的目的。

第三节　整体稳定性分析与评价

一、高边坡稳定性评价

（一）高边坡稳定性评价标准

研究表明，高边坡地质结构复杂，单纯用力学计算方法难以得出符合实际的结果，工程地质综合评价是对高边坡量化评价的重要补充。高边坡稳定性工程地质综合评价的目的，首先是宏观定性确定高边坡的稳定性状况，提出高边坡破坏的地质模型，预测可能的变形和破坏形式，确定稳定性计算的范围和边界；其次是通过工程类比方法定量确定岩土参数、稳定坡形、岩土压力等计算参数。

1. 所需基础资料

①高边坡所在地段的地层岩性、地质构造（断层等）资料。

②地质构造（主要是小构造）的分布位置、产状、发育程度、延伸长度、充填物、含水状况及其与开挖面的关系。

③坡体结构类型（均质体结构、近水平层状结构、顺倾层状结构、反倾层状结构、碎裂状结构和块状结构）；必要的勘探（钻探、物探、坑槽探等综合手段）、监测和试验（岩、土、水试验）资料；地层界面、风化界面、软弱夹层及地下水分布情况。

④高边坡地段的地层、岩性、产状、风化程度、强度特征，不同地层在高边坡上的分布，有无软弱夹层或接触面，其产状及其与边坡开挖面的关系。

⑤高边坡所在山坡的走向、坡向、坡高，各分段的坡形、坡率、坡高，有无剥蚀平台，植被状况，河流、沟谷的发育程度、分布密度、切割深度、走向、沟形、沟岸稳定状况，自然山坡上有无变形。

⑥山坡和高边坡上地下水出露位置，高程、流量变化现象，其类型、规模和产生的部位。

⑦当地同类地层中已有人工边坡的形式和稳定状况；高边坡变形历史过程，变形类型，发生时间、部位、裂缝分布、发展过程及其与施工和降雨等的关系。

⑧降雨、地震及线路平、纵、横断面的设计资料。

⑨线路在山坡上的位置、走向，拟开挖高边坡的开挖形式和开挖高度。

⑩高边坡施工方法，包括施工季节、开挖顺序和开挖方式。

2. 综合评价标准

①从自然状态坡形、坡率、坡高及高边坡平均坡率和坡高对比定性评价高边坡稳定性。高边坡的稳定性可以通过当地类似条件下处于极限稳定状态的自然山坡的坡形、坡率和坡高采用工程地质对比法进行预测。例如，山区公路一般沿河谷展线，公路高边坡总可以在同一岸找到与其地质条件和作用因素类似的斜坡或处于极限稳定状态的自然斜坡，它具有的坡形、坡率、坡高及稳定性可以与拟评价的公路高边坡的坡形、坡率和坡高进行对比。当公路高边坡的坡率（或坡高）大于极限稳定状态的自然斜坡坡率（或坡高）时，则高边坡必然产生变形破坏。

一定成因和结构的岩土，具有一定的密实程度、含水状态和强度，在漫长的地质历史时期外应力作用下，形成了与其强度特征相适应的极限坡高、坡形和坡率。如黏性土 20 m 高度以下稳定坡角为 10° ～ 50°；老黄土在 20 m 以内则保持 50° ～ 70° 的陡坡，新黄土则只能保持 35° ～ 40° 的坡角；崩坡积的碎石土在 30 ～ 50 m 高度内可保持 30° ～ 35° 的坡角，而洪积物因水流参与作用，只形成 15° ～ 25° 的稳定坡（与含水多少有关）；泥岩风化残积物形成的自然稳定坡坡角在 20° 左右，全风化的花岗岩也只能保持 35° ～ 40° 的稳定坡角。人们通过对自然稳定坡的调查，结合人工边坡开挖后对坡体应力和地下水渗流场的改变，即可判断高边坡的稳定性。

自然极限稳定坡是指斜坡在形成过程中的主要条件和作用因素继续作用的前提下，在一定年限内能维持坡形、最大坡高和最大坡率的稳定斜坡。这些主要条件和作用因素包括地层岩性、地质构造、水文地质条件及变化、自然环境（气候和地震）和引力等。

②从自然山坡已发生的变形类型和规模推断人工边坡可能发生的变形类型和规模，确定高边坡可能的变形破坏模式及地质模型。自然山坡是人工高边坡的基础，由自然山坡变形情况的调查可以预测人工高边坡的变形趋势。从自然山坡的地层岩性、产状、风化程度、构造破碎程度、地下水分布及有无变形的调查测绘中可以判断高边坡的稳定性和发生的变形类型、规模。与自然山坡的地质条件的对比可以判断高边坡的稳定性。

③从坡体结构分析高边坡可能发生的变形类型及产生的部位。一般来说，高边坡的变形破坏受控于岩性、结构面和临空面的组合所形成的空间形态关系即坡体结构。高边坡的坡形、坡高和坡率取决于岩体结构的强度、构造破碎程

度和风化程度，其稳定性更多地受控于各种构造和结构面的组合及其与临空面的关系。在坡体结构分析中，应找出不利结构面的组合，特别是倾向临空面的一组，分析其可能发生的变形类型和范围。若无大的不利结构面倾向临空面，强度高的硬岩在下部，上覆软弱岩层或风化破碎岩层的边坡可能发生上层的局部破坏；若硬岩在上部、下伏软弱岩层时，则边坡会发生软岩承载力不足的整体滑动。二元结构的斜坡，土岩接触面常是软弱层面，此时应特别注意调查基岩顶面的形状、坡度、物质成分和含水情况，评价其有无滑动的可能。

④开挖引起的坡体松弛、地表水下渗、岩土（特别是软弱带）强度降低等可能引发的坡体的变形类型及规模。对具体高边坡而言，总是有某一种或几种因素对高边坡的稳定性起主要作用。对于自然边坡，河流冲刷和地震常是主要的作用因素；工程边坡的变形多由开挖坡脚或堆载改变了高边坡的应力状态和地下水的渗流条件而引起。主控因素在边坡的演变过程中也会发生改变，如地表降雨不一定是边坡变形的主控因素，但若坡体表面出现裂缝，大量雨水渗入坡体则可促使边坡的加速变形和破坏。

⑤从已出现的坡体变形分析其发生机制并反演出破坏时的岩土强度参数。根据现场踏勘和高边坡变形的实际情况，结合地质条件判断高边坡稳定性系数的合适取值和潜在的滑动破坏面，选取含水量等参数的合适初值，根据力学平衡等理论反演边坡的岩土强度参数等稳定性计算参数。

综上所述，高边坡稳定性的工程地质综合评价主要从地质构造、控制性结构面产状、岩体结构、坡体结构、水文地质条件、岩土极限自稳坡角及工程经验类比等方面来判断高边坡的稳定性，预测高边坡可能产生的变形形式和规模，确定用于分析高边坡变形破坏的模式和地质模型。

（二）高边坡稳定性定量判断判据

在高边坡稳定性定量分析方法中，典型的边坡稳定性判据有以下四种。

1. 边坡塑性区

最初在一些模型试验中，研究者发现高边坡破坏时形成了明显的剪切破坏带，在高边坡内自坡底向上贯通。后来在对高边坡破坏进行数值模拟时发现，破坏时形成的明显剪切破坏区域与模型试验的结果是一致的，于是在有限元强度折减法等数值模拟方法分析边坡稳定性时，研究者尝试利用图形可视化技术绘制高边坡内广义剪应变的分布图，如果在某一折减系数下，土体内某一幅值的广义剪应变自坡脚底部下方向坡顶上方贯通，则认为此前的折减系数为安全系数。

2. 边坡稳定性系数

在极限平衡分析中，基于摩尔—库仑破坏准则和平衡条件，通过抗滑力与滑动力的比值或抗滑力矩与滑动力矩的比值得出高边坡稳定性系数，根据稳定性系数的高低评价高边坡稳定性状况；在使用有限元强度折减法分析高边坡稳定性时，根据对强度参数折减时折减系数（稳定性系数）的大小判定高边坡的稳定性。

3. 边坡数值计算收敛性

用有限元强度折减法分析高边坡的稳定性，通常采用解的不收敛性作为破坏标准，在一定的收敛准则下算法不能收敛，表示应力分布不能满足土体的破坏准则和总体平衡要求，意味着出现破坏。

4. 主控结构面应变和位移突变特性

高边坡的变形破坏总具有一定的位移特性，因此有限元等计算的位移结果是高边坡失稳最直观的表达。目前以位移作为失稳判据的一般方法是建立每次有限元计算的某个部位的位移值或者最大位移值或者特征点的位移增量值与安全系数（或折减系数）的关系曲线，以曲线上的拐点作为高边坡处于临界破坏状态的判据。

采用力学极限平衡法和有限元强度折减法等定量方法，计算高边坡在不同工况下的稳定性系数，并结合工程地质综合评价方法各方面的对比分析，可预测高边坡可能发生病害的形式、规模，据此评价高边坡的稳定性。高边坡的稳定性分级一般划分为稳定、基本稳定、欠稳定和不稳定四种类型，主要特征及分别对应的稳定性系数范围如表 3-7 所示。

表 3-7　边坡稳定性分级

边坡稳定性分级	特征描述	稳定系数
稳定	边坡的坡形、坡率符合岩土体的强度条件，无倾向临空面的不利结构面，无或少有地下水，整体或局部稳定性系数均符合要求	> 1.2
基本稳定	边坡的坡形、坡率符合岩土体强度条件，无倾向临空面的不利结构面，少有地下水，整体和局部均稳定，但坡面有冲沟、剥落、落石等	1.1 ~ 1.2
欠稳定	边坡整体稳定，但局部坡陡于岩土稳定角，或受地下水影响岩土强度降低，或有不利结构面倾向临空面，有局部坍滑、变形	1.0 ~ 1.1
不稳定	边坡坡形、坡率不符合岩土体的强度条件，或在老滑体上开挖、堆载引起老滑坡复活，或发育有倾向临空面的不利结构面，岩体破碎，地下水发育，开挖后会产生整体失稳	< 1.0

（三）高边坡稳定性评价标准

《建筑边坡工程技术规范》（GB 50330—2013）对建筑边坡高度在30 m以下的岩质高边坡和15 m以下的土质高边坡的边坡稳定性评价做了以下规定：高边坡工程稳定性验算时，其稳定性系数应不小于表3-8所规定的稳定性安全系数，否则应对高边坡进行处理。

表3-8　边坡稳定性安全系数

滑动方法	1级边坡	2级边坡	3级边坡
平面滑动法	1.35	1.30	1.25
折线滑动法	1.35	1.30	1.25
圆弧滑动法	1.30	1.25	1.20

注：对地质条件很复杂或破坏后果极严重的边坡工程，其稳定性安全系数宜适当提高。

滑坡稳定性评价应给出滑坡计算剖面在设计工况下的稳定系数和稳定状态，当稳定系数小于安全系数时应给出剩余下滑力；在进行滑坡稳定性计算之前，应根据滑坡范围、规模、地质条件，滑坡成因及已经出现的破坏迹象，采用地质类比法对滑坡的稳定性做出定性判断；滑坡稳定性安全系数应根据滑坡防治工程的等级（如表3-9所示）来确定。

表3-9　滑坡稳定性安全系数

防治工程等级	1级	2级	3级
非校核工况稳定性安全系数	1.25	1.15	1.05
校核工况稳定性安全系数	1.05	1.03	1.01

《水利水电工程边坡设计规范》（SL 386—2007）中关于高边坡抗滑稳定性安全系数标准如表3-10所示，高边坡级别和运用条件等的确定原则在水利水电高边坡设计规范中也有条文阐述。若高边坡仅发生变形而未失稳就可能导致建筑物的破坏或功能丧失，采用的抗滑稳定最小安全系数应取表中规定范围内的大值；若采取加固措施对抗滑稳定性安全系数增加不敏感，使得增加加固措施不经济时，采用的抗滑稳定性最小安全系数可取表中规定范围内的小值；若高边坡的破坏风险或其他不确定因素难以确定和查明，采用的抗滑稳定性最小安全系数应取表中规定范围内的大值，反之可取小值。

表3-10　抗滑稳定性安全系数标准

运用条件	边坡级别				
	1	2	3	4	5
正常运用条件	1.30 ~ 1.25	1.25 ~ 1.20	1.20 ~ 1.15	1.15 ~ 1.10	1.10 ~ 1.05
非正常运用条件 I	1.25 ~ 1.20	1.20 ~ 1.15	1.15 ~ 1.10	1.10 ~ 1.05	
非正常运用条件 II	1.15 ~ 1.10	1.10 ~ 1.05		1.05 ~ 1.00	

二、计算荷载与边坡岩土力学参数取值

在高边坡的稳定性分析中，一般通过分析高边坡在最不利荷载组合下的稳定性状况来确保高边坡有足够的安全储备，并且合理的岩土力学参数取值是保证高边坡稳定性分析结果可靠性的前提。

（一）计算荷载的确定

高边坡稳定性分析中涉及的主要荷载有边坡岩土体自重，高边坡上的各种构筑物产生的附加荷载，地下水产生的静水压力、渗透压力等荷载，以及地震荷载、爆破震动荷载等。

1. 高边坡自重

对于具体的高边坡工程，通过现场勘查和岩芯取样等试验，可确定其几何尺寸和相应的岩土体参数。

重力可表示为：

$$G = \sum \gamma_i \left(\frac{a_i + b_{i-1} + a_{i+1}}{2} \right) h_i l_i' \tag{3-1}$$

式中：G——高边坡岩土体重力，单位是 kN；

γ_i——第 i 层岩土体天然重度，当同层中含有多种岩土体时，采用平均值，单位是 kN/m^3；

a_i——高边坡横断面单坡长度，单位是 m；

b_i——高边坡台阶长度，单位是 m；

h_i——高边坡对应坡段高度，单位是 m；

l_i'——高边坡对应坡段沿重心纵向长度，单位是 m，$l_i' = \frac{l_i + l_{i+1}}{2}$。

2. 高边坡上的附加荷载

高边坡上的附加荷载包括坡顶地面荷载（如堆载、建筑荷载）和施工荷载。尤其针对顺层高边坡，开挖台阶较短，往往容易形成局部小型滑塌，造成隐患。如果岩土体较为破碎或者是顺层高边坡，由于这些荷载的增加，加大了高边坡失稳的可能性，因此在工况处理时其也可作为校核荷载来验算高边坡的稳定性。

3. 地下水产生的静水、渗透压力

关于降雨入渗情况、不饱和渗流情况等地下水作用下的高边坡稳定性问题，目前已有大量研究成果。高边坡中的天然岩体富含大量的软弱结构面和裂隙，在宏观与微观上直接表现为非均质性、各向异性和不连续性。结构面的存在是

岩体强度急剧下降和形成地下水运动最为直接的通道，尤其是在爆破震动开挖过后，高边坡岩体中的裂隙水渗流压力在持续降雨的状态下迅速增长，这往往是高边坡失稳的重要因素之一。这主要是因为，一方面地下水的存在降低了岩土体的强度参数，减小了岩土体结构面的抗剪强度；另一方面是赋存在地下的裂隙水静压力和地下水流动时产生的动水压力，这两个力的作用严重影响高边坡的稳定性。

但由于岩体的特点，直接得到全面的地下水渗透压力和动水压力十分困难，目前通用的做法是进行数值模拟或现场试验，集中在渗透系数的研究和渗流场的研究上。直接给出的渗透压力的计算公式基本上都是基于现场试验和地质调查提出的经验公式，如何寻找一种简便实用、易于现场识别的渗透压力公式有重要实用意义。

由于岩质高边坡静水压力是孔隙水压力、裂隙水压力及浮托力等的总称，为区别一般水体中的静水压力和地表水作用于非透水高边坡坡面的静水压力，并考虑高边坡岩土体可能赋存地下水的条件与特点，可统称这类静水压力为孔隙水压力或广义孔隙水压力。它是岩土体孔隙、裂隙和空洞中的地下水静力传递自重至岩土体上的力，任一单位面积上所承受的静水压力计算式为：

$$P_w = \gamma_w h \qquad (3\text{-}2)$$

式中：γ_w——水的重度，单位是 kN/m^3；

h——水柱高度，单位是 m；

P_w——地下静水压力，单位是 kN，力的方向垂直于作用面（一般为岩体结构面），属于面力。

动水压力指地下水的水力梯度使地下水在运动过程中施加于岩土体的力，亦称渗透压力，是一种体积力。在均质各向同性的条件下，单值体积渗透水流作用于岩土体的动水压力计算公式为：

$$D = \gamma_w j \qquad (3\text{-}3)$$

式中：j——水力梯度，由现场实测得到；

D——地下动水压力，力的方向与渗流主方向一致，在各向异性条件下，力的方向与水力梯度矢量主方向一致。

4. 地震荷载

在地震荷载作用下，关于高边坡岩土体的动力响应，支挡结构的受力分析及高边坡液化、滑坡风险的评价等，有大量学者进行了研究。针对地震荷载的计算方法多种多样，主要有拟静力法、数值模拟法、结合震后调查的综合评价法和结合现场实际的模型试验方法等，在这里主要采用拟静力法考虑地震力。地震力的作用力方向有竖直方向和水平方向之分，但是对高边坡产生主要影响的只是水平方向的作用力，即：

$$P = \mu_h G \qquad\qquad (3\text{-}4)$$

式中：P——地震荷载水平作用力，单位是 kN；

μ_h——水平拟静力因子，与地震震级和烈度有关，对一般性地震取 0.1，对破坏性地震取 0.2，对灾难性地震取 0.5，在重庆地区取 0.05；

G——高边坡岩土体重力，单位是 kN。

（二）高边坡荷载组合

高边坡稳定性分析和边坡加固支挡结构物的设计中涉及的荷载组合，应结合高边坡病害的特殊性，按最不利原则拟定荷载组合。

自重、渗透压力和爆破荷载是作用在高边坡上的主要荷载。自重为恒荷载，长期作用在高边坡上，爆破荷载只在施工期存在，但它的作用会对高边坡的稳定产生重大影响。地下水的作用在雨季和其他季节并不相同，并且在暴雨情况下和持续降雨情况下的作用亦不一样，同时地下水位的影响亦不可小视。地震荷载只是作为偶然荷载而存在的，其他的荷载只在较短的时间内存在，可以作为校核高边坡稳定性的工况荷载。针对荷载出现频率，有人提出以下四种荷载组合。

组合一：自重 + 地下水压力（天然状态）；

组合二：自重 + 地下水压力（暴雨或持续降雨状态）；

组合三：自重 + 爆破震动荷载 + 地下水压力（天然状态）+ 地震；

组合四：自重 + 爆破震动荷载 + 地下水压力（天然状态）+ 施工荷载。

针对具体的高边坡工程，以稳定性系数最小的荷载组合为设计荷载，其余为校核荷载。

（三）岩土力学参数

涉及高边坡稳定性的岩土体力学参数有强度参数 C（黏结力）、φ（内摩擦角）、变形参数 E（弹性模量）、ν（泊松比）、ϕ（剪胀角），其他参数如 γ（重度）、ω（含水量）等，通常由地质勘查报告提供。选择与确定力学性质指标的原则：以反算指标为主，有条件可结合各种试验指标进行校核，室内试验指标一般偏低，而现场试验指标一般偏高。反算指标介于室内试验指标和现场试验指标之间较为可靠。经验指标一般可以对拟定计算指标进行分析与判断。

特别是当发现反算指标与相关试验指标相冲突时，作为辅助手段，需要综合分析和判断计算指标。

1. 抗剪强度参数 C、φ'

岩土抗剪强度参数选取的准确与否，直接影响到分析结论。目前由于试验条件的限制，岩土体强度参数大多是通过常规三轴试验测得的，但是它的应力条件（$\sigma_2 = \sigma_3$）使测得的参数有一定的特殊性，并不能确切地反映岩土体的真实强度特性，这将会导致分析结果出现偏差。

平面应变条件下进行土体的强度和变形分析时所需抗剪强度参数目前仍由三轴试验获取，但是真实应力状态并不同于三轴试验的轴对称应力条件，三轴试验所得到的强度参数不具有广泛的代表性。试验表明，在平面应变条件下，中主应力对土的强度具有一定的增强作用，并且随着土的有效内摩擦角增大其增强作用也越明显。换言之，平面应变条件下采用三轴试验的抗剪强度参数结果偏于保守，可能严重低估了材料的强度，从而造成不必要的浪费，因此建立平面应变状态和三轴压缩状态之间土的强度关系式有重要实用价值。

朱思哲等基于土工试验，证明了在平面应变条件下土的强度和变形特性与三轴试验的结果有明显的不同。他们指出，对于同样的砂土，平面应变条件下的内摩擦角约比三轴试验的内摩擦角高 7°，选用土体参数时取平面应变条件下的比三轴试验的偏经济、合理。

对于沙砾土的平面应变参数，有学者推荐使用经验公式进行估算，该经验公式为：

$$\tan\varphi_{ps} = \frac{1.035}{\cos\varphi_{cv}} \times \frac{(R-1)\sqrt{12D - 3D^2}}{4R - RD + 3D} \qquad (3\text{-}5)$$

式中： $R = \sigma_1 / \sigma_3$ ——三轴试验破坏时的应力比；

$D = 1 - \mathrm{d}\varepsilon_v / \mathrm{d}\varepsilon_i$ ；

$\mathrm{d}\varepsilon_i$ 与 $\mathrm{d}\varepsilon_v$ ——分别为三轴试验的轴应变增量与体应变增量；

φ_{cv} ——体积不变条件下的三轴试验内摩擦角。

将三轴试验所得到的参数 R、D，代入上式就可以得到平面应变条件下的参数。结果表明，实测的与推测的基本一致。

2. 刚度系数 E、y

目前，有三种方法可以得到土的弹性模量 E，即室内试验、基于过去工程实践的经验以及由桩的荷载试验曲线反算。泊松比 v 是反映土体侧向变形的重要参数。在多数有限元计算中，不考虑泊松比小于 0 和大于 0.5 的情况，当泊松比大于 0.5 时，通常取泊松比等于 0.499。

弹性模量 E 和泊松比 v 的大小对高边坡的变形和位移的大小有影响，但对土质高边坡稳定系数的影响不大。一般情况下，岩土体材料的强度参数 C 和 φ 越高，其弹性模量 E 越高，泊松比 v 越低。硬岩泊松比通常在 0.25 以下，而软岩泊松比 v 通常在 0.3 以上。

3. 高边坡稳定性计算边界和范围

在工程应用中，研究者试图通过选取整个边坡的某一部分作为代表，对此简化模型进行分析来研究整个高边坡的稳定性。因此，简化模型的合理性直接关系到后续分析的精确性。简化模型选取何种应力状态，以及如何确定模型的边界范围即几何尺寸是最为关键的两个问题。边界范围的大小在有限元法中对计算结果的影响比在传统极限平衡法中表现得更为敏感，在传统极限平衡法中只要所求滑移面在边界之内就不会对计算结果有影响，稳定系数只与划分的土条有关，而与土条外的区域无关，有限元则不然，边界范围的大小直接影响到应力和应变分布。郑颖人等的研究表明，在用有限元强度折减法分析高边坡稳定性时，当坡脚到左端边界的距离为坡高的 1.5 倍，坡顶到右端边界的距离为坡高的 2.5 倍，且上下边界总高不低于 2 倍坡高时，计算精度最为理想，大量工程实例也证实了这种简化模型尺寸的合理性。

三、极限平衡分析法

在高边坡稳定性分析中，极限平衡分析法属于经典方法，在全世界广泛应用，建立在摩尔—库仑强度准则的基础上。对于高边坡稳定性分析，出现的大多数问题是静不定问题，极限平衡分析法通过引入一些简化假定来使问题变得静定可解。其计算过程一般是先假定高边坡是岩土体沿某一确定的滑裂面滑动，再根据滑裂岩土体的静力平衡条件和摩尔—库仑破坏准则计算沿该滑裂面滑动的可能性，即稳定系数的大小，或是破坏概率的高低，然后系统地选取多个可能的滑动面，用同样的办法计算稳定系数或破坏概率。最后稳定系数最小或者破坏概率最高的破坏面就是最可能滑动的滑动面。

在极限平衡分析法中人们最常采用的是极限平衡条分法，极限平衡条分法能够适应复杂的坡体几何形状、各种土质以及孔隙水压力等条件。在过去的几十年里，人们曾经提出过许多种极限平衡条分法，这些方法具有相同的基本思路，均假定岩土体沿着一定的滑动面做刚性滑动，然后把滑动岩土体竖向分成有限宽度的若干土条，把土条当成刚性体，根据静力平衡条件和极限平衡条件求得滑动面上的力的分布，从而计算出稳定安全系数。它们之间的区别在于条块间作用力假设与所需满足的平衡条件不同。

表 3-11　极限平衡条分法比较

极限平衡条分法	多余变量的假定	严格 / 非严格	作者
瑞典条方法	假定条块间无任何作用力	非严格	费伦纽斯
简化扬布法	假定条块间只有水平力	非严格	扬布
简化毕肖普法	假定条块间只有水平力	非严格	毕肖普
摩根斯坦—普瑞斯法	—	严格	摩根斯坦—普瑞斯
斯宾赛法	假定条块间水平与垂直作用力之比为常数	严格	斯宾赛
严格扬布法	假定条块间力作用的位置	严格	扬布
萨尔马法	条块间满足极限平衡	非严格	萨尔马
传递系数法	假定条块间力的方向一定	非严格	潘家铮
分块极限平衡法	条块间满足极限平衡	非严格	潘家铮

尽管极限平衡分析法已经十分完善，但是其在处理复杂边坡的稳定性问题时仍存在不足之处。帕塔克等陈述了极限平衡分析法的特点和缺陷，考虑随机因素的影响建立了一种分析边坡渐进破坏的随机性模型。格里菲思等也从与有限元法的对比分析中说明了传统极限平衡分析法的缺陷。

（一）圆弧法

对于均质土坡及没有断裂面的岩质高边坡，以圆弧形破裂面方式失稳破坏是高边坡常见的整体失稳模式，在一定条件下其可视为平面问题，可用圆弧法进行稳定性分析。先假定滑动面为一圆弧，把滑动岩体看成刚体，求滑动面上的滑动力及抗滑力，再求这两个力对滑动圆心的力矩。抗滑力矩 M_R 和滑动力矩 M_s 之比，即为该岩质高边坡的稳定系数：

$$F_s = \frac{M_R}{M_s} \tag{3-6}$$

如果 $F_s > 1$，则沿着这个滑动面稳定；如果 $F_s \leqslant 1$，则这个滑动面不稳定；如果 $F_s = 1$，表明该计算滑动面处于极限平衡状态。

由于假定计算面上的各点覆盖岩体重量各不相同，因此，由岩体重量引起的滑动面上各点的法向压力也不同。把滑动体分为 n 条，其中第 i 条传给滑动面上的重量为 W_i，它可以分解为两个力：一个是垂直于圆弧的法向力 N_i；另一个是切于圆弧的切向力 T_i，可得：

$$\begin{cases} N_i = W_i \cos a_i \\ T_i = W_i \sin a_i \end{cases} \tag{3-7}$$

N_i 力通过圆心，其本身对岩质高边坡滑动不起作用。但是它可使岩条滑动面上产生摩擦力 $N_i \tan \varphi_i$（φ_i 为该弧所在岩体的内摩擦角），其作用方向与岩体滑动方向相反，故对岩质高边坡起抗滑作用。此外，滑动面上的黏结力 c 也起抗滑作用，因此，第 i 条岩条滑弧上的抗滑力 τ_{fi} 为：

$$\tau_{fi} = c_i l_i + N_i \tan \varphi_i \tag{3-8}$$

第 i 条产生的抗滑力矩为：

$$(M_R)_i = (c_i l_i + N_i \tan \varphi_i) R \tag{3-9}$$

式中：c_i——第 i 条滑弧所在岩层的黏结力，单位是 kPa；

φ_i——第 i 条滑弧所在岩层的内摩擦角；

l_i——第 i 条岩条的滑弧长度，单位是 m。

同样，对每一岩条进行类似分析，可得到总的抗滑力矩为：

$$M_R = (\sum_{i=1}^{n} c_i l_i + \sum_{i=1}^{n} N_i \tan \varphi_i) R \tag{3-10}$$

式中：n——分条数目。

滑动面上总的滑动力矩为：

$$M_s = \sum_{i=1}^{n} (T_i + U_i) R \tag{3-11}$$

式中：U_i——动水压力，假定其作用于滑动面上（最不利于稳定的情况）。

将式（3-10）及式（3-11）代入式（3-6），得边坡稳定系数：

$$F_s = \frac{\sum_{i=1}^{n} c_i l_i + \sum_{i=1}^{n} N_i \tan \varphi_i}{\sum_{i=1}^{n} (T_i + U_i)} \tag{3-12}$$

由于圆心和滑动面为任意假定的，因此要假定多个圆心和相应的滑动面做类似的分析，进行试算，从中找到最小的稳定系数即为真正的稳定系数，它对应的圆心和滑动面即为最危险的圆心和滑动面。

（二）平面滑动法

公路沿线地形复杂，通常出现顺层边坡或表层堆积物沿下部基岩面滑动的边坡破坏类型，这类高边坡的整体稳定性分析方法可概括为平面滑动法。其中，

W 为滑体单宽重力，U 为作用在滑动面上的水压力，V 为坡后拉张裂隙中的水压力，P 为水平地震力。

针对滑动面进行力的分解如下：

法定向量：

$$N = W\cos\beta - P\sin\beta - U - V\sin a\sin\beta - V\cos a\cos\beta \qquad (3\text{-}13)$$

切向分量：

$$T = W\sin\beta + P\cos\beta + V\sin a\cos\beta - V\cos a\sin\beta \qquad (3\text{-}14)$$

则该滑动边坡块体的稳定系数 F_s 为：

$$F_s = \frac{W\cos\beta - P\sin\beta - U - V\sin a\sin\beta - V\cos a\cos\beta \tan\varphi + cl}{W\sin\beta + P\cos\beta + V\sin a\cos\beta - V\cos a\sin\beta} \qquad (3\text{-}15)$$

式中：$t = \dfrac{H-h}{\sin\beta}$ 为破坏面的长度，其余参数同前。

四、有限元强度折减法

目前，有限元强度折减法的定义虽然有很多种表述，但是其基本原理是一致的。邓肯指出高边坡的安全系数可以定义为使高边坡刚好达到临界破坏状态时对土体材料的抗剪强度进行折减的程度，即定义高边坡安全系数是土体的实际的抗剪强度与临界破坏时折减后的剪切强度的比值，具有强度储备系数的物理意义。

基于强度储备概念的安全系数 F_s 可定义为，当土体材料的抗剪强度参数 c 和 φ 分别用其临界强度参数和所代替后，结构处于临界破坏状态，其中：

$$c_c = \frac{c}{F_s}, \quad \varphi_c = \arctan\left(\frac{\tan\varphi}{F_s}\right) \qquad (3\text{-}16)$$

在用有限元强度折减法求解式（3-16）所列的安全系数时，通常需要求解一系列的具有下列强度参数的题目，即：

$$c' = \frac{c}{R}, \quad \varphi' = \arctan\left(\frac{\tan\varphi}{R}\right) \qquad (3\text{-}17)$$

式中：c' 和 φ'——土体的抗剪强度参数；

R——抗剪强度的折减系数；

c' 和 φ'——土体折减后的抗剪强度参数。

强度折减技术的要点就是假定外荷载不变，利用式（3-17）来折减土体的强度指标 c 和 φ，然后对高边坡进行有限元分析，通过不断地增加折减系数 R，反复进行应力—应变分析，直到高边坡达到破坏，此时的折减系数就是稳定系数 F_s。

郑颖人等通过分析毕肖普法和强度折减法的稳定系数定义，认为两者具有相同的物理意义，强度折减法在本质上与传统方法是一致的。采用强度折减法分析高边坡的稳定性时，通常将 c 和 φ 值同时除以折减系数进行折减，即采用等比例强度折减的方法。然而有试验研究表明，φ 值较稳定，波动较小，而 c 值受外界因素影响较大，不够稳定，波动较大。因此把 c 和 φ 值同等看待按等比例强度折减，显然不够合理，也不符合实际，而采用不等比例强度折减，不等比例值如何选取又是一个值得研究的课题。唐芬、郑颖人等对高边坡渐进破坏的双稳定系数（双折减系数）进行了讨论、公式推导和机理分析，但这些问题的讨论还未达成共识，有待进一步研究。

第四节　局部稳定性分析与评价

一、强变形区域精细识别

（一）钻孔应力传感器

迄今，国内外在钻孔应力监测技术方面取得了显著进展，提出了钻孔位移法、钻孔变形法、钻孔应力法、钻孔应变法、空心包体应变法、实心包体应变法，开发了 CSIR0 空心包体应变计、UNSW 实心包体应变计。然而，这些方法均只能得到一个数据，获取的数据属于平均应力或平均应变，不能获取不同深度的应力大小，不便于进行高边坡局部岩土及地质安全评价。为此我们研发了钻孔应力传感器，该仪器能有效地测试钻孔内不同深度岩土介质的应力变化过程，多个钻孔应力监测器联合应用，可以有效获取边坡不安全、欠安全岩土体的三维变形信息，揭示其平面分布范围及深度扩展范围，为后续工程治理及安全监控提供重要科学依据。

1. 技术内容

①钻孔应力传感器由六部分组成，即纵向开口的薄壁金属筒、应变片、防水压膜、应变信号传输线、应力测试器和混凝土填芯。

②应变片和应力测试器为市售的高精度产品。

③开口金属筒长度为 L、半径为 d。

④应变片与金属筒轴向方向垂直，粘贴在金属筒外侧，应变片外部为防水压膜。

⑤应变片沿金属筒轴线方向布设间距为 L_0。

⑥应变信号传输线布置在金属筒内侧壁，沿金属筒轴线布置，起点在相应应变片位置处，终点在薄壁金属筒顶部（一般位于地表），起点处通过在金属

薄壁钻小孔，将信号传输线与应变片相连接。

⑦开口薄壁金属筒内为混凝土填芯，一般采用 C15 ～ C25 等级。

2. 工作原理

①宏观判别高边坡内可能出现安全隐患的区域，在该区域内坡面以下厚度为 L 的岩土介质安置钻孔应力测试器。

②当岩土介质在自重及外荷载作用下在工范围内不同部位发生变形时，变形信息将作用在相应部位的应变片上。

③深度为 L 的岩土介质内不同部位的变形信息通过应变信号传输线传递到钻孔顶部的应力观测点，采用应力测试器即可获取不同深度岩土介质的变形信息。

④在高边坡观测区域内布置多个钻孔应力测试器，组成岩土介质三维变形监测网。

⑤由岩土介质三维变形监测网揭示观测区内地表不同位置及地下不同深度处的岩土介质变形量，获取该区域内岩土介质的三维变形信息。

⑥根据观测区岩土介质的三维变形信息，量化观测区内岩土安全等级，为实施高边坡局部安全评价及工程防治提供重要依据。

（二）强变形区精细识别方法

①针对开挖公路岩石高边坡、土质高边坡或岩土复合型高边坡，运用宏观分析方法确定存在潜在岩土安全隐患的区域，一般将位于高边坡中下部 1/3 ～ 1/2 的坡高范围，作为观测区。

②观测区内，按照一定规律布置钻孔应力测试器，一般可采用梅花桩式或行列式布置，岩性较差时布设间距较小，岩性较好时可适当增大布设间距。

③每个钻孔应力测试器在安置在坡体内之前，将应变片、防水压膜、应变信号传输线有效粘贴在开口的金属薄壁材料上，并预先将其制作成直径略小于 d 的开口圆筒。

④在观测区预设应力测试器部位钻孔，孔径略大于开口薄壁金属圆筒，钻孔垂直于坡面地表。

⑤钻孔清孔后，放入开口薄壁金属筒，筒底端深入钻孔底部，顶端与地表齐平。

⑥在开口薄壁金属筒内浇筑混凝土，机械振捣，使混凝土密实，符合混凝土工程相关要求。

⑦开口薄壁金属筒内混凝土完全凝固后实施应力观测，原则上每天观测，

持续时间不少于两个月。

二、嵌入型危石稳定性分析与评价

嵌入型危石指土质高边坡或破碎岩体边坡表面嵌入的尺寸较大的完整岩块。高边坡开挖使得危石距离临空面较近时，在危石自重、裂隙水压力和地震力作用下危石存在失稳安全隐患。以公路沿线高边坡的嵌入型危石失稳问题为例，其对交通畅通和车辆人员的安全构成了巨大的威胁。为此，我们需建立嵌入型危石的稳定性分析方法，为有效治理嵌入型危石提供科学依据。

（一）基本假定

①将嵌入型危石概化为长方体，其稳定性分析属于三维问题。
②危石失稳模式属于滑移式破坏。

（二）计算荷载及其组合

①危石自重作用在危石重心。
②裂隙水压力作用在危石后部，天然状态取 1/2 危石水柱高度，暴雨状态下危石后部充水深度取危石高度。
③地震力。
水平地震力由 $P_h=\mu_h W$ 计算，μ_h 为水平地震系数；
竖向地震力由 $P_v=\mu_v W$ 计算，μ_v 为竖向地震系数。
根据荷载出现频率，现拟定四种荷载组合。
组合一：自重＋裂隙水压力（天然状态）；
组合二：自重＋裂隙水压力（暴雨状态）；
组合三：自重＋裂隙水压力（暴雨状态）＋水平地震力；
组合四：自重＋裂隙水压力（暴雨状态）＋竖向地震力。

（三）稳定系数计算方法

运用极限平衡理论建立嵌入型危石稳定系数计算方法。
危石自重为：

$$W = abh_{\gamma_1} \tag{3-18}$$

危石后部天然状态下孔隙水压力为：

$$Q_{天然} = \frac{1}{4}\gamma_w ah^2 \tag{3-19}$$

危石后部暴雨状态下孔隙水压力为：

$$Q_{饱和} = \frac{1}{2}\gamma_w ah^2 \tag{3-20}$$

危石顶部扩散岩土体重为：

$$N_{1天然} = abz_0\gamma_{2天然} - (az_0 + 2bz_0)\,c_0 \tag{3-21}$$

$$N_{1饱和} = abz_0\gamma_{2饱和} - (az_0 + 2bz_0)\,c_0 \tag{3-22}$$

危石底部受到的抗剪应力为：

$$T_1 = abc_1 \tag{3-23}$$

危石侧面受到的向上抗剪应力为：

$$T_2 = abc_1 \tag{3-24}$$

危石侧面受到的向后抗剪应力为：

$$T_3 = abc_1 \tag{3-25}$$

不考虑危石和潜在破坏面之间的岩土体自重，则：

$$\sum F_x = Q + P_h - 2T_3 \tag{3-26}$$

$$\sum F_z = W + P_v + N_1 - 3T_2 \tag{3-27}$$

进一步沿破坏面进行分解，有：

$$N = \sum F_z \times \cos\alpha - \sum F_x \times \sin\alpha \tag{3-28}$$

$$T = \sum F_z \times \sin\alpha - \sum F_x \times \cos\alpha \tag{3-29}$$

令 N、T 在破坏面上均匀分布，潜在破坏面长度 l 可取 $\dfrac{a}{\cos\alpha}$，则：

$$\sigma = \frac{1}{a}\left(\sum F_z\cos\alpha - \sum F_x\sin\alpha\right)\cos\alpha \tag{3-30}$$

$$\tau = \frac{1}{a}\left(\sum F_z\sin\alpha - \sum F_x\cos\alpha\right)\cos\alpha \tag{3-31}$$

得稳定系数为：

$$F_s = \frac{\tau_f}{\tau} = \frac{c_1 \times a + \left(\sum F_z\cos\alpha - \sum F_x\sin\alpha\right)\cos\alpha\tan\varphi}{\left(\sum F_z\sin\alpha + \sum F_x\cos\alpha\right)\cos\alpha} \tag{3-32}$$

针对组合一为：

$$F_s = \frac{c_1 \times a + \left[W + N_{1天然} - T_2\cos\alpha - Q_{饱和} - 2T_3\sin\alpha\right]\cos\alpha\tan\varphi}{\left[W + N_{1天然} - T_2\sin\alpha + (Q_{饱和} - 2T_3)\cos\alpha\right]\cos\alpha} \tag{3-33}$$

针对组合二为：

$$F_s = \frac{c_1 \times a + \left[W + N_{1饱和} - T_2\cos\alpha - Q_{饱和} - 2T_3\sin\alpha \right]\cos\alpha\tan\varphi}{\left[W + N_{1饱和} - T_2\sin\alpha + \left(Q_{饱和} - 2T_3 \right)\cos\alpha \right]\cos\alpha} \quad （3-34）$$

针对组合三为：

$$F_s = \frac{c_1 \times a + \left[W + N_{1饱和} - T_2\cos\alpha - Q_{饱和} + P_h - 2T_3\sin\alpha \right]\cos\alpha\tan\varphi}{\left[W + N_{1饱和} - T_2\sin\alpha + \left(Q_{饱和} + P_h - 2T_3 \right)\cos\alpha \right]\cos\alpha} \quad （3-35）$$

针对组合四为：

$$F_s = \frac{c_1 \times a + \left[W + P_v + N_{1饱和} - T_2\cos\alpha - Q_{饱和} - 2T_3\sin\alpha \right]\cos\alpha\tan\varphi}{\left[W + P_v + N_{1饱和} - T_2\sin\alpha + \left(Q_{饱和} - 2T_3 \right)\cos\alpha \right]\cos\alpha} \quad （3-36）$$

式中：z_0——危石顶部上覆围岩体的平均厚度，单位是 m；

γ_1——危石重度，单位是 kN/m^3；

γ_2——危石顶部围岩体的重度，单位是 kN/m^3；

c_0——危石与周围岩土体之间的黏结力；

c_1 和 φ——危石周围岩土体抗剪强度参数黏结力和内摩擦角。

（四）稳定性评价

根据危石的稳定系数，提出稳定性评价标准如表 3-12 所示。在进行危石工程治理设计时，安全系数如表 3-13 所示。

表 3-12　嵌入型危石稳定性评价标准

稳定状态	稳定	基本稳定	欠稳定	不稳定
稳定系数	≥ 1.20	$1.15 \sim 1.20$	$1.0 \sim 1.15$	< 1.0

表 3-13　公路边坡嵌入型危石防治安全系数

公路等级	高速公路	一级、二级公路	其他等级公路
安全系数	1.25	1.20	1.15

三、凸出型危岩稳定性分析与评价

随着西部大开发战略的快速发展，高等级公路、现代化城镇及大量库区的兴建，崩塌灾害日益凸显，如三峡库区仅重庆境内便有危岩体 5 万多个，直接威胁着人的生命安全和财产安全。因此，有效防治崩塌灾害，社会效益和环境效益重大。有学者基于极限平衡理论系统建立了危岩稳定性分析方法。

（一）危岩稳定性评价标准

陈洪凯等根据危岩稳定系数将危岩稳定性分为不稳定、基本稳定和稳定三种状态，如表 3-14 所示。重庆市《地质灾害防治工程设计标准》中指出了危害防治工程安全系数标准，如表 3-15 所示。一般处于稳定状态的危岩灾害体可以不采用工程防治措施，处于基本稳定状态的危岩应加强监测并采用地表排水，处于欠稳定状态的危岩除采用监测、地表及地下排水外，还需在必要部位采用局部工程治理，处于不稳定状态的危岩应采取系统的工程治理，治理后的危岩安全系数应满足危害防治工程安全系数标准。

表 3-14 危岩稳定性评价标准

稳定系数 / 破坏模式	不稳定	基本稳定	稳定
滑塌式危岩	< 1.0	1.0 ~ 1.3	> 1.3
倾倒式危岩	< 1.0	1.0 ~ 1.5	> 1.5
坠落式危岩	< 1.0	1.0 ~ 1.5	> 1.5

表 3-15 危害防治工程安全系数标准

安全系数 / 危岩类型	一级	二级	三级
滑塌式危岩	1.40	1.30	1.20
倾倒式危岩	1.50	1.40	1.30
坠落式危岩	1.60	1.50	1.40

一级：危及县和县级以上城市、大型工矿企业、交通枢纽及重要公共设施，破坏后果特别严重。

二级：危及一般城镇、居民集中区、重要交通干线、一般工矿企业等，破坏后果严重。

三级：除一、二级以外的地区。

在进行危岩稳定性评价时，可将危岩体视为完全刚性块体，采用极限平衡理论推导不同类型危岩在不同荷载组合下的稳定性。

（二）滑塌式危岩稳定性计算方法

滑塌式危岩稳定性计算模型如图 3-1 所示，图中 AB（单位为 m）为主控结构面长度，其倾角为 β、等效强度参数为 C、φ。W（单位为 kN）为危岩体的自重，P（单位为 kN）为水平地震力。针对主控结构面进行分解。

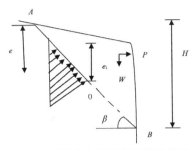

图 3-1 滑塌式危岩稳定性计算模型

法向分量为：

$$N = W\cos\beta - P\sin\beta \qquad (3\text{-}37)$$

切向分量为：

$$T = W\sin\beta + P\cos\beta \qquad (3\text{-}38)$$

假定法向分量和切向分量沿主控结构面均匀分布，则平均法向应力和平均剪应力分别由下面两式来计算，即：

$$\sigma = \frac{N\sin\beta}{H} \qquad (3\text{-}39)$$

$$\tau = \frac{T\sin\beta}{H} \qquad (3\text{-}40)$$

进而可得主控结构面的抗剪强度为：

$$\tau_f = c + \sigma\tan\varphi \qquad (3\text{-}41)$$

则危岩的稳定系数为：

$$F_s = \frac{\tau_f}{\tau} = \frac{W\cos\beta - P\sin\beta - Q\tan\varphi + c\dfrac{H}{\sin\beta}}{W\sin\beta + P\cos\beta} \qquad (3\text{-}42)$$

式中：Q——主控结构面内作用在危岩体上的裂隙水压力，单位为 kN。

若 $e_1 = \dfrac{e}{3}$，裂隙水压力和危岩稳定系数分别用下面两式计算，即：

$$Q = \frac{1}{2}\gamma_w e_1^2 l = \frac{1}{18}\gamma_w e^2 l \qquad (3\text{-}43)$$

$$F_s = \frac{W\cos\beta - Q\tan\varphi + c\dfrac{H}{\sin\beta}}{W\sin\beta} \qquad (3\text{-}44)$$

式中：l——危岩体沿陡崖走向方向的长度，单位为 m；

e——主控结构面贯通段的垂直高度，单位为 m。

119

若 $e_1 = \dfrac{2e}{3}$，裂隙水压力由下式计算，将其代入式（3-44），就可得该荷载条件的稳定系数。

$$Q = \frac{1}{2}\gamma_w e_1^2 l = \frac{2}{9}\gamma_w e^2 l \qquad (3\text{-}45)$$

（三）倾倒式危岩稳定性计算方法

危岩体重心在倾覆点内侧时，围绕可能倾覆点 C，倾覆力矩为：

$$M_{倾覆} = ph_0 + Q(\frac{e_1}{3\sin\beta} + \frac{H-e}{\sin\beta}) \qquad (3\text{-}46)$$

抗倾覆力矩为：

$$M_{抗倾} = W_a + f_{lk}\frac{H-e}{\sin\beta} + l_b f_{0k} \qquad (3\text{-}47)$$

进而，得到危石稳定系数计算式为：

$$F_s = \frac{M_{抗倾}}{M_{倾覆}} = \frac{W_a + f_{lk}\dfrac{H-e}{\sin\beta} + l_b f_{0k}}{ph_0 + Q(\dfrac{e_1}{3\sin\beta} + \dfrac{H-e}{\sin\beta})} \qquad (3\text{-}48)$$

对于荷载组合二，可变荷载仅考虑裂隙水压力，不考虑地震力。暴雨状态的裂隙水压力由式（3-43）计算，则稳定系数为：

$$F_s = \frac{W_a + f_{lk}\dfrac{H-e}{\sin\beta} + l_b f_{0k}}{\dfrac{2}{9}\gamma_w e^2 l(\dfrac{2e}{9\sin\beta} + \dfrac{H-e}{\sin\beta})} = \frac{81W_a + f_{0k}l_b\sin\beta + f_{lk}(H-e)}{2(9H-7e)\gamma_w e^2 l} \qquad (3\text{-}49)$$

对于荷载组合三，裂隙水压力和地震力同为可变荷载。天然状态的裂隙水压力由式（3-43）计算，则稳定系数为：

$$F_s = \frac{W_a + f_{lk}\dfrac{H-e}{\sin\beta} + l_b f_{0k}}{Ph_0 + \dfrac{1}{18}\gamma_w e^2 l(\dfrac{e}{9\sin\beta} + \dfrac{H-e}{\sin\beta})} = \frac{162[W_a + f_{0k}l_b\sin\beta + f_{lk}(H-e)]}{162Ph_0\sin\beta + (9H-8e)\gamma_w e^2 l}$$

$$(3\text{-}50)$$

式中：f_{lk}——危岩体抗拉强度标准值，单位为 kPa；

f_{ok}——危岩体与基座之间的抗拉强度标准值，单位为 kPa，当基座为岩体时，$f_{ok}=f_{lk}$，当基座为软质岩层如泥岩时，f_{ok} 取该软质岩石的抗拉强度标准值；

l_b——危岩体底部主控结构面尖端至倾覆点的距离，单位为 m。

危岩体重心在倾覆点外侧时，围绕可能倾覆点 C，倾覆力矩为：

$$M_{倾覆} = W_a + Ph_0 + Q(\frac{e_1}{3\sin\beta} + \frac{H-e}{\sin\beta}) \qquad (3\text{-}51)$$

抗倾覆力矩为：

$$M_{抗倾} = f_{lk}\frac{H-e}{\sin\beta} + l_b f_{0k} \qquad (3\text{-}52)$$

进而，得到危岩稳定系数计算式为：

$$F_s = \frac{M_{抗倾}}{M_{倾覆}} = \frac{f_{lk}\dfrac{H-e}{\sin\beta} + l_b f_{0k}}{W_a + Ph_0 + Q(\dfrac{e_1}{3\sin\beta} + \dfrac{H-e}{\sin\beta})} \qquad (3\text{-}53)$$

对于荷载组合二，裂隙水压力由式（3-45）计算，则危岩的稳定系数为：

$$F_s = \frac{f_{lk}\dfrac{H-e}{\sin\beta} + l_b f_{0k}}{W_a + \dfrac{2}{9}\gamma_w e^2 l(\dfrac{2e}{9\sin\beta} + \dfrac{H-e}{\sin\beta})} = \frac{81[f_{0k}l_b\sin\beta + f_{lk}(H-e)]}{81W_a\sin\beta + 2(9H-7e)\gamma_w e^2 l} \qquad (3\text{-}54)$$

对于荷载组合三，裂隙水压力和地震力同为可变荷载。天然状态的裂隙水压力由式（3-43）计算，则危岩的稳定系数为：

$$F_s = \frac{f_{lk}\dfrac{H-e}{\sin\beta} + l_b f_{0k}}{W_a + Ph_0 + \dfrac{1}{18}\gamma_w e^2 l(\dfrac{e}{9\sin\beta} + \dfrac{H-e}{\sin\beta})} = \frac{162[f_{0k}l_b\sin\beta + f_{lk}(H-e)]}{162\sin\beta W_a + Ph_0 + (9H-8e)\gamma_w e^2 l}$$

$$(3\text{-}55)$$

（四）坠落式危岩稳定性计算方法

仅考虑荷载组合一和组合三。重力和地震力沿着主控结构面的法向分量和切向分量可沿主控结构面进行分解，分别由式（3-37）和式（3-38）计算，进而可得主控结构面上的平均剪应力，分别由式（3-39）和式（3-40）计算，主控结构面抗剪强度由式（3-41）计算，则危岩稳定系数为：

$$F_s = \frac{W\cos\beta - P\sin\beta\tan\varphi + c\dfrac{H}{\sin\beta}}{W\sin\beta + P\cos\beta} \qquad (3\text{-}56)$$

对于荷载组合一，危岩稳定系数为：

$$F_s = \frac{0.5W\sin 2\beta \tan\varphi + cH}{W\sin^2\beta} \tag{3-57}$$

对于荷载组合三，危岩稳定系数由式（3-56）计算。式中变量意义同前。

四、楔形体稳定性分析与评价

对于顺层岩质高边坡，当岩层走向与高边坡走向斜交时会出现楔形体模式。在稳定性分析中，为解决楔形体属于三维问题的困难，目前通常将两个滑面抗剪强度参数取为同一参数而简化计算，有的不考虑可能存在的结构面水压力问题，而实际状况是楔形体两个滑面性质差异可能较大，存在一个有充填，一个无充填，或一个滑面仅部分充填的情况，在这种情况下，对单个或两个滑面取统一参数的稳定性分析方法必须予以有效修正，以反映楔形体实际的受力和稳定性状况。

（一）均质楔形体高边坡滑动

将楔形体的两个滑面抗剪强度参数取为同一参数，不考虑结构面的各种复杂情况以简化计算。根据楔形体高边坡滑动的仿平面处理，当楔形体由两个结构面组成时，两个结构面为预测的滑动面，高边坡为直立平顶的高边坡。

楔形体的体积为：

$$V = \frac{1}{3}Sh \tag{3-58}$$

$$S = S_{\triangle ABC} = \frac{1}{2}BCh_0 \tag{3-59}$$

楔形体的重力为：

$$W = \frac{\gamma}{6}BChh_0 \tag{3-60}$$

两个侧壁结构面的面积为：

$$S_1 = S_{\triangle ABD} = \frac{1}{2}ADh_1 \tag{3-61}$$

$$S_2 = S_{\triangle ABD} = \frac{1}{2}ADh_2 \tag{3-62}$$

令 $AD=L$，设两个结构面的值相同，并具有相同的结构面单元黏结力 c，则岩体的稳定系数为：

$$F_s = \frac{W\cos\alpha\tan\varphi + c(S_1 + S_2)}{W\sin\alpha} = \frac{\tan\varphi}{\tan\alpha} + \frac{3L_c(h_1 + h_2)}{\gamma BChh_0\sin\alpha} \tag{3-63}$$

式（3-63）是计算由两个参数相同的结构面构成的楔形体高边坡稳定系数的普遍公式。虽由直立平顶高边坡推导求得，但适用于倾斜高边坡，既适用于两个结构面为预测滑动面，也适用于一个面为预测滑动面，另一个面为直立面且垂直于滑动面的特例。

（二）非均质楔形体高边坡滑动

上述均质楔形体高边坡滑动分析中，将楔形体的两个结构面看成具有相同 c、φ 值的滑动面，但在实际高边坡中，这种理想化的高边坡破坏模式十分少见，因此，我们有必要考虑两个结构面具有不同性质的情况，即部分结构面有充填或部分为硬性结构面的情况。

楔形体的体积为：

$$V = \frac{1}{3}Sh \qquad （3-64）$$

$$S = \frac{1}{2}BCh_0 \qquad （3-65）$$

楔形体的重力为：

$$W = \frac{\gamma}{6}BChh_0 \qquad （3-66）$$

两个侧壁结构面的面积为：

$$S_1 = S_{\triangle ABD} = \frac{1}{2}ADh_1 \qquad （3-67）$$

$$S_2 = S_{\triangle ABD} = \frac{1}{2}ADh_2 \qquad （3-68）$$

为求得两侧结构面上的反作用力，在沿交线的视图上进行水平和竖直方向的分解，得：

$$N_1\cos\theta = N_2\cos\zeta \qquad （3-69）$$

$$N_1\sin\theta + N_2\sin\zeta = W\cos\alpha \qquad （3-70）$$

式中：θ——S_1 面与竖直方向的夹角；

ζ——S_2 面与竖直方向的夹角，且 $\zeta = \varphi - \theta$，α 为楔形体的张角。

由式（3-69）和式（3-70）解得：

$$N_1 = \frac{\cos\theta W\cos\alpha}{\sin\varphi} \qquad （3-71）$$

123

$$N_2 = \frac{\cos\zeta W\cos\alpha}{\sin\varphi} \tag{3-72}$$

令 $AD=L$，设结构面 S_1 的强度参数指标为 φ_1、C_1，S_2 的强度参数指标为 φ_2、c_2，由于 S_0 面为结构面 S_2 的未贯通部分，其强度参数指标为 φ_0、c_0，则岩体的稳定系数为：

$$\begin{aligned} F_s &= \frac{N_1\tan\varphi_1 + kN_2\tan\varphi_2 + (1-k)N_2\tan\varphi_0 + c_1S_1 + c_2S_2 + c_0S_0}{W\sin\alpha} \\ &= \frac{\cos\theta\tan\varphi_1 + \cos\zeta\left[k\tan\varphi_2 + (1-k)\tan\varphi_0\right]}{\sin\varphi\tan\alpha} + \frac{3L\left[c_1h_1 + kc_2h_2 + (1-k)c_0h_0\right]}{\gamma BChh_0\sin\alpha} \end{aligned} \tag{3-73}$$

式中，k 为未完全贯通结构面的相对面积贯通率，即：

$$k = \frac{S_2}{S_0 + S_2} \tag{3-74}$$

以上只考虑了重力作用下的受力情况，若考虑地震力及裂隙水压力的作用时有：

$$N_1\sin\theta + N_2\sin\zeta = W\cos\alpha - P\sin\alpha \tag{3-75}$$

式中：P——水平地震力。

由式（3-75）与式（3-72）得：

$$N_1 = \frac{\cos\theta(W\cos\alpha - P\sin\alpha)}{\sin\varphi} \tag{3-76}$$

$$N_2 = \frac{\cos\zeta(W\cos\alpha - P\sin\alpha)}{\sin\varphi} \tag{3-77}$$

该楔形体的稳定系数为：

$$F_s = \frac{N_1 - U_1\tan\varphi_1 + kN_2 - U_2\tan\varphi_2 + (1-k)N_2\tan\varphi_0 + c_1S_1 + c_2S_2 + c_0S_0}{W\sin\alpha + P\cos\alpha} \tag{3-78}$$

式中，U_1、U_2 为两侧结构面的裂隙水压力，分别为：

$$U_1 = u_1S_1 \tag{3-79}$$

$$U_2 = u_2S_2 \tag{3-80}$$

式中，u_1、u_2 为单位面积上的裂隙水压力，在天然状态下取：

$$u_1 = \frac{1}{2}\gamma_w\frac{2}{3}\times(\frac{1}{3}H) \tag{3-81}$$

$$u_2 = \frac{1}{2}\gamma_w\frac{2}{3}\times(\frac{1}{3}e) \qquad （3-82）$$

在暴雨状态下取：

$$u_1 = \frac{1}{2}\gamma_w\frac{2}{3}\times(\frac{2}{3}H) \qquad （3-83）$$

$$u_2 = \frac{1}{2}\gamma_w\frac{2}{3}\times(\frac{2}{3}e) \qquad （3-84）$$

五、局部滑动块体稳定性分析与评价

对于高边坡局部滑动块体，其侧壁效应对稳定性影响非常突出，除滑动面以外，还有两个侧壁和后壁对滑动块体稳定性有影响，侧壁摩擦效应对抗滑力有贡献，后壁若充水则有水压力影响稳定性，若存在未贯通的完整岩石部分，则该未贯通部分的抗拉强度对抗滑稳定性有贡献，分析时对以上情况必须予以考虑。依据后壁的贯通状况，进行侧壁效应的稳定性分析，可细分为后壁贯通和未贯通两种情况。

（一）后壁完全贯通滑动块稳定性分析与评价

在后壁岩层完全贯通的情况下，设滑面的面积为 S（单位是 m^2），后壁面积为 S_1（单位是 m^2），宽度为 b（单位是 m），左侧壁面积为 S_2（单位是 m^2），右侧壁面积为 S_3（单位是 m^2），左侧壁结构面黏结力为 c_2（单位是 kPa），右侧壁黏结力为 c_3（单位是 kPa）。

1. 自重 + 天然状态裂隙水压力

相应水压力和稳定系数表达式为：

$$U = \frac{1}{2}\gamma_w\times(\frac{1}{3}h\frac{H-h}{\sin\beta}) \qquad （3-85）$$

$$V = \frac{1}{2}\gamma_w(\frac{1}{3}h)^2 b \qquad （3-86）$$

$$F_s = \frac{W\cos\beta - U - V\cos\alpha\cos\beta\tan\varphi + cS + c_2 S_2 + c_3 S_3}{W\sin\beta + V\sin\alpha\cos\beta - V\cos\alpha\sin\beta} \qquad （3-87）$$

2. 自重 + 暴雨状态裂隙水压力

相应水压力为：

$$U = \frac{1}{2}\gamma_w\times\left(\frac{1}{3}h\frac{H-h}{\sin\beta}\right)b \qquad （3-88）$$

$$V = \frac{1}{2}\gamma_w \times \left(\frac{2}{3}h\right)^2 b \qquad (3\text{-}89)$$

3. 自重 + 天然状态裂隙水压力 + 地震力

其裂隙水压力计算同式（3-88）和式（3-89），稳定系数为：

$$F_s = \frac{(W\cos\beta - U - V\sin\alpha\sin\beta - V\cos\alpha\cos\beta)\tan\varphi + cS + c_2S_2 + c_3S_3}{W\sin\beta + P\cos\beta + V\sin\alpha\cos\beta - V\cos\alpha\sin\beta}$$

$$(3\text{-}90)$$

（二）后壁未完全贯通滑动块稳定性分析与评价

当后壁未完全贯通时，稳定性分析需要考虑后壁未贯通部分岩石的抗拉能力对稳定性的影响。设未贯通部分面积为 S_0（单位是 m^2），则贯通部分面积为 S_1-S_0，贯通部分高度为 $h_1 = (S_1 - S_0)/b$。则统一的各工况稳定系数计算式为：

$$F_s = \frac{[W\cos\beta - P\sin\beta - U - V - F\sin\alpha\sin\beta - V - F\cos\alpha\cos\beta]\tan\varphi}{W\sin\beta + P\cos\beta + V - F\sin\alpha\sin\beta - V - F\cos\alpha\sin\beta} +$$

$$(3\text{-}91)$$

$$\frac{cS + c_2S_2 + c_3S_3}{W\sin\beta + P\cos\beta + V - F\sin\alpha\cos\beta - (V - F)\cos\alpha\sin\beta}$$

式中：$F = \sigma_t S_0$ 为未贯通部分岩石抗拉力；σ_t 为岩石抗拉强度设计值。

对应自重 + 天然状态裂隙水压力或自重 + 暴雨状态裂隙水压力工况，需略去地震力有关项，而且在计算后壁水压力时以 h_1 代替贯通状况下的 h 进行计算即可；对于自重 + 天然状态裂隙水压力 + 地震力工况水压力计算同其他工况，仅需在公式中保留地震力各项。

第四章　高边坡防护加固体系设计

近年来，随着经济的增长，我国的公路发展迅速且不断向山区延伸，越来越多的高边坡问题引起了人们的注意。高边坡病害的复杂性、多样性使得高边坡加固设计在工程实践中占有极其重要的地位。

第一节　高边坡工程安全控制标准

一、边界条件及考虑要素

边坡工程安全控制定量指标与工程的等级、使用年限以及边坡本身的重要性、规模等密切相关，并受控于国家的经济水平和发展程度，涉及因素与边界条件十分复杂。因此，具体采用值的确定必须十分慎重，考虑的要素及边界条件如下。

①安全性。在"以人为本"的今天，对人的生命财产具有重大威胁的边坡工程，应提高安全指标。

②阶段性。临时性边坡宜降级或采用偏低的指标，永久性边坡则必须满足最低标准要求。施工期稳定在雨季应从严控制，旱季则可有所降低。施工进度快的边坡，应动态提升施工阶段的稳定性要求，反之则可按一般要求控制。

③整体和局部。整体和局部的安全指标应区别对待，对于局部稳定问题宜降低级别或指标。推移式失稳往往对应整体稳定，应严格达到指标要求；对于牵引式失稳，牵引部位应严格达标，但对整体稳定性的要求可以适当降低。

④规模和潜在失稳体积。规模及潜在失稳体积较大的边坡工程，其安全控制标准对治理措施的工程投资影响很大，且往往涉及工程建设工期，可在采取监测控制、动态跟踪、优化调整的信息化工程治理理念下，取用低限指标或分阶段、分区、分期采用不同指标。小湾水电站工程在这一方面进行了成功的探索，达到了既能维持边坡的安全稳定，又能快速施工的目的。

⑤环境条件。持久作用对应正常工作状况，自重、常遇外水与地下水条件、使用期限内的加固外力作用等构成基本组合工况；短暂作用对应特殊工作状况，施工爆破与振动影响、施工用水管理失控、雨季或水库泄洪条件的地下水作用、

水库或坡外水位骤降等构成特殊组合工况；偶然作用对应非常工作状况，在持久作用条件下发生的设防标准内的地震、风暴、台风或飓风、海啸等构成非常组合工况。

⑥变形失稳模式与破坏机制。滑动型破坏可采用滑动稳定安全系数控制。崩塌型破坏由于目前尚缺乏行之有效的配套分析方法，一般均简化为滑动模式进行分析。对于滑移型崩塌，其前沿部位的稳定要求应严格达标或有所提高，但整体稳定要求可适当降低。对于倾倒型崩塌，折断面已基本形成的，应严格满足滑动稳定安全系数控制标准；折断面尚未形成的，滑动稳定安全系数取低限，但同时应复核抗倾稳定性。岩质边坡破坏过程突然性强，指标宜偏高取用；土质边坡破坏过程缓慢，指标可偏低采用。同为岩质边坡，硬岩往往发生脆性破坏，指标宜偏高采用；软岩情况则相反。

⑦分析方法。按平面问题进行计算分析的边坡，应满足控制指标要求；按空间问题进行计算分析的边坡，宜提高控制指标要求。对于刚体极限平衡理论，采用下限解法分析时，宜提高控制指标要求；采用上限解法分析时，应配套高限安全指标。潜在滑面简单的边坡宜取用低限安全指标；复杂滑面则宜采用高限安全指标。有限元分析方法允许边坡浅表层（一般小于 3 m）出现微弱的塑性变形，但不宜大面积连续出现，中深部岩体（不小于 3 m）区域变形应保持在岩体的弹性变形范围内。

⑧岩土力学参数。安全指标的取用应充分考虑岩土力学参数的取值匹配性。试验成果多、把握性高的力学参数应配套偏低安全指标，并应考虑室内试验和现场试验的差别、加载与卸载的差别以及选点的代表性。采用反演分析的力学参数，一定程度上综合反映了复杂因素条件，具备一定程度的代表性和合理性，安全指标可取低值，但应注意反演组合和条件与计算状况的差别（应尽量对应），平面反演成果不得用于空间分析。

⑨坡面形态。坡面形态整体为凹形的边坡，控制指标宜偏低取用；体形复杂且整体呈现凸形的边坡，控制指标宜偏高取用。

⑩对边坡边界条件的认识程度。对影响边坡稳定的主要因素的认识把握程度较高，且在分析中已充分考虑其作用时，控制指标可偏低采用；反之，宜偏高采用，且应加强动态跟踪，即随施工过程中不断揭示的实际情况进行信息化跟踪优化，实现边坡治理安全经济的目标。

⑪地下水条件。对于较难确定的地下水条件，若把握程度高，则安全指标可取用低限，反之可保守估计地下水条件而偏低取用安全指标，或常规估计地下水条件而偏高采用安全指标。

二、国内外现有控制标准

边坡工程安全控制定量指标的确定，由于相关因素与边界条件较为复杂，目前国内外仅在滑动破坏机制的控制指标方面取得了经验性进展，且尚不完善，仅限于力学强度判据。而对于其他失稳模式与破坏机制的控制指标方面尚处于探索阶段。

美国、英国、加拿大等的标准制定侧重考虑抗剪参数取值、环境条件和危险性，俄罗斯则侧重于服务年限、边坡岩性与坡度。

我国规程规范关于滑动稳定安全系数的控制指标，港口工程与建筑基坑已取用极限状态表达式，水电、水利、公路、铁路和桥隧行业仍以滑动稳定安全系数控制。稳定分析以极限平衡法为基本分析方法，并以滑动稳定安全系数来控制边坡的稳定性。指标取值方面总体上具有这样的特点：新设计边坡高于已有边坡、重要工程高于次要工程、地质力学参数高取值条件低于低取值条件、弧面滑动指标低于平面和折面滑动指标等。近期电力行业拟制订水电边坡工程设计规范，在安全指标方面侧重考虑临坡建筑物等级、边坡功能和工作条件，在与失稳机制及分析评价方法配套等方面比现有其他行业和部门的标准，在针对性与适应性方面均有较大改进，在合理性方面相对而言有较大进展。

三、国内标准

目前，我国已有的有关规程规范，对于边坡稳定性控制仍然主要基于平面刚体极限平衡法的制定，主要的标准与要求如下。

①《建筑边坡工程技术规范》（GB 50330—2013）。稳定性分析遵循以定性分析为基础、定量计算为重要辅助手段进行综合评价的原则。适用于 30 m 以下岩质边坡、15 m 以下土质边坡。超过高度及地质、环境条件很复杂的边坡，原则上应进行特殊设计，规范仅作为参考。

不同分析方法边坡抗滑稳定最小安全系数标准见表 4-1，其中圆弧滑动法取低值的原因在于该方法的计算结果通常低于平面滑动法和折线滑动法的。

表 4-1　不同分析方法边坡抗滑稳定最小安全系数标准

安全系数　　等级　　　　　方法	一级边坡	二级边坡	三级边坡
平面滑动法	1.35	1.30	1.25
折线滑动法	1.35	1.30	125
圆弧滑动法	1.30	1.25	1.20

注：对地质条件很复杂或破坏后果极严重的边坡工程，其稳定安全系数宜适当提高。

②《岩土工程勘查规范（2009年版）》（GB 50021—2001）。此规范适用于除水利工程、铁路、公路和桥隧工程以外的工程建设岩土勘查。在确定边坡破坏模式的基础上进行边坡的稳定性评价，可采用工程地质类比法、图解分析法、极限平衡法、有限单元法进行综合评价，各区段条件不一致时，应分区段分析。

边坡稳定安全系数 F 的取值，对新设计的边坡、重要工程宜取 1.30～1.50，一般工程宜取 1.15～1.30，次要工程宜取 1.05～1.15。采用峰值强度时取大值，采用残余强度时取小值。评价已有边坡稳性定时，取 1.10～1.25。

③《建筑地基基础设计规范》（GB 5000—2011）。此规范适用于工业与民用建筑（包括构筑物）的地基基础设计。滑坡推力推荐采用传递系数法计算。安全系数根据滑坡现状及其对工程的影响等因素确定，对于地基基础设计等级为甲级的建筑物安全系数宜取 1.25，乙级的宜取 1.15，丙级的宜取 1.05。

④《公路路基设计规范》（JTG D30—2015）。滑坡稳定性计算采用传递系数法。一般性的抗滑安全系数宜取 1.15～1.20，对于高速公路、一级公路宜取 1.20～1.30。

⑤《水运工程地基设计规范》（JTS 147—2017）。基于平面的极限平衡方法，给出极限状态设计表达式，相应的最小抗力分项系数即相当于原安全系数，该值为 1.10～1.50。

⑥《水电枢纽工程等级划分及设计安全标准》（DL 5180—2003）。根据边坡所影响的水工建筑物级别及边坡失事的危害程度，对边坡安全进行分级：1 级水工建筑物对应一级边坡，2、3 级水工建筑物对应二级边坡，4、5 级水工建筑物对应三级边坡。边坡失事仅对建筑物运行有影响而不危害建筑物和人身安全的经过论证可降低级别。各级边坡对应的抗滑稳定最小安全系数标准见表4-2。

表4-2　各级边坡抗滑稳定最小安全系数标准

安全系数 边坡级别	荷载组合 与工作条件 基本组合（正常应用）	特殊组合I（非常应用）	特殊组合II（非常应用）
一	1.30～1.25	1.20～1.15	1.10～1.05
二	1.25～1.20	1.15～1.05	1.05
三	1.15～1.05	1.10～1.05	1.00

⑦《水利水电工程边坡设计规范（附条文说明）》（SL 386—2007）。强调依据边坡工程的位置与临坡建筑物的关系划分类别，按边坡所属水电工程级别、所处位置、边坡重要性和事故风险程度进行分级。以极限平衡方法核算抗滑稳

定安全系数，并对应不同工作状况与荷载效应拟定控制标准，不同区域边坡抗滑稳定最小安全系数标准如表 4-3 所示。对于安全级别较高的水电工程，失稳风险较大、不确定因素较多的边坡，采用高值；反之，可以采用低值。

表 4-3　不同区域边坡抗滑稳定最小安全系数标准

甲类枢纽建筑物区边坡			乙类水库区边坡			丙类其他边坡		
正常	非常	特殊	正常	非常	特殊	正常	非常	特殊
1.30～1.50	1.10～1.30	1.10～1.05	1.20～1.30	1.10～1.20	1.05	1.20～1.30	1.10～1.20	1.05
1.20～1.30	1.10～1.20	1.10～1.05	1.10～1.20	1.05～1.10	1.05	1.10～1.20	1.05～1.10	1.05
1.10～1.20	1.05～1.10	1.05～1.00	1.05～1.10	1.01～1.05	1.00	1.10～1.20	1.01～1.05	1.00

对于层状岩体的倾倒变形和溃屈破坏，应以工程地质定性和半定量分析为基础，预测边坡可能发生倾倒或溃屈的部位，再对发生倾倒或溃屈的破坏面进行抗滑稳定分析。对于崩塌破坏，应根据工程地质条件，划定危岩和不稳定岩体范围，以定性及半定量分析为基础进行设计；对于以有限变形为控制标准的边坡和重要边坡，应辅以有限元或其他数值方法分析；对于允许有破坏的边坡，应进行边坡动力学与运动学方面的定性或定量分析。

第二节　边坡侧向岩土压力计算

一、土压力的类型

挡土墙要承受挡土墙后的土体、地下水、建筑物及其他形式荷载对墙背产生的侧向压力，一般称其为土压力。土压力的大小及其分布规律受墙体可能的位移方向及大小墙背填土的种类、填土面的形式、支护结构物的截面刚度及高度和地基的变形等因素影响。在影响土压力的诸多因素中，墙体位移条件是最主要的因素。墙体位移的方向和位移的大小决定了所产生土压力的性质和大小。因此，根据墙体的位移情况和墙后土体的应力状态，可将土压力分为以下三种类型。

（一）静止土压力

挡土墙墙身的位移或转动为零，墙后土体没有破坏，挡土墙处于弹性平衡状态，此时作用在挡土墙背后的土压力被称为静止土压力，用 E_o 表示。当挡土墙的刚度足够大，并且建立在坚实的地基上（如基岩），墙体能抵抗土压力而不产生位移时，即可产生静止土压力，如地下室侧墙、地下水池侧壁、涵洞侧壁等都可视为受静止土压力作用。

（二）主动土压力

挡土墙在土压力的作用下发生背离土体方向的水平位移或转动，墙后土体由于侧面约束发生改变而具有向下滑动趋势，土体内部滑移面上剪应力增加，使作用在墙后的土压力减小，当墙体移动或转动到一定程度时（进入主动土压力状态的位移量一般是比较小的），滑动面上的剪应力等于土的抗剪强度，墙后土体达到主动极限平衡状态，这时作用在墙后的土压力达到最小值，被称为主动土压力，用 E_a 表示。一般挡土墙受到的压力都是主动土压力。

（三）被动土压力

挡土墙受外力作用，向土体方向移动或转动，墙后土体受到挤压，有向上滑动的趋势，土体内剪应力增加，使作用在墙后的土压力加大，直到墙身位移或转动到一定程度时，土体内剪应力等于抗剪强度，墙后土体达到被动极限平衡状态，这时作用在墙后的土压力达到最大值，被称为被动土压力，用 E_p 表示。拱桥桥台所受压力可视为被动土压力。

二、土压力与位移的关系

由前所述，可以发现墙身位移对土压力的影响主要有两点：第一，挡土墙受到土压力的类型，首先取决于墙身是否发生位移以及位移的方向，可以分为静止土压力（E_o）、主动土压力（E_a）、被动土压力（E_p）；第二，挡土墙所受土压力大小并不是一个常数，随着墙身位移量的变化，墙上所受土压力值也在变化。对中密以上的砂进行试验可得，土压力随墙身位移量的变化关系曲线如图 4-1 所示。图中"Δ"为墙顶的位移量（"+"为离开土体方向，"-"为靠近土体方向），H 为墙身的高度，E 为墙后的土压力。从曲线可以看出墙后土体达到主动土压力状态时，墙身位移只有 0.1% ～ 0.5%，这样大小的位移在一般挡土墙中很容易发生。

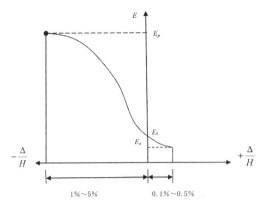

图 4-1　墙身位移量与土压力关系曲线

从图 4-1 中也可以看出，产生被动土压力要比产生主动土压力困难得多，其所需的位移量很大，Δ/H 为 1% ～ 5%，这比达到主动土压力状态的位移量约大 10 倍左右。显然，这样大的位移量在一般工程建筑中是不容许发生的，因为在墙后土体发生破坏之前，结构物可能已先破坏了。因此，在估计挡土墙能抵抗多大外力作用而不发生滑动时，只能利用被动土压力的一部分，即 $0.25E_p \sim 0.5E_p$，或者直接用静止土压力 E_o 代替。

三、土压力的经典理论

（一）土压力与水压力计算

1. 静止土压力计算

静止土压力是挡土墙墙身没有发生位移或转动时，作用在墙后的土压力。静止土压力可根据弹性半无限体的应力和变形理论计算，得到 z 深度处的静止土压力 P_o 为：

$$P_o = K_o z \tag{4-1}$$

式中：

K_o——静止土压力系数，可由泊松比 υ 确定，$K_o = \dfrac{\upsilon}{1-\upsilon}$。

对于泊松比的取值，砂土可取 0.2 ～ 0.25。对于理想刚体 $\upsilon=0$，$K_o=0$；对于液体 $\upsilon=0.5$，$K_o=1$。

另外，静止土压力系数 K_o 也可以根据经验公式计算得到。

对于砂性土：

$$K_o = 1 - \sin\varphi' \tag{4-2}$$

133

对于黏性土：

$$K_o=0.95-\sin\varphi'$$ （4-3）

对于超固结黏性土：

$$K_o=K_{on}\cdot(OCR)^m$$ （4-4）

式中：K_{on}——正常固结的静止侧压力系数；

OCR——土体的超固结比，又称先期固结比，即土的先期固结压力与现有土层自重的比值，对于超固结土，$OCR>1$；

m——经验常数，一般 $m=0.41$。

静止土压力系数 K_o 与土性、土的密实程度等因素有关，在初步计算时也可采用表 4-4 所列的经验值。

表 4-4 不同类型土的 K_o 值

土的名称和性质	K_o	土的名称和性质	K_o
砾石土	0.17	壤土：含水量 w 为 15%～20%	0.60～0.75
砂：孔隙比 $e=0.50$	0.23	砂质黏土	0.49～59
$e=0.60$	0.34	硬黏土	0.11～0.25
$e=0.70$	0.52	紧密黏土	0.33～0.45
$e=0.80$	0.60	塑性黏土	0.61～0.82
沙壤土	0.33	泥炭土：有机质含量高	0.24～0.37
壤土：含水量 w 为 25%～30%	0.43～0.54	有机质含量低	0.40～0.65

如图 4-2 所示，对于高度为 H 的竖直挡墙，取单位墙长，作用在挡墙上的静止土压力的合力值 E_o 为：

$$E_o=\frac{1}{2}K_o\gamma H^2$$ （4-5）

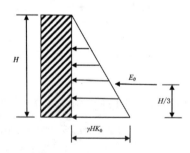

图 4-2 静止土压力分布图

合力 E_o 的方向为水平向左，作用点在距离墙底 $H/3$ 高度处。

2. 库仑土压力计算

库仑土压力理论是库仑提出的计算土压力的一种经典理论。它是根据墙后所形成的滑动楔体静力平衡条件建立的土压力计算方法。它具有计算较简便，能适用于各种复杂情况且计算结果比较接近实际等优点，因而至今仍得到广泛应用。我国土建类规范规定的挡土墙、桥梁墩台所承受的土压力大多是根据库仑土压力理论计算得到的。

（1）基本假设

库仑土压力理论的基本假设是挡土墙为刚性的，墙后填土为无黏性砂土；当墙身向前或向后偏移时，墙后滑动土楔体是沿着墙背和一个通过墙踵的平面发生滑动的；滑动土楔体可视为刚体。

库仑土压力理论不像朗肯土压力理论是由应力的极限平衡来求解的，它是从挡土结构后填土中的滑动土楔体处于极限状态时的静力平衡条件出发，求解主动或被动土压力的。

应用库仑理论可以计算无黏性土在各种情况时的土压力，如墙背倾斜、填土面倾斜、墙面粗糙、与填土间存在摩擦角等。

（2）主动土压力

当墙向前移动或转动使墙后土体沿某一滑裂面 AC 破坏时，土楔体 ABC 将沿着墙背 AB 和滑裂面 AC 向下滑动，这个瞬间，土楔体处于主动极限平衡状态。取滑动土楔体为隔离体，作用在其上的力共有三个，分别如下。

①土楔体自重 G，方向为竖直向下。

②滑裂面 AC 上的反力 R_o，该力是土楔体滑动时，滑裂面上的切向摩擦力和法向反力的合力，其大小未知，但是方向已知，反力 R_o 与滑裂面 AC 的法线之间的夹角等于土楔体的内摩擦角，并位于该法线的下侧。

③墙背对土楔体的反力 E_o，该力是墙背对土楔体的切向摩擦力和法向反力的合力。与该力大小相等，方向相反的力就是土压力，其方向已知，大小未知。该力与墙背的法线方向成 δ 角度，δ 为墙背与填土之间的摩擦角。

土楔体在这三个力的作用下处于平衡状态，因此必构成一个闭合的力矢三角形，由正弦定理可得：

$$\frac{E}{G} = \frac{\sin(\theta - \phi)}{\sin(180° - \theta - \phi + \psi)} = \frac{\sin(\theta - \phi)}{\sin(\theta - \phi + \psi)} \tag{4-6}$$

$$E = G\frac{\sin(\theta - \phi)}{\sin(\theta - \phi + \psi)} \tag{4-7}$$

式中：$\psi = 90° - \rho - \delta$。

上式中滑裂面 AC 的倾角 θ 是未知的，按不同的值可绘出不同的滑裂面，

得出不同的 G 和 E 值，因此，E 是 θ 的函数，下面先分析两种极端的情况：

①当 $\theta = \phi$ 时，R 和 G 重合，$E=0$。

②当 $\theta = 90° + \alpha$ 时，滑裂面 AC 与墙背重合，$E=0$。

很明显，上述两种角度都不可能是真正的滑裂面倾角。当 θ 在 ϕ 与 $90° + \alpha$ 之间变化时，墙背上的土压力由 0 增加至某一个最大值，然后再减小至 0。这个最大值即为墙后的总主动土压力 E_a，其相对应的 AC 面为墙后土体的滑裂面，θ 为滑裂面倾角。

根据分析，只有产生最大 E 值的滑裂面才是产生库仑主动土压力的滑裂面，利用微分学求极值的方法，可由式（4-7）按 $\mathrm{d}E/\mathrm{d}\theta = 0$ 的条件求得 E 最大值时的 θ 角，该 θ 角即为最危险的滑裂面与水平面的夹角。将求得的 θ 角代入式（4-7）中，即可求得作用于墙背上的主动土压力 E_a 的大小，整理后得到表达式为：

$$E_a = \frac{1}{2}\gamma H^2 K_a \tag{4-8}$$

$$K_a = \frac{\cos^2(\phi - \rho)}{\cos^2\rho \cdot \cos(\delta + \rho)\left[1 + \sqrt{\dfrac{\sin(\delta + \phi)\cdot\cos(\delta - \beta)}{\cos(\delta + \rho)\cdot\cos(\rho - \beta)}}\right]^2} \tag{4-9}$$

式中：H——填土重度，单位是 $\mathrm{kN/m^3}$；

ϕ——填土内摩擦角；

ρ——墙背倾角，墙背与竖直线之间的夹角，以竖直方向为准，逆时针为正（俯斜），顺时针为负（仰斜）；

β——墙背填土表面的倾角；

δ——墙背与土体之间的摩擦角；

K_a——主动土压力系数。

墙背与填土之间的摩擦角 δ 可由试验确定，当无试验资料时，我们一般参照表 4-5 取值。

表4-5　土对挡土墙墙背的摩擦角

挡墙情况	摩擦角 δ	挡墙情况	摩擦角 δ
墙背平滑，排水良好	$(0 \sim 0.33)\,\phi$	墙背很粗糙，排水良好	$(0.5 \sim 0.67)\,\phi$
墙背粗糙，排水良好	$(0.33 \sim 0.5)\,\phi$	墙背与填土之间不可能滑动	$(0.67 \sim 1.0)\,\phi$

由式（4-9）可以看出 K_a 值随着 ϕ 和 δ 的增加而减小，随着 ρ 和 β 的减小而减小。因此，在实际工程中，应注意墙后填料的压实，提高填土的 ϕ 值，并注意填土的排水通畅，增大 δ 值，这对减小主动土压力值有很大的实际意义。

由式（4-9）可知，主动土压力与墙高 H 的平方成正比，为求得离墙顶任意深度 z 处的主动土压力强度 P_a，可将 E_a 对 z 取导数，即：

$$P_a = \mathrm{d}E_a / \mathrm{d}z = \mathrm{d}\left(\frac{1}{2}\gamma H^2 K_a\right)\Big/ \mathrm{d}z = \gamma H K_a \qquad （4-10）$$

由式（4-10）可知，主动土压力强度沿墙高呈三角形分布。主动土压力的作用点在离墙底 $H/3$ 处，方向与墙背法线的夹角为 δ。

当填土面水平，墙背直立和光滑（$\beta=0$，$\rho=0$，$\delta=0$）时，库仑主动土压力与朗肯土压力公式完全相同，说明朗肯土压力是库仑土压力的一个特例。在特定情况下，两种土压力理论得到的结果是一致的。

（3）被动土压力

当墙在外力作用下向后挤压填土，直至土体沿某一个滑裂面 AC 破坏时，土楔体沿墙背 AB 和滑裂面 AC 向上滑动，取滑动土楔体为隔离体，按前述库仑主动土压力公式推导思路，采用类似方法可得到库仑被动土压力公式。

$$E_p = \frac{1}{2}\gamma H^2 K_p \qquad （4-11）$$

$$K_p = \frac{\cos^2(\phi+\rho)}{\cos^2\rho \cdot \cos(\rho-\delta)\left[1+\sqrt{\dfrac{\sin(\delta+\phi)\cdot\sin(\phi+\beta)}{\cos(\rho-\delta)\cdot\cos(\rho-\beta)}}\right]^2} \qquad （4-12）$$

式中：K_p——被动土压力系数，其他符号意义同前。

需要注意的是，作用在土楔体上的反力 E 和 R 的方向与主动土压力情况相反，都应位于法线的另一侧；另外，被动土压力相应于土压力 E 为最小值时的滑裂面才是真正的滑裂面，因为此时，土楔体所受阻力最小，最容易被向上推出。

被动土压力强度可按式（4-10）计算得到，容易发现，被动土压力强度也是沿墙高呈三角形分布的，其方向与墙背的法线成 δ 角且在法线上侧，土压力合力作用点在距离墙底 $H/3$ 处。

库仑理论的适用条件如下。

①回填土为砂土。

②滑裂面为通过墙踵的平面。

③填土表面倾角 β 不能大于内摩擦角 ϕ，否则，求得的主动土压力系数为虚根。

④当墙背仰斜时，土压力减小，若墙背倾角等于 ϕ 时，求得土压力为 0，而实际上其值不为 0，原因是假定破裂面为平面,而实际破裂面为曲面导致误差,

因此,墙背不宜缓于1：0.3。

⑤当墙背俯斜时,如果俯斜角度很大,即墙背过于平缓,滑动土体不一定沿墙背滑动,有可能沿土体内另一破裂面(第二破裂面)滑动。这种情况下,上述推导公式不能使用。

由于假定滑裂面为平面,其与实际曲面有差异,因此误差出现,此差异对于主动土压力为2%～10%;被动土压力则与实际相差较大,差异随着摩擦角ϕ的增大而增大,有时相差几倍至十几倍,实际中如应用此值是危险的。

3. 朗肯土压力计算

朗肯土压力理论是土压力计算中的两个最有名的经典理论之一,由英国学者朗肯提出。它是根据半空间的应力状态和土的极限平衡条件而得出的土压力计算方法。由于其概念清楚,公式简单,便于记忆,所以目前它在工程中仍被广泛地使用。

(1)基本假设

朗肯土压力理论认为在垂直的墙背上的土压力,相当于达到极限平衡(主动或被动状态)的半无限土体中任一垂直截面带上的应力,即作用在挡土墙垂直墙背AB上的土压力,也就是达到极限平衡时半无限土体中和墙背AB方向相符的AA'切面上AB段的应力。朗肯认为在满足一定的条件下,可以用挡土墙来代替半无限土体的一部分,而不影响土体其他部分的应力情况。这样,朗肯土压力理论作为极限问题只取决于一个边界条件,以及半无限土体的界面情况。对于一般界面情况下(挡土墙墙背直立、墙后填土面水平、墙背光滑)的土压力,人们采用朗肯土压力理论求解更为方便。

(2)主动土压力

考虑挡土墙后填土表面以下z处的土单元的应力状态,作用于上面的竖向力为γz,由于挡土墙没有变形和位移,则侧向水平力为$K_0\gamma z$,两者均为主应力。若应力圆在土的抗剪强度线下面,且抗剪强度线不与其相切,则墙后填土处于弹性平衡状态。当挡土墙在土压力的作用下向前移动时,作用在土单元上的竖向力仍为γz,但侧向水平应力逐渐减小。当墙的位移量使墙后土体处于极限平衡状态时,土的抗剪强度线与应力圆相切,作用在土单元的最大主压应力为γz,最小主压应力为P_a,而P_a就是我们要研究的主动土压力强度。

$$P_a = \gamma \cdot z \cdot \tan^2\left(45° - \frac{\phi}{2}\right) = \gamma \cdot z \cdot K_a \qquad (4\text{-}13)$$

式中：P_a——主动土压力强度，单位是 kPa；

γ——填土的重度，单位是 kN/m^3；

z——计算点到填土表面的距离 m；

K_a——主动土压力系数，$K_a = \tan^2\left(45° - \dfrac{\phi}{2}\right)$；

ϕ——填土的内摩擦角。

发生主动土压力时的滑裂面与水平面之间的夹角为 $\left(45° + \dfrac{\phi}{2}\right)$。

主动土压力强度与 z 成正比，沿墙高土压力强度呈三角形分布，主动土压力合力为：

$$E_a = \frac{1}{2}\gamma h^2 \tan^2\left(45° - \frac{\phi}{2}\right) = \frac{1}{2}\gamma h^2 K_a \qquad (4\text{-}14)$$

主动土压力的作用点在离墙底 $H/3$ 处，方向垂直于墙背。

（3）被动土压力

挡土墙在外力的作用下，向填土方向移动，墙后填土被压缩。此时，距离填土表面 z 处的单元体，竖向应力仍为 γz，而水平应力即静止土压力正逐渐增大。如果墙身位移继续增大，墙后填土会出现滑裂面，填土处于极限平衡状态，应力圆与土的抗剪强度线相切。作用于单元体上竖向应力为最小主应力，其值为 γz；水平应力为最大主应力 P_p，而 P_p 就是我们要研究的被动土压力强度。

根据土体的极限平衡条件，作用在挡土墙上的被动土压力强度为：

$$P_p = \gamma \cdot z \cdot \tan^2\left(45° + \frac{\phi}{2}\right) = \gamma \cdot z \cdot K_p \qquad (4\text{-}15)$$

式中：P_p——被动土压力强度，单位为 kPa；

K_p——被动土压力系数，$K_p = \tan^2\left(45° + \dfrac{\phi}{2}\right)$。

产生被动土压力时滑裂面与水平面之间的夹角为 45°。

被动土压力强度与 z 成正比，沿墙高土压力强度呈三角形分布，被动土压力合力为：

$$E_p = \frac{1}{2}\gamma h^2 \tan^2\left(45° + \frac{\phi}{2}\right) = \frac{1}{2}\gamma h^2 K_p \qquad (4\text{-}16)$$

被动土压力的作用点在离墙底 $H/3$ 处，方向垂直于墙背。

朗肯理论的适用条件如下。

①地面为水平面（含地面上的均布荷载）。

②墙背是竖直的。

③墙背光滑，即墙背与填土之间的摩擦角 δ 为零，没有摩擦力。

④填土为砂性土。

4. 土压力计算的水土分算与合算

在实际工程中，会出现墙后土体位于地下水位以下的情况，对于地下水位以下土体的侧压力，我们通常采用水土分算和水土合算两种方法。

水土分算，即分别计算土压力和水压力，两者之和为总的侧压力。这一原则适用于土孔隙中存在自由的重力水的情况或土的渗透性较好的情况，一般适用于砂土、粉性土和粉质黏土。

水土合算，即认为土孔隙中不存在自由的重力水，而存在结合水，它不传递静水压力，以土粒与孔隙水共同组成的土体作为对象，直接用土的饱和重度计算侧压力，这一原则适用于不透水的黏土层。

（1）水土分算

对无地下水渗漏的永久性地下结构，即使有附加应力，地下孔隙水压力的分布最终和静水压力相一致，土压力可采用水土分算法计算。采用水土分算方法计算时，作用在墙后的侧压力按以下公式计算。

地下水位以上部分：

$$P_a = K_a \gamma z \qquad (4\text{-}17)$$

地下水位以下部分：

$$P_a = K_a \left[\gamma H_1 + \gamma'(Z - H_1) \right] + \gamma_w (Z - H_1) \qquad (4\text{-}18)$$

式中：H_1——地面距地下水位处的距离，单位是 m；

z——计算点距地面的距离，单位是 m；

γ——土的重度，单位是 kN/m^3；

γ'——土的浮重度，单位是 kN/m^3；

γ_w'——水的重度，单位是 kN/m^3。

应用式（4-18）时应注意的是，计算 K_a 应采用土的有效抗剪强度指标 c'、ϕ'，这样才能与土的有效自重应力 $\gamma'z$ 相匹配。

水土分算的计算模式适用于沙质土，实际上只有墙插入深度很深，墙底进入绝对不透水层，而且墙体接缝滴水不漏时，才符合这种模式，这显然是很难达到的。由于支护体接缝、桩之间的土及底部向坑底渗漏现象的存在，以及渗透系数不大于 1×10^{-4} cm/s 的黏性土和支护体接触面很难累积重力水，所以现场实测的孔隙水压力均明显低于静水压力值。

（2）水土合算

对于一般黏土和粉土，它们的土压力比较适合用水土合算方法计算。作用在墙后的侧压力按以下公式计算。

地下水位以上部分，主动土压力为：

$$p_a = K_a \gamma z \tag{4-19}$$

地下水位以下部分，主动土压力为：

$$P_a = K'_a \left[\gamma H_1 + \gamma_{sat} \left(z - H_1 \right) \right] \tag{4-20}$$

地下水位以下的水压力和土压力，按有效应力原理分析时，水压力与土压力应分开计算。水土分算方法概念比较明确，但是在实际使用中有时还存在一些困难，特别是对黏性土，水压力取值的难度大，土压力计算还应采用有效应力抗剪强度，这在实际工程中往往难以解决。因此，在很多情况下黏性土往往采用总应力法计算土压力，即将水压力和土压力混合计算，这种方法已经有了一定的工程实践经验。然而，这种方法亦存在一些问题，即可能低估了水压力的作用。所以采用水土分算还是水土合算方法计算土压力是当前有争议的问题。这里我们建议设计者在设计中可根据长期的工程经验，选用水土分算方法或水土合算方法计算土压力。但必须注意的是，对不同的计算方法，应采用与其相匹配的强度指标和安全系数。

（二）岩石压力

1. 岩质边坡的破坏模式

岩质边坡按其破坏形式分可为滑移型和崩塌型，大多数边坡属于滑移型破坏。滑移型破坏又分为有外倾结构面（硬性结构面与软弱结构面）与无外倾结构面的情况（均质岩体、破碎岩体与只有内倾结构面的岩体）。有外倾结构面的岩体，其破坏特征是沿结构面发生单面滑动或双面滑动。无外倾结构面的岩体中均质岩体只有极软岩才有可能滑塌，裂隙很多的破碎岩体包括碎裂岩、强风化岩和散体状岩体与土体类似，亦可视为均质岩体。当然，前述无外倾结构面的岩体其破坏特征与土体相似，垂直边坡将沿着倾角为（45°+ $\phi/2$）的破裂面下滑或沿圆弧形破裂面下滑。只有内倾结构面的块状岩体一般不会发生滑塌破坏，只可能发生坡面局部破坏。

崩塌型边坡中巨块危岩主要是沿陡倾大裂隙或软弱结构面倾倒或坠落的。小块危岩主要是按结构面的不利组合而发生坠落、掉块的。

2. 理论计算公式

（1）沿结构面滑移时的主动岩石压力

①计算模式。外倾结构面一般指结构面倾向与坡面倾向小于 30° 的结构面，岩体有可能沿外倾结构面滑落，由于建筑边坡高度不大，因而可认为结构面是贯通与平直的，并认为结构面走向平行于坡面。当外倾结构面数量等于或多于两个时，结构面既可能沿某一个结构面发生单面滑动，也可能沿两个结构面发生双面滑动。双面滑动是一个空间问题，其计算中不定因素更多且更复杂，然而按双面滑动计算得出的岩石压力小于按单面滑动算出的岩石压力，故实际应用中一般按单面滑动计算，并选取各外倾结构面对应的岩石压力计算结构中的大值作为边坡的岩石压力。

②公式推导。岩石压力公式的推导基于岩体沿破裂面的极限平衡，其过程类似于库仑公式，但又有两点不同之处。一方面岩石压力公式中的破裂面是倾角已知的结构面，不必像库仑公式那样用数学上求极值的方法求得破裂角；另一方面岩石压力公式推导中不仅考虑了结构面的内摩擦角，而且考虑了黏聚力。

③计算公式。

对沿外倾结构面滑动的边坡（图 4-3），主动岩石压力合力可按下列公式计算：

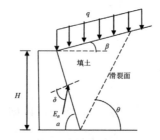

图 4-3 岩石压力计算简图

$$E_a = \frac{1}{2}\gamma H^2 K_a \qquad (4\text{-}21)$$

$$K_a = \frac{\sin(\alpha+\beta)}{\sin^2\alpha\sin(\alpha-\delta+\theta-\phi_s)\sin(\theta-\beta)}\Big[K_q\sin(\alpha+\theta)\sin(\theta-\phi_s)-\eta\sin\alpha\cos\phi_s\Big] \qquad (4\text{-}22)$$

$$\eta = \frac{2C_s}{\gamma H} \qquad (4\text{-}23)$$

式中：E_a——相应于荷载标准组合的主动土压力合力，单位是 kN/m；

K_a——主动土压力系数；

K_q——系数，$K_q = 1 + \dfrac{2q\sin\alpha\cos\beta}{\gamma H\sin(\alpha+\beta)}$；

H——挡土墙高度，单位是 m；

γ——土体重度，单位是 kN/m^3；

q——地表均布荷载标准值，单位是 kN/m^2；

α——支挡结构墙背与水平面的夹角；

β——填土表面与水平面的夹角；

θ——边坡外倾结构面倾角；

C_s——边坡外倾结构面黏聚力，单位是 kPa；

φ_s——边坡外倾结构面内摩擦角；

δ——岩石与挡墙背的摩擦角，取（0.33～0.50）ϕ。

对沿缓倾的外倾软弱结构面滑动的边坡（图 4-4），主动岩石压力合力可按式（4-24）计算：

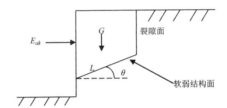

图 4-4　岩质边坡四边形滑裂时侧向压力计算简图

$$E_{ak} = G\tan(\theta-\phi_s) - \frac{C_s L\cos\phi_s}{\cos(\theta-\phi_s)} \tag{4-24}$$

式中：G——四边形滑裂体自重，单位是 kN/m；

L——滑裂面长度，单位是 m；

θ——缓倾的外倾软弱结构面的倾角；

C_s——外倾软弱结构面的黏聚力，单位是 kPa；

ϕ_s——外倾软弱结构面内摩擦角。

边坡中的外倾软弱结构面是十分危险的，即使结构面倾角很小，岩体也可能出现滑动，通常在施工阶段就会出现滑动。

（2）无外倾结构面时的主动岩石压力

无外倾结构面岩质边坡，采用侧向土压力方法计算侧向岩石压力，计算公式中的内摩擦角应换以等效内摩擦角且黏聚力不再出现。

（3）经验计算方法

建筑边坡岩石压力的经验计算方法是在边坡岩体稳定性分类的基础上，通过定量计算的方法来确定岩石压力的，因而其本质是一种定量的方法。显然这种定量计算比较粗糙，它不是基于严密的理论，而是依据历年来的经验。一般情况下，由于等效内摩擦角取得较大，经验公式算出的结果都会小于理论公式计算的结果（除Ⅳ类岩体边坡外）。但当岩质与结构面结合程度较高时，按理论计算公式计算得到的推力为零或极小，以致不需要支护或所需支护量极少。为保证工程安全，实际工程中这种情况下仍然需要一定的支护。经验公式不会算出推力为零或极小的情况，保证了最少的支护量。可见经验法与理论算法可以相互验证、相互补充，我们可按两者中的较大值确定岩石压力。

经验公式计算考虑以下因素：①建筑岩石边坡在使用期内，受不利因素与时间效应的影响，岩石及结构面强度可能软化降低。②考虑偶然地震荷载作用的不利影响。③考虑地质参数取值可能存在变异性的不利影响。

为便于计算岩石压力，现引用岩体等效内摩擦角这一概念。岩体等效内摩擦角是考虑岩体黏聚力影响的假想内摩擦角。它既与岩体内摩擦角和岩体黏聚力有关，又与坡高、岩体密度、坡度、坡顶荷载、坡顶倾斜和起伏情况有关。在忽略坡顶荷载、坡顶视为水平、坡面视为直立的条件下可用较简单的公式予以计算。由于影响岩体等效内摩擦角的因素很多，根据公式计算的结果有时并不可靠，一般宜按当地经验确定。当缺乏当地经验时，可按表4-6取值。

表4-6 边坡岩体等效内摩擦角标准值

边坡岩体类型	Ⅰ	Ⅱ	Ⅲ	Ⅳ
等效内摩擦角	$\phi > 72°$	$72° \geqslant \phi > 62°$	$62° \geqslant \phi > 52°$	$52° \geqslant \phi > 42°$

（4）破裂角计算

①无外倾结构面的岩质边坡。坡顶无建筑荷载的永久边坡、坡顶有建筑荷载的临时边坡、基坑边坡的破裂角取（$45° + \phi/2$），Ⅰ类岩体边坡可取 75° 左右。

坡顶无建筑荷载的临时边坡和基坑边坡的破裂角，Ⅰ类岩体边坡取 82°，Ⅱ类岩体边坡取 72°，Ⅲ类岩体边坡取 62°，Ⅳ类岩体边坡取（$45° + \phi/2$）。坡顶有建筑荷载的临时边坡应考虑坡顶建筑荷载对边坡塌滑区的扩大影响，同时应满足永久性边坡的相关规定。

②有外倾硬性结构面的岩质边坡。破裂角取外倾结构面倾角和本条第①款两者中的较小值。

③沿外倾软弱结构面破坏的岩石边坡。破裂角取外倾结构面的倾角。

在进行岩质边坡支护设计时，通常要同时应用理论计算法和经验计算法来计算作用在支护结构上的侧向岩石压力，并取两者中的较大值，具体如下。

①对无外倾结构面的岩质边坡，应采用侧向土压力方法（即经验计算法）计算侧向岩石压力。

②当有外倾硬性结构面时，应利用外倾硬性结构面的抗剪强度参数按式（4-21）～式（4-24）（即理论公式法）与经验公式法分别计算，取两者较大值。

③当边坡沿外倾软弱结构面破坏时，侧向岩石压力按两个理论公式计算后取较大值。

（三）混合边坡的土岩压力计算

1. 土岩结合面倾向与坡面倾向相反或相同但土岩结合面倾角较平缓（< 8°）

对于此种情况的边坡土岩压力计算宜分开进行，上部土体部分宜按土质边坡计算其土压力，而计算下部岩质边坡的压力时宜将上部土体折算成作用于岩质边坡上的均质荷载，而后按岩质边坡压力的计算方法计算其侧向岩石压力。至于取多大范围的土体将其折算成作用于下部岩质边坡上的均质荷载，则应根据前述岩质边坡破裂角判断，从坡脚沿破裂角示意出破裂线至土岩结合面处，再从此交点沿 45° 方向示意出土体的潜在破裂线至坡顶线，此范围内的土体即应当折算成作用于下部岩质边坡上的均质荷载。

2. 土岩结合面倾向与坡面倾向相同且土岩结合面倾角较陡（≥ 8°）

对于此种情况的混合边坡，除按上述方法分别计算土质部分侧向压力与岩质部分侧向压力外，还应考虑土体整体沿土岩截面滑动的可能，尤其是结合面倾角陡或者强度参数较低时。此时切坡处向临空面的侧向压力须按《建筑边坡工程技术规范》（GB 50330-2013）滑坡推力计算公式计算下滑力，取它与土质部分按库仑理论或朗肯理论计算后的侧向压力值中的较大值作为临空面处的土体侧向压力。岩质部分侧向压力仍按前述方法计算。

第三节　支挡结构设计

一、边坡环境条件、支挡结构与安全等级的相关要求

边坡环境条件、支挡结构与安全等级的相关要求，如表 4-7 所示。

表4-7　边坡环境条件、支挡结构与安全等级的相关要求

支挡结构	边坡环境条件	边坡高度 H/m	边坡工程安全等级	备　注
重力式挡墙	场地允许，坡顶无重要建（构）筑物	土质边坡，$H \leqslant 10$ 岩质边坡，$H \leqslant 12$	一、二、三级	不利于控制边坡变形。土方开挖后边坡稳定较差时不应采用
悬臂式挡墙、扶壁式挡墙	填方区	悬臂式挡墙，$H \leqslant 6$ 扶壁式挡墙，$H \leqslant 10$	一、二、三级	适用于土质边坡
桩板式挡墙	—	悬臂式，$H \leqslant 15$ 锚拉式，$H \leqslant 25$	一、二、三级	桩嵌固段土质较差时不宜采用，当对挡墙变形要求较高时宜采用锚拉式桩板挡墙
板肋式或格构式锚杆挡墙	—	土质边坡 $H \leqslant 15$ 岩质边坡 $H \leqslant 30$	一、二、三级	边坡高度较大或稳定性较差时宜采用逆作法施工。对挡墙变形有较高要求的边坡，宜采用预应力锚杆
排桩式锚杆挡墙	坡顶建（构）筑物需要保护，场地狭窄	土质边坡 $H \leqslant 15$ 岩质边坡 $H \leqslant 30$	一、二、三级	有利于对边坡变形控制。适用于稳定性较差的土质边坡、有外倾软弱结构面的岩质边坡、垂直开挖施工尚不能保证稳定的边坡
岩石锚喷支护	—	Ⅰ类岩质边坡，$H \leqslant 30$	一、二、三级	适用于岩质边坡
	—	Ⅱ类岩质边坡，$H \leqslant 30$	二、三级	
	—	Ⅲ类岩质边坡，$H \leqslant 15$	二、三级	

二、支挡结构内力分析

（一）支挡结构内力分析的理论基础

支挡结构是为使岩土体边坡保持稳定而建造的构筑物，目前比较常用的支挡结构类型有锚杆挡墙、悬臂式挡墙、扶壁式挡墙和板式挡墙等。支挡结构的力学分析是设计支挡结构的基础，支挡结构的内力分析与其他结构的内力分析类似，分析方法与计算技术和电子计算机的性能有关。目前工程实践中应用较多的是荷载结构分析方法和支挡结构与岩土体共同作用方法。荷载结构分析方法是将岩土体对支挡结构的作用简化为荷载作用于支挡结构上进行计算的，包括极限平衡法、二维弹性地基梁法等结构力学范畴的方法；支挡结构与岩土体共同作用方法将支挡结构与其支护的岩土体作为整体进行计算，包括解析法和

数值法，但绝大部分问题因数学计算困难须依赖数值法，如连续介质有限元法。不同的支挡结构类型其内力分析方法有所不同。

极限平衡法是在不考虑支护结构与土的共同作用的情况下，先用经典土力学理论计算主动土压力和被动土压力，然后求解嵌固深度、最大弯矩截面位置及最大弯矩值，最后进行支挡结构设计的。由于该法未考虑地基的变形特性，不适用于边坡变形问题的研究。对于埋深较长的支护桩，按照此方法计算结果将出现很大误差，对于短桩或桩随滑体一起运动可视为刚性桩的情况，使用此极限平衡法才是适宜的。二维弹性地基梁法是基于支护结构与其周围土体的变形协调一致的实际情况，先将支护结构视为支承在一系列弹性支座上的梁来求解支护桩的变形与弹性抗力，然后求解最大弯矩值及最大弯矩截面位置，再进行支挡结构设计的。随着电子计算机的发展，多种考虑支挡结构与岩土体共同作用的数值分析方法被用来解决复杂的边坡工程，包括有限元法、有限差分法、无单元法等。目前应用最广泛的是有限元法，该方法用接触面单元来模拟土与围护结构的共同作用，是一种能考虑土与围护结构的相互作用及施工过程的边坡工程分析方法。计算中一般假定挡墙为二维弹性体，土体可假定为线弹性体、非线性弹性体、弹塑性体或其他模型，挡墙及土体一般采用八节点等参单元。

（二）支挡结构内力分析的方法

1. 荷载结构分析方法

荷载结构分析方法中的弹性地基梁法基于支挡结构与其周围土体的变形协调一致的实际情况，把支挡结构看作一竖向放的弹性地基梁，其受侧向土压力的作用，土压力一般采用经典的理论土压力。这样，先将支挡结构视为支承在一系列弹性支座上的梁来求解支护桩的变形与弹抗力，然后求解最大弯矩值及最大弯矩截面位置，再进行支挡结构设计。取桩或单位宽度的墙作为竖直放置的弹性地基梁，将外侧主动土压力作为施加在桩上的水平荷载，根据文克尔地基模型，土的横向抗力与桩侧土的压缩量成正比，而桩侧土的压缩量等于桩的横向位移，于是有：

$$P = K_s x b_0 \qquad\qquad (4\text{-}25)$$

式中：P——土的横向抗力，单位是 N/m；

K_s——地基系数，单位是 N/m³；

x——桩的横向位移，单位是 m；

b_0——桩的计算宽度，单位是 m。

地基系数又称桩侧岩土弹性抗力系数，是地基承受的侧压力与桩在该处产生的侧向位移的比值；换句话说，地基系数是在弹性变形限度以内，单位面积的土产生单位压缩变形时所需要的侧向压力。一般认为地基系数 K_s 与深度 z 按幂函数变化，所谓 "k" 法就是假定地基系数在桩身第一挠曲零点（深度 t 处）以上按抛物线变化，以下为常数，这种方法通常适用于较为完整的岩层、扰动的硬黏土或半岩质地层。

2. "m" 法

地基系数沿深度按线性规律增大即弹性地基梁的 "m" 法。"m" 法计算原理：设置于土层的竖向弹性桩，地面处承受横向荷载（水平力 H_0 和弯矩 M_0），桩身受水平荷载 $q(z)$ 的作用。在荷载作用下，桩将发生挠曲，支承桩的弹性介质（土）将产生连续分布的反力。假定桩上任意一点 z 处单位桩长上的反力 p 为深度 z 和该点桩挠度 y 的函数，即 $p=p(z, y)$。若忽略由于桩挠曲引起的桩身摩擦阻力，则各截面仅有水平向地基土压力。

取桩身一个微元体分析：

$$EI\frac{\mathrm{d}^4 y}{\mathrm{d}z^4} = -p(z,y) + q(z) \tag{4-26}$$

将 $q(z)=0$，$p(z, y)=mzyb_0$ 代入上式得：

$$\frac{\mathrm{d}^4 y}{\mathrm{d}z^4} + a^5 yz = 0 \tag{4-27}$$

式中：$a = \sqrt[5]{\dfrac{mb_0}{EI}}$，利用幂级数法求解，并规定位移 y、剪应力 H、地基反力 σy 的方向与 y 轴正方向一致时为正，桩的右侧受拉时 M 为正，反之为负。ϕ_0 逆时针方向为负，顺时针方向为正，算得深度 z 处的解如下：

横向位移：
$$y = y_0 A_1 + \frac{\phi_0}{a}B_1 + \frac{M_0}{a^2 EI}\cdot C_1 + \frac{H_0}{a^3 EI}\cdot D_1 \tag{4-28}$$

转角：
$$\phi = ay_0 A_2 + \phi_0 B_2 + \frac{M_0}{aEI}\cdot C_2 + \frac{H_0}{a^2 EI}\cdot D_2 \tag{4-29}$$

弯矩：
$$M = aEI(ay_0 A_3 + \phi_0 B_3) + M_0 C_3 + \frac{H_0}{a}\cdot D_3 \tag{4-30}$$

剪应力：
$$H = a^2 EI(ay_0 A_3 + \phi_0 B_4) + aM_0 C_4 + H_0 D_4 \tag{4-31}$$

式中：H_0、M_0——作用于地面处桩上的荷载；

y_0、ϕ_0——地面处桩的水平位移和转角；

A_1、B_1、…、D_4——无量纲的常数，其值可通过查相应表格求得。根据边界条件求出 y_0、ϕ_0 后，代入上述各式，即可求解。

弹性地基梁法模拟桩土之间的作用，考虑了地基反力随桩深度的线性变化。其中参数 m 是反映桩土相互作用的综合参数，主要反映土的弹性性质，在推力不大的情况下能较好地反映桩的工作情况，计算得出的桩身内力与实测基本相符。"m"法只适用于桩身小变形的情况，当水平外载增大时，由于土体进入了非线性弹性状态，按照此方法得出的内力计算值将与实测值有较大差异，这主要是由桩周土体的非线性性质引起的，同时此方法中的 m 值也并不是一个确定的参数，这是桩周土体随外载增大而发生软化的结果。但目前《建筑边坡工程技术规范》（GB 50330—2013）中已有一些对不同土质下 m 值取值范围的规定，使得这种方法一直在工程设计中使用较广泛。

3. 有限元法

有限元法是一种已发展成熟、适用广泛的数值方法，20 世纪 60 年代美国克拉夫和伍德沃德首次利用有限元分析土坝的稳定性，之后有限元在岩土工程中被广泛应用。它的基本原理：将无限自由度的结构体转化为有限个自由度的等价体系，即将结构离散成有限个小单元，用这些离散单元体代替原来的结构，因此，对结构的分析就转化为对单元体的分析。

1975 年，英国科学家辛克维奇提出在有限元中采用增加荷载或降低岩土强度的方法来计算岩土工程的极限荷载和安全系数。20 世纪八九十年代有限元法曾用于边坡和地基的稳定分析。近年来，有限元法应用于支挡结构的内力分析中，下面主要介绍有限元法在支挡结构的内力分析中的具体应用。

（1）有限元模型的建立

首先，确定土体、支挡结构的力学模型。

然后，根据问题的性质选择合适的单元类型、大小与排列，应尽可能正确地模拟原来的土体和结构。单元的边线应当与力学性质不同的土层界面相一致。在应力梯度很大的地方，单元应加密。土体单元在平面问题中最简单的是三角形单元；在空间问题中，最简单的是四面体或六面体单元，目前应用较多的是六面体八节点或二十节点等单元。

当抗滑桩与锚杆联合使用或者单独使用作为边（滑）坡的支护结构时，采用有限元计算充分考虑了锚杆、桩与岩土介质的共同作用。一般锚杆不施加预应力，属于被动式支护，可采用杆单元模拟。而锚索一般是施加预应力的，属主动式支护，其施加的预应力，一般就是锚索的设计锚固力。传统的做法是在锚索的两锚固点，施加一对压力代表锚固力，这种情况下，锚索的作用力与岩土介质的变形无关。为了更好模拟锚索的作用，也可采用杆单元来模拟锚索，锚索的预应力可以通过设置初应变来获得，初应变要根据设计锚固力来反算。施加预应力锚索后，随着滑体强度参数的降低，锚索的受力会逐渐增大，当锚索受力大于锚索设计抗拉强度时，锚索失效。

（2）计算参数

采用连续介质有限元法计算支挡结构的内力，关键在于如何正确地选用计算参数。支挡结构一般情况下是在弹性范围内工作的，可假设为弹性介质，因而计算参数的确定较为容易而准确。但对于土这种复杂的三相材料，由于土性的复杂及土本身的不可重复性，在土力学中其可以有通用的本构模型，但不会有通用的模型参数。使用任何模型时都必须针对具体的土进行试验，确定其计算参数。要正确地得到模型中有关土的计算参数不是那么容易的，因为影响土的计算参数的因素很多，其除了与自身的特性有关外，还与外部条件密切相关，如施工工艺、施工周期、雨水、人工扰动等，所以土的计算参数的选定需全面考虑。

（3）模拟与计算

开挖和支护过程的模拟。开挖和支护采用单元的"死活"来实现。所谓单元"杀死"，就是将单元刚度矩阵乘以一个很小的因子，死单元的荷载将为0，从而不对荷载向量生效，同样，死单元的质量也设置为0，单元的应变在"杀死"的同时也将设为0。与上面的过程相似，桩的施加采用单元的"出生"来模拟，并不是将单元增加到模型中，而是重新激活它们，其刚度、质量、单元荷载等将恢复其原始的数值，重新激活的单元没有应变记录，所有单元都要事先划分好。根据现场实际施工过程，有限元计算分四步。

①计算未开挖前的初始应力场。

②施工桩，激活桩单元，同时施加锚固力。

③开挖，"杀死"要开挖的土体单元。

④取边坡稳定安全系数，滑体强度参数折减相应倍数后计算。

4.其他数值分析方法

（1）有限差分法

有限差分法的基本思想是将连续的定解区域用有限个离散点构成的网格来代替，把连续定解区域上的连续变量的函数用在网格上定义的离散变量函数来近似，把原方程和定解条件中的微商用差商来近似，积分用积分和来近似，于是原微分方程和定解条件就近似地代之以代数方程组，即有限差分方程组，解此方程组就可以得到原问题在离散点上的近似解，再利用插值方法便可以从离散解得到定解问题在整个区域上的近似解。由于这种方法比较直观，容易编制程序，所以 20 世纪 40 年代以来，一直被广泛应用。对于边坡稳定的分析较少直接用有限差分法。在某些特定的条件下，我们一般将有限差分法和其他方法结合起来去处理一些课题。

（2）边界元法

边界元法是 20 世纪 70 年代发展起来的一种数值方法，科恩首先将其应用于分析层状岩体的开挖稳定问题。与有限元方法不同，人们只需对研究区的边界进行离散，因而它要求的数据输入量较少。边界元法本质上是求解边界积分方程的一种数值方法，它与有限元法有某些相似之处，其基本未知量是边界单元上的函数值。该方法对处理无限域和半无限域问题较为理想。边界元法的优点是应用高斯定理使问题降阶，将三维问题化为二维问题，将二维问题化为一维问题，大大减少了计算工作量，并保持了较高的精度。边界元法的缺点是必须事先知道求解问题的控制微分方程的基本解，它在处理材料的非线性、不均匀性、模拟分步开挖等方面还远不如有限元法，尤其对于非线性问题，基本解的求出十分困难，它同样不能求解大变形问题，它目前在边坡岩体稳定性分析中的应用远不如在地下洞室中的应用广泛。

（3）无界元法

为了克服有限元法在计算时其计算范围和边界条件不易确定的这一缺点，巴特提出了无界元法。它可以看作有限元法的推广，它采用了一种特殊的形函数及位移插值函数，能够反映无穷远处的边界条件，近年来已比较广泛地应用于非线性问题、动力问题和不连续问题等的求解。无界元法的优点是有效地解决了有限元法的"边界效应"及人为确定边界的缺点，在动力问题中尤为突出；显著地减小了解题规模，提高了求解精度和计算效率，这一点对三维问题尤为显著。它目前常常与有限元法联合使用，互取所长。

（4）快速拉格朗日分析法

为了克服有限元等数值分析法不能求解岩土大变形问题的缺陷，坎德尔提出了快速拉格朗日分析法，它是一种显式时间差分解析法，基于牛顿运动定理，考虑了材料的非线性和几何学上的非线性。

（5）离散元法

离散元法是应用于岩土体稳定性分析的一种数值分析方法。它是一种动态的数值分析方法，可以用来模拟边坡岩体的非均质、不连续和大变形等特点，因而它是目前较为流行的一种岩土体稳定性分析数值方法。该方法在进行计算时，将边坡岩体划分为若干刚性块体（目前已可以考虑块体的弹性变形），以牛顿第二运动定律为基础，结合不同本构关系，考虑块体受力后的运动及由此导致的受力状态和块体运动随时间的变化。它允许块体间发生平动、转动，甚至脱离母体下落，结合计算机辅助设计技术可以在计算机上形象地反映出边坡岩体中的应力场、位移及速度等力学参量的全程变化。该法适用于不连续介质、大变形、低应力水平，对块状结构、层状破裂或一般碎裂结构岩体比较适合，特别适用于节理岩体，可解决准静态问题，但对真正的动态问题需做一些处理。离散元法存在的主要问题是阻尼的选取和迭代计算的收敛性。

（6）非连续变形分析

非连续变形分析是石根华教授于20世纪80年代提出的一种新的数值方法。该方法用一种类似于离散元的块体元来模拟被不连续面切割成的块体系统，在此过程中，块体通过不连续面间的接触连成整体。此方法的计算网格（单元）与岩体物理网格相一致，可以反映岩体连续和不连续的具体部位。非连续变形分析通过不连续面间的相互约束建立整个系统的力学平衡条件，但与一般的连续介质法不同，它引入了非连续接触和惯性力，采用运动学方法来解决非连续的静力和动力问题，其特点是考虑了变形的不连续性和引入了时间因素，既可以计算静力问题，又可以计算动力问题。它可以计算破坏前的小位移，也可以计算破坏后的大位移，如滑动、崩塌、爆破及贯入等，还可考虑渐进型破坏，因此，非连续变形分析特别适合极限状态的设计计算，这为其在工程界的应用开辟了广阔的前景。

非连续变形分析的理论体系严密，总体上由变分原理控制，方程组的求解以位移为未知量，属位移法，其位移的模式与有限元法相同。在求解方程组的过程中，若刚度矩阵是病态的，可采用时间步或罚函数来限制刚体运动，但它们的选取较为困难，并且防止块体相互侵入的容许值很难确定，而且在实际应用时，常因考虑的块体数量众多，计算时间较长，这些问题使得非连续变形分析的应用受到限制，可是我们不能否认它是一种很有潜力的数值分析方法。

（7）流形元法

流形元法是石根华在研究非连续变形分析与有限元的数学基础时提出的，是非连续变形分析与有限元的统一。流形元法以最小位能原理和现代数学"流形"分析中的有限覆盖技术为基础，建立起一种新的数值分析方法，统一解决了连续与非连续变形的力学问题。有限覆盖由物理覆盖和数学覆盖组成，有限元在流形元法中只有一个单独的物理覆盖，而非连续变形分析在流形元法中，则有许多物理覆盖，它们各自拥有一部分数学覆盖。这两种方法在流形元法中只是两个特殊的例子。在流形元法中，只要用两种不同的覆盖组合，就可以解决比有限元和非连续变形分析更具有普遍意义的复杂问题。该方法被用来计算结构体的位移和变形，在积分方法上采用与传统数值方法不同的方法——单纯形上的解析积分形式。

流形元法有很大的灵活性，可计算块体和裂隙中明显可见的变形和位移，因此适用于不连续介质、大变形，可以统一解决非连续变形分析和其他数值方法耦合的计算问题。目前流形元法还处于初始发展阶段，我们期待人们对其进行进一步的研究。

（8）无单元法

无单元法是一种新的数值分析方法，它滑动最小二乘法所产生的光滑函数近似场函数，将计算区域离散成若干节点，进而根据每个节点的形函数集成整体方程组进行计算。无单元法最早由拉卡斯特等提出，用于构造插值函数来拟合曲线和曲面。布莱特等提出了无单元伽辽金法，之后，其得到许多学者的完善，无单元法在许多领域逐步得到应用。与有限元不同，无单元法只需结点信息参数而不需划分单元，节点可以自由分布，且与积分网格无关，具有信息简单、灵活和精度高的特点，可以求解复杂边界条件的边值问题，它特别适用于岩土工程数值分析，具有广阔的应用前景。当然，无单元法本质上是一种非线性插值方法，虽有助于提高解答的精度和解的连续性，但因与各种非线性因素的交织与相互作用，在研究中还存在着一些困难，如何合理准确地确定影响半径的大小、权函数选择、已知边界条件的处理（特别是位移边界条件的处理）等，是目前无单元法研究中的主要困难，另外无单元的计算量相比有限元有较大的增加。

三、各类支挡结构设计

（一）重力式挡墙

重力式挡墙，指的是依靠墙身自重抵抗土体侧压力的挡墙。重力式挡墙可以块石、片石、混凝土预制块作为砌体，或采用片石混凝土、混凝土进行整体浇筑。半重力式挡墙可采用混凝土或少筋混凝土浇筑。重力式挡墙可用石砌或混凝土建成，一般都做成简单的梯形。它的优点是就地取材，施工方便，经济效果好。所以，重力式挡墙在我国铁路、公路、水利、港湾、矿山等工程中得到广泛的应用。

由于重力式挡墙靠自重维持平衡稳定，因此，体积、重量都大，在软弱地基上修建往往受到承载力的限制。如果墙太高，耗费材料就多，这样也不经济。

当地基较好，挡墙高度不大，本地又有可用石料时，应当首先选用重力式挡墙。

重力式挡墙一般不配钢筋或只在局部范围内配以少量的钢筋，墙高在6 m以下，地层稳定、开挖土石方时不会危及相邻建筑物安全的地段，其经济效益明显。

（二）悬臂式挡墙和扶壁式挡墙

近年来，随着我国现代化进程的加快，工程建设迅猛发展，加之近年来我国大力推进城镇化的发展，更提高了城市建设的速度。而且，房屋开发是国民经济的重要支柱之一，土地利用率也提高了，斜坡、低洼地、陡坎等高差大的土地也是房屋建设场地。房屋建筑、市政工程、城市轻轨和港口码头等工程建设中形成了大量的边坡工程以及斜坡、滑坡、塌岸等地质灾害治理工程，边坡工程技术和实践得到快速发展。各种支挡形式和结构在建筑边坡工程中大量使用，重力式挡墙、悬臂式挡墙和扶壁式挡墙等在工程的填方边坡中被广泛采用。

悬臂式挡墙截面由立板和墙底板（分为墙趾板和墙踵板）组成，呈倒"T"字形，可视为三个悬臂即立臂、墙趾板和墙踵板。扶壁式挡墙截面由立板、墙底板及扶壁（立板的肋）三部分组成，墙底板分为墙趾板和墙踵板。一般采用现浇钢筋混凝土结构，也可以在工厂预制构件，现场拼装组成整体结构。

悬臂式挡墙和扶壁式挡墙依靠墙身自重和踵板上土体的重量来实现挡墙的稳定性，不完全靠挡墙自身重量来维持，因而结构较轻巧、工程量省、占地较小。而且墙趾也显著地增加了挡墙的抗倾覆能力，并大大减小了挡墙基底应力。它们的主要特点是构造简单、施工方便、墙身断面尺寸小、自身质量轻，可以较好地发挥材料的强度性能，能适应承载力较低的地基。也可实现机械化施工作业。

虽然重力式挡墙具有构造简单、施工方便和就地取材等优点，但因其主要靠墙体自重来保证边坡的稳定性而造成挡墙墙身断面尺寸大、占地较多，不能充分发挥建筑材料的强度性能，也不易实现施工的机械化与工厂化。另外，随着劳动力成本的增加，人工采用砂浆和条石砌筑的重力式挡墙造价也不断增加，其造价低廉的优势不复存在，采用混凝土或毛石混凝土现场立模浇筑的重力式挡墙越来越多，其工程造价也有增加。

与重力式挡墙相比，悬臂式挡墙和扶壁式挡墙有如下特点。

①对地基承载力要求较低，变形适应能力较强。

②采用预制时，可实现工厂化构件制作、现场拼装作业。

③悬臂式挡墙和扶壁式挡墙为轻型结构，抗震性能好。

悬臂式挡墙和扶壁式挡墙的应用应充分考虑边坡临近场地的地质条件、环境条件、边坡高度、边坡侧压力的大小和对边坡变形的控制要求等因素。安全等级为一、二、三级的边坡工程均可采用这两种挡墙，但其不宜用于不良地质地段和高烈度地震区。

悬臂式挡墙和扶壁式挡墙自身重量小，且因墙踵板和墙趾板作用，基底压力小；挡墙采用钢筋混凝土结构，不需要石材。因此，它们适用于石材缺乏、地基承载力较低的填方地区。考虑施工条件，悬臂式挡墙和扶壁式挡墙适用于填方边坡。扶壁式挡墙的扶壁起到加劲肋的作用，减少墙面板的变形，提高刚度和整体性，因而挡土高度更高。但当墙高较大时，挡墙材料尤其是钢筋用量急剧增加，影响了其经济性。综合考虑结构受力特点、材料、施工及经济等因素，挡墙高度在 6 m 以内时采用悬臂式挡墙，挡墙高度在 6 m 以上宜采用扶壁式挡墙。扶壁式挡墙的墙身高度最大也不宜超过 15 m。

悬臂式挡墙和扶壁式挡墙应根据工程地质、地形条件及工程要求，因地制宜设置。可单独设置，也可以与其他边坡处理方式联合使用。对稳定性较差且边坡高度较大的边坡工程宜采用放坡或分阶放坡方式进行处理。

一般情况下，悬臂式挡墙和扶壁式挡墙位移较大，难以满足对变形的严格要求。挖方挡墙施工难以采用逆作法，开挖面形成后边坡稳定性相对较低，有时可能危及边坡稳定及相邻建筑物安全。因此，对变形有严格要求或开挖土石方可能危及边坡稳定的边坡不宜采用悬臂式挡墙和扶壁式挡墙，开挖土石方危及相邻建筑物安全的边坡也不应采用悬臂式挡墙和扶壁式挡墙。

在地震设防区，悬臂式挡墙和扶壁式挡墙的抗震设防烈度应根据现行有关规定及规范确定，且不应低于边坡塌滑区内建筑物的抗震设防烈度。抗震设防烈度 6 度以上的地区，需考虑地震作用，承载能力应采用地震作用效应和荷载效应基本组合进行验算。地震设防烈度为 6 度的地区，可不进行地震作用计算，但应采取抗震构造措施。临时性边坡可不进行抗震计算。

悬臂式挡墙和扶壁式挡墙结构构造如下。

①应采用现浇钢筋混凝土结构。

②悬臂式挡墙和扶壁式挡墙的混凝土强度等级应根据结构承载力和所处环境类别确定，且不应低于 C25。立板和扶壁的混凝土保护层厚度不应小于 35 mm，底板的保护层厚度不应小于 40 mm。受力钢筋直径不应小于 12 mm，间距不宜大于 250 mm。

③悬臂式挡墙截面尺寸应根据强度和变形计算确定，立板顶宽和底板厚度不应小于 200 mm。当挡墙高度大于 4 m 时，宜加根部翼。

④扶壁式挡墙尺寸应根据强度和变形计算确定，并应符合下列规定：

a. 两扶壁之间的距离宜取挡墙高度的 1/3 ～ 1/2。

b. 扶壁的厚度宜取扶壁间距的 1/8 ～ 1/6，且不宜小于 300 mm。

c. 立板顶端和底板的厚度应不小于 200 mm。

d. 立板在扶处的外伸长度，宜根据外伸悬臂固端弯矩与中间跨固端弯矩相等的原则确定，可取两扶壁净距的 35% 左右。

悬臂式挡墙和扶壁式挡墙设计包括设计标准和参数选取、支挡侧压力的计算、挡墙墙身断面尺寸拟定、结构内力计算、挡墙钢筋混凝土构件截面设计、挠度及裂缝宽度验算、地基设计与验算以及稳定性验算等。在设计计算时应根据计算内容分别采用相应的荷载组合及分项系数。挡墙外荷载一般包括墙后土体自重及坡顶地面活荷载。当受水或地震影响或坡顶附近有建筑物时，应考虑其产生的附加侧间土压力的作用。悬臂式挡墙和扶壁式挡墙设计还包括墙后填料选择与质量要求，以及施工顺序、工艺及方法等。

（1）伸缩缝与沉降缝

钢筋混凝土悬臂式挡墙和扶壁式挡墙因温度变化引起材料变形，这就增加了结构的附加内力，当长度过长时结构可能开裂。另外，悬臂式挡墙和扶壁式挡墙对地基不均匀变形敏感，在不同结构单元及地层岩土性状发生变化时，将产生不均匀变形。为适应这种变化，宜将沉降缝分成独立的结构单元，有条件时伸缩缝与沉降缝宜合并设置。

悬臂式挡墙和扶壁式挡墙纵向伸缩缝间距宜为 10 ～ 15 m。挡墙宜在不同结构单元处和地层性状变化处设置沉降缝，且沉降缝与伸缩缝宜合并设置。在挡墙高度突变处及与其他建（构）筑物连接处应设置伸缩缝，在地基岩土性状变化处应设置沉降缝。沉降缝、伸缩缝的缝宽宜为 20 ～ 30 mm，缝中应填塞沥青麻筋或其他有弹性的防水材料，填塞深度不应小于 150 mm。

（2）墙后回填

挡墙墙后填土非常重要，是重要的设计内容之一。不少工程因墙后回填材料选择不合适或回填质量控制不好，出现了工程事故。挡墙后填料应就地取材，充分利用当地的岩土体。墙后填土直接影响侧向土压力，因此宜选用重度小、内摩擦角大的填料，同时要求填料透水性强，易排水，这样可显著减小墙后侧向土压力。宜优先选择抗剪强度高和透水性较强的填料。采用黏性土作为填料时，宜掺入适量的沙砾或碎石。山区地区可选用新开挖的开山土石。考虑特殊类土（如黏性土、淤泥质土、耕植土、膨胀土、盐渍土及有机质土等）物理力学性质不稳定、变异大、高压缩性以及腐蚀性等，工程中不得采用这些岩土体作为挡墙填料。

（3）地基

挡墙地基是保证挡墙安全正常工作的十分重要的部分。实际工程中许多挡墙破坏都是地基基础设计不当引起的。因此设计时必须充分掌握工程地质及水文地质条件，在安全、可靠、经济的前提下合理选择基础地基形式，采取恰当的地基处理措施。

挡墙应选择稳定的地层作为持力层。从经济和施工等方面考虑，宜优先选择天然地基作为挡墙的持力层。当挡墙纵向坡度较大时，为减少开挖及挡墙高度，节省造价，在保证地基承载力的前提下可设计成台阶形。对软弱地基或填方地基，当作为持力层的地基承载力或变形不满足要求时，应考虑进行地基处理或采用桩基础方案。当临近有临空外倾结构面的岩土质斜坡时，悬臂式挡墙和扶壁式挡墙必须置于外倾结构面以下稳定地层内。当挡墙地基存在洞室时，应根据洞室大小和深度等因素进行稳定性分析，采取相应的加强措施。不应将基础置于未经处理的地层上。另外，应考虑雨水冲刷、风化等的不利影响，在实际工程中应根据工程地质条件和挡墙结构受力情况，为挡墙设计适当的埋置深度。在受冲刷或受冻胀影响的边坡工程中，还应考虑这些因素的不利影响，挡墙基础应在其影响之下的一定深度处。

悬臂式挡墙和扶壁式挡墙置于稳定岩土层内的埋置深度应符合以下要求。

①应根据地基稳定性、地基承载力、冻结深度、水流冲刷情况以及岩石风化程度等因素确定。在土质地基中，基础最小埋置深度不宜小于 0.50 m，在岩质地基中，基础最小埋置深度不宜小于 0.30 m。基础埋置深度应从坡脚排水沟底算起。受水流冲刷时，埋置深度应从预计冲刷底面算起。

②位于稳定斜坡的重力式挡墙，其墙趾最小埋置深度和距斜坡面的最小水平距离应符合表 4-8 的要求。

表 4-8 斜坡地面墙趾最小埋置深度和距斜坡面的最小水平距离

地基情况	最小埋置深度 /m	距斜坡面的最小水平距离 /m
硬质岩石	0.60	0.60～1.50
软质岩石	1.00	1.50～3.00
土质	1.00	3.00

挡墙基底做成逆坡对增加挡墙的稳定性有利，但基底逆坡坡度过大，将导致墙踵陷入地基中，也会使保持挡墙墙身的整体性变得困难。根据工程经验，悬臂式挡墙和扶壁式挡墙的挡墙基底宜做成逆坡，土质地基基底逆坡坡度不宜

大于 1 : 10，岩质地基基底逆坡坡度不宜大于 1 : 5。当挡墙基槽纵向坡度大于 5% 时，应将基底设计为台阶式，其最下一级台阶底宽不宜小于 1.00 m。

在挡墙底部增设防滑键是提高挡墙抗滑稳定的一种有效措施。当挡墙受滑动稳定控制时，应采取提高抗滑能力的构造措施，宜在墙底下设防滑键。防滑键应具有足够的抗剪强度，其高度应保证键前土体不被挤出。防滑键厚度应根据抗剪强度计算确定，一般不应小于 300 mm。

对软弱地基或填方地基，当持力层地基的承载力或变形不满足要求时，应考虑地基处理或采用桩基础方案。

（4）截、排水及墙身泄水

悬臂式挡墙和扶壁式挡墙工程应设排水良好的截排水系统，应以场地地形、地质、环境、水体来源及填料等因素为基础来设计。一般在坡顶的边坡塌滑区以外 3 ~ 5 m 设置截水沟，来拦截地表水。在坡脚设排水沟。

悬臂式挡墙和扶壁式挡墙的墙身应设泄水孔及反滤层（包），来排泄坡体内的水。具体可详见现行的《建筑边坡工程技术规范》（GB 50330—2013）中的有关规定。

（5）施工

应根据工程情况，确定合适的悬臂式挡墙和扶壁式挡墙的施工顺序和工艺流程，应分段、跳槽施工。对多级挡墙，应先施工最下面一级的挡墙，在上一级施工完成、挡墙达到相应结构强度后再施工后一级挡墙。

安全等级为一级的悬臂式挡墙和扶壁式挡墙应采用动态设计法，二级的宜采用动态设计法。

悬臂式挡墙和扶壁式挡墙在施工前应预先设置好排水系统，保持边坡和基坑坡面干燥。基坑开挖后应及时封闭，基坑内不应积水，并应及时进行基础施工。

在挡墙墙身混凝土强度达到设计强度的 70% 后方可填土。墙后填土应分层夯实。扶壁间回填宜对称实施，施工时应控制填土对扶壁式挡墙的不利影响。

应清除填土中的草和树皮、树根等杂物。为了避免填方沿原地面滑动，填方基底处理办法有铲除草皮和耕植土、开挖台阶等。当挡墙后表面的横坡坡度大于 1 : 6 时，应在进行了表面粗糙处理后再填土。

超限的悬臂式挡墙和扶壁式挡墙应按有关规定进行设计方案的安全专项论证和可行性评估。

（三）锚杆（索）

对于倾向路基的斜坡岩层的顺层滑坡，可采用锚杆加固，它是利用锚杆（索）

的抗拔力或抗剪应力以及滑动岩层间的摩阻力来阻止岩块下滑的。锚杆（索）打入岩层后，孔内应压注水泥砂浆，以提高锚杆(索)的抗拔力，并防止钢筋(索)锈蚀。锚杆（索）的计算应满足在给定的安全系数条件下总抗拔力和总抗剪应力分别达到要求。

1. 预应力锚索加固法

预应力锚索加固是通过锚固在坡体深部稳定岩体上的锚索将力传给混凝土框架，由框架对不稳定坡体施加一个预应力，将不稳定松散岩体挤压，使岩体间的正压力和摩阻力大大提高，限制不稳定坡体的发育，从而起到加固边坡、稳定坡体的作用的。在锚索孔内进行高压注浆，使浆液填充锚孔周围坡体内的裂隙，从而提高坡体的整体稳定性。预应力锚索加固高边坡的本质是充分利用具有较大刚度和强度材料的力学特性来加强、加固软弱破碎的岩体和土体，充分发挥岩土体的自稳能力，达到稳定高边坡的目的。该技术是通过加固岩土体自身来改善岩土体的力学性能的，且具有施工速度快、防护效果好等优点。

2. 压力分散型锚加固法

压力分散型锚加固是近年来发展起来的一项新技术，其克服了拉力型预应力锚索承载力与锚固段长度非线性增长、黏结应力峰值突出、防腐性能较差等性能缺陷，形成了具有独特传力机制和良好工作性能的单孔复合锚固体系。该方法采用独特的结构构造和施工工艺，将锚索锚固段受到的集中拉力分散为几个较小的压力，分部段作用于较短的锚固体上，使锚固体与周围岩土的黏结应力峰值大幅降低，从根本上充分发挥了岩土的抗剪强度，显著地提高了锚索的承载能力。因为压力分散型预应力锚索的灌浆体由受拉改为受压状态，所以灌浆体不易开裂，有利于锚索体的防水、防腐。

3. 预应力锚索框架加固法

所谓预应力锚索框架加固法，是在现浇钢筋混凝土锚固护坡的基础上，预先制作好预应力混凝土框架或组装好钢筋笼，然后在现场喷射混凝土，达到加固边坡的目的。预应力锚索框架加固是随着锚固技术发展起来的。

20 世纪 90 年代，日本在现浇钢筋混凝土锚固护坡的基础上，应用了预压混凝土格构锚固工法和 Q&S 框架锚固工法。前者由预制预应力混凝土框架和灌浆锚索组成，它将传统的现浇四菱锥台式锚墩结构改为预制应力混凝土构件。后者是把预先在工厂加工组装好的矩形钢筋笼，按矩形或菱形布置于边坡上，然后在钢筋笼上喷射混凝土。受预压混凝土格构锚固工法和 Q&S 框架锚固工法的启发，结合我国工程技术发展水平和条件，自 20 世纪 90 年代开始，我国大量应用现浇式预应力锚索框架结构。随着我国交通事业的发展，公路高边坡病害问题逐渐突出，预应力锚索框架加固在公路高边坡的治理中发挥着越来越重要的作用。

预应力锚索框架加固的作用机理是把破碎松散岩层组合连接成整体，并将其锚固在地层深处稳固的岩体上，通过施加预应力，使锚索长度范围内的软弱岩体（层）挤压密实，提高岩层层面间的正压力和摩阻力，阻止开裂松散岩体位移，从而达到加固边坡的目的。这种方法最大的特点是可保持既有坡面而深入坡体内部进行大范围加固；预先主动对边坡松散岩层施加正压力，起到挤密锁固作用；锚索孔高压注浆，浆液充填裂隙和孔隙，又可提高破碎岩体的强度和整体性；结构简单、工期短、造价低廉。

预应力锚索框架加固适用于裂隙和断层发育、工作量巨大的高陡边坡。其构造要求如下。

①锚梁。锚梁为钢筋混凝土梁，采用 C30 混凝土浇筑，它不仅为预应力锚索框架提供反力装置，而且对高边坡岩土有着框箍和压紧作用。

②锚梁的施工顺序。画线挖槽—绑扎钢筋—支模—浇注混凝土。

③锚梁于锚索交叉部位预留塑料套管，便于锚索从中间穿过；在锚头部位预埋承压钢板，并与锚梁浇注成整体。

④预应力锚索的施工顺序。放点钻孔—编制钢绞线—注浆—张拉锁定。

⑤可与喷射混凝土或框格护坡相结合。

在许多公路建设中，砌石防护与植物防护可以配合使用，各种砌石防护不论是干砌、浆砌、护面墙等，均可以采用中间透空的形式，如拱形、窗形、方格形等。坡面周边用砌石铺砌，而中间部分则在原坡面上植草、铺草皮（对于土质高边坡）、干砌（对与松软破碎岩石高边坡）等。这种做法既可以节省工程费用，还能美化路容，所以只要高边坡条件允许，应尽量采用。通常我们把这种防护方法称为框格防护。

第四节 坡面防护体系设计

一、放坡设计

（一）坡率法概述

边坡工程设计包括确定边坡坡率与形状、排水工程、防护加固工程及景观绿化工程等内容。边坡防护加固工程设计包括设置不同形式的边坡支挡结构、坡面防护结构物等。其中坡率法是常用的一种边坡治理方法。

坡率法指控制边坡高度和坡度，无需对边坡整体进行加固就能保证边坡自身稳定的一种人工边坡设计方法。

坡率法通常指的是"放坡开挖"。即设计者根据岩土工程性状控制边坡开挖的允许坡率，以确保边坡的稳定。它是环境边坡和基坑边坡治理工程中最为古老的、传统的，一般来说也是最为经济的边坡治理方案。当场地条件允许的情况下，宜首选此方案。

（二）坡率法的类型与适用范围

1. 坡率法的类型

坡率法的类型包括边坡治理采用单一坡率法，以及坡率法与其他支护结构联合应用。

2. 坡率法的适用范围

坡率法的适用条件包括以下几点。

①空间条件。首选在基坑或边坡周围具有放坡开挖的空间，又不影响邻近已有工程的安全和正常使用。

②岩土条件。岩土体的自稳性能良好。

③地下水条件。地下水位埋深较深，以在开挖深度之下为佳。

④坑深条件。基坑开挖深度适于地下 1 ～ 2 层的工程。

下列边坡不应单独采用坡率法，应与其他边坡支护方法联合使用，具体如下。

①放坡开挖对相邻建（构）筑物有不利影响的边坡。

②地下水发育的边坡。

③软弱土层等稳定性差的边坡。

④坡体内有外倾软弱结构面或深层滑动面的边坡。

⑤单独采用坡率法不能有效改善整体稳定性的边坡。

⑥地质条件复杂的一级边坡。

（三）坡率法的设计

1. 坡率法的设计计算

①土质边坡的坡率允许值应根据工程经验，按工程类比的原则并结合已有稳定边坡的坡率值分析确定，当无经验且土质均匀良好、地下水贫乏、无不良

地质作用和地质环境条件简单时，边坡坡率允许值可按表 4-9 确定。

表 4-9　土质边坡坡率允许值

边坡土体类别	状态	坡率允许值（高宽比）	
		坡高小于 5 m	坡高 5～10 m
碎石土	密实	1：0.35～1：0.50	1：0.50～1：0.75
	中密	1：0.50～1：0.75	1：0.75～1：1.00
	稍密	1：0.75～1：1.00	1：1.00～1：1.25
黏性土	坚硬	1：0.75～1：1.00	1：1.00～1：1.25
	硬塑	1：1.00～1：1.25	1：1.25～1：1.50

②在边坡保持整体稳定的条件下，岩质边坡开挖的坡率允许值应根据工程经验，按工程类比的原则并结合已有稳定边坡的坡率值分析确定。对无外倾软弱结构面的边坡，其边坡坡率可按表 4-10 确定。

表 4-10　岩质边坡坡率允许值

边坡岩体类型	风化程度	坡率允许值（高宽比）		
		$H < 8$ m	8 m $\leqslant H < 15$ m	15 m $\leqslant H < 25$ m
Ⅰ类	微风化	1：0.00～1：0.10	1：0.10～1：0.15	1：0.15～1：0.25
	中等风化	1：0.10～1：0.15	1：0.15～1：0.25	1：0.25～1：0.35
Ⅱ类	微风化	1：0.10～1：0.15	1：0.15～1：0.25	1：0.25～1：0.35
	中等风化	1：0.15～1：0.25	1：0.25～1：0.35	1：0.35～1：0.50
Ⅲ类	微风化	1：0.25～1：0.35	1：0.35～1：0.50	—
	中等风化	1：0.35～1：0.50	1：0.50～1：0.75	
Ⅳ类	中等风化	1：0.50～1：0.75	1：0.75～1：1.00	—
	强风化	1：0.75～1：1.00	—	—

③下列边坡的坡率允许值应通过稳定性计算分析确定。

a. 有外倾软弱结构面的岩质边坡；

b. 土质较软的边坡；

c. 坡顶边缘附近有较大荷载的边坡；

d. 边坡高度超过表 4-9 和表 4-10 范围的边坡。

④填土边坡的坡率允许值应根据边坡稳定计算结果并结合地区经验确定，同时应符合国家现行有关标准的规定。如基底情况良好，填方边坡坡率允许值可按表 4-11 确定。

表 4-11　填方边坡坡率允许值

填料种类	边坡的最大高度 /m			边坡坡率		
	全部高度	上部高度	下部高度	全部高度	上部高度	下部高度
黏性土、粉性土、砂性土	20	8	12	—	1：1.5	1：1.75
砾石土、粗砂、中砂	12	—	—	1：1.5	—	—
碎（块）石土、卵石土	20	12	8	—	1：1.5	1：1.75
不易风化的石块	20	8	12	—	1：1.3	1：1.5

⑤土质边坡稳定性计算应考虑边坡影响范围内的建（构）筑物和边坡支护处理对地下水运动等水文地质条件的影响，以及由此引起的对边坡稳定性的影响。

2. 坡率法的构造设计

①边坡的整个高度可按同一坡率进行放坡，也可根据边坡岩土的变化情况按不同的坡率放坡。挖方边坡一般可采用下列几种形式。

a. 直线形。当边坡为均质互层或薄层互层且高度不大时，宜采用一坡到顶的直线形。

b. 折线形。当边坡较高或由多层土组成而上部岩（土）层的稳定性较下部好时，可采用上陡下缓的折线形；若上部为覆盖层，或稳定性较下部岩（土）层差时，则宜采用上缓下陡的折线形。

折线形边坡易在变坡点处出现坡面的冲刷破坏，因此，在降水量大的地区，软质岩石（土）边坡宜改用直线或台阶形边坡，或采取适当的坡面防护措施。

c. 台阶形。当边坡由多层土组成且很高时，可在边坡中部或岩（土）分界处设置不小于 1.0 m 宽的平台。平台可增加边坡的稳定性，减少坡面冲刷，拦挡上部边坡剥落下坠的小石（土）块。平台表面应做防护，以免被雨水破坏。对于易风化的软质岩石边坡及松散的碎（砾）石类土边坡，因为容易产生碎落物，应考虑设置台阶形边坡。

②位于斜坡上的人工压实填土边坡应验算填土沿斜坡滑动的稳定性。分层填筑前应将斜坡的坡面修成若干台阶（台阶宽度不小于 2.0 m），使压实填土与斜坡面紧密接触。

③边坡坡顶、坡面、坡脚和水平台阶应设排水系统，在坡顶外围应设截水沟。

④当边坡表层有积水湿地、地下水渗出或地下水露头时，应根据实际情况设置外倾排水孔、排水盲沟和排水钻孔。

⑤应清除局部不稳定块体，或采用锚杆和其他有效措施加固。

⑥永久性边坡宜采用锚喷、浆砌片石或格构等构造措施护面。在条件许可时，宜尽量采用格构或其他有利于生态环境保护和美化的护面措施。临时性边坡可采用水泥砂浆护面。

3. 坡率法的施工要求

①挖方边坡施工开挖应自上而下有序进行，并应保持两侧边坡的稳定，保证弃土、弃渣的堆填不会使边坡附加变形或破坏现象发生。

②填土边坡施工应自下而上分层进行，每一层填土施工完成后均应进行相应技术指标的检测，质量检验合格后方可进行下一层填土施工。

边坡工程在雨期施工时应做好水的排导和防护工作。

二、工程防护方法

对于不适宜植物生长的土质填、挖方边坡或风化严重、节理发育的公路高边坡，以及碎（砾）石土的挖方边坡等，只能采取工程防护措施即设置人工构造物防护。工程防护的类型很多，有护面墙防护、干砌片石防护、浆砌片石防护、水泥混凝土预制块防护、锚杆防护、挡土墙以及土工合成材料防护等。各种防护均有其优、缺点和适用条件，一般说除锚杆和挡土墙外，其他各种防护皆不承受荷载，所以只要高边坡稳定，可以不进行内力分析，即可根据适用条件选择使用。

（一）抹面防护

1. 适用条件

①对于各种易于风化的岩石（如页岩、泥灰岩、千枚岩、泥质板岩等软质岩）形成的路堑高边坡，它们虽未严重风化，但因常受侵蚀而成碎块掉落，所以应采用抹面防护。

②抹面防护的高边坡坡度不受限制，但坡面应较干燥，抹面使用年限较短，一般为 8 ～ 10 年。

③采用混合材料的防护层不能负担荷载，亦不能承受土压力，所以高边坡必须是稳定的。

2. 抹面要求

抹面工程的周边与未防护面的衔接处，应严格封闭。常用的抹面材料有石灰浆等，其中石灰为胶结料，要求精选。混合料如加纸筋或竹筋，可提高强度，防止开裂，也可掺加适量制盐副产品，卤水因含有氯化钙与氯化镁，可使抹面加速硬化和预防开裂。抹面用料的配合比与用量参见有关的手册。抹面厚度视材料与坡面状况而定，一般为 2～10 cm。操作前，应清理坡面风化层、浮土与松动碎块，填坑补洞，洒水润湿。抹面后，应拍浆、抹平和养生。

（二）捶面防护

与抹面防护性质相近，其使用的材料也大体相同。为便于捶打成型，常用的除石灰、水泥混合土外，还有石灰、炉渣、黏土混合的三合土与再加适量砂粒的四合土，捶面一般厚度为 10～15 cm，捶面厚度此抹面厚度大，相应强度高，可抵抗较强的雨水冲刷，使用期为 8～10 年。抹面和捶面是我国公路建设中常用的防护方法，材料均可就地采集，造价低廉，但强度不高，耐久性差，手工作业，费时费工，在一般公路上使用问题尚不显著，若在高速公路上特别是边坡较高时其就有一定的局限性。

（三）喷浆和喷水泥混凝土防护

1. 作用机理

对于易风化软岩、裂隙和节理发育、坡面不平整、破碎较为严重的石质挖方高边坡，抹面和捶面难以奏效，应采取机械喷射水泥砂浆或水泥混凝土加固。喷浆或喷射混凝土可以防止坡面进一步风化、剥落，同时可因砂浆充填裂隙而使破碎石块得到加固。由于水泥砂浆和水泥混凝土均具有很高的强度，因而可以收到较好的防护效果。

2. 适用条件

适用于坚硬易风化，但还未严重风化及剥落的岩石高边坡。也可用在高而陡的边坡上，尤其是上部岩层破碎而下部岩层完整的边坡和需要大面积防护并较集中的高边坡，这种方法更为经济。成岩作用差的黏土高边坡不宜采用此种方法。所防护的应是地下水不发育和无渗水且较干燥的高边坡。

3. 注意事项

喷浆的水泥用量较大，重点工程可选用。比较经济的砂浆是用水泥、石灰、河砂及水，按重量比 1：1：6：3 配合的。喷水泥砂浆的强度不应低于 C10，厚度宜为 5～7 cm；喷水泥混凝土的强度不应低于 C15，厚度宜为 10～15 cm。

喷射作业应自下而上，喷射时喷枪嘴必须垂直于坡面，并与坡面保持 1 m 左右的距离。当喷射混凝土厚度大于 6 cm 时，宜分两层喷射，其厚度要均匀。喷层周边与未防护坡面的衔接处应做好封闭处理，防止水分入侵。

喷浆和喷水泥混凝土防护工程应经常检查、维修，杂草要及早拔除，开裂要及时灌浆勾缝，脱落要尽早补喷。喷射作业严禁在结冰季节及雨天进行，并应加强工作人员的劳动保护。喷浆或喷水泥混凝土后，养护较为困难，坡面容易产生细微的干缩裂缝，裂缝会影响坡面的强度。为此，可在喷射层中设一层钢筋网或高强聚合物土工格栅，以增强其强度。钢筋网应平直铺于坡面上，用钢筋锚钉固定，再喷浆或喷水泥混凝土。这种挂网喷浆方法比单纯喷浆或喷水泥混凝土效果要好。

土工格栅是工厂生产的岩土工程材料，其原料为高强度聚合物聚乙烯，经热压成型，具有强度高、质量轻、耐腐蚀等特点，是新型的路基、路面加固和防护材料，常用的 CE 系列土工格栅，运输铺设均很方便。土工格栅挂网喷浆价格低、操作简单、效率高，在公路高边坡防护中有广阔的发展前景。

当坡面岩石已严重风化，岩体切割破碎严重，喷浆及喷水泥混凝土的支护强度又不足时，为加强防护可采用锚杆铁丝网喷浆或喷射水泥混凝土，这样可使坡面一定深度内的岩石得以加固，同时坡面也可承受少量的松散体产生的侧压力。

（四）勾缝与灌浆

灌浆适用于石质坚硬、不易风化、岩层内部节理发育，但裂缝宽度较小的岩质路堑边坡。勾缝适用于石质较坚硬、不易风化、张开节理不甚发育，且节理缝较大较深的公路高边坡。

（五）护面墙

1. 作用机理

护面墙是把浆砌片石（块石）结构覆盖在各种软质岩层和较破碎的挖方边坡上，使之免受大气影响而继续风化的墙体。在缺乏石料的地区，也可以采用现浇水泥混凝土或用预制混凝土块砌筑。

2. 适用条件

①护面墙适用于易于风化的软质岩层的公路高边坡，不严重破碎的硬质岩层地段以及夹有松散层处。

②护面墙除自重外，不担负其他载重，也不承受墙后土压力，因此，护面墙所防护的挖方高边坡坡度应符合极限稳定边坡的要求。

③根据防护高边坡的高度、陡度及岩层破碎情况可采用不同形式的浆砌片石护墙，如实体护面墙、孔窗式护面墙、拱式护面墙等。实体护面墙用于一般土质及破碎岩石边坡；孔窗式护面墙用于坡度缓于 1 ∶ 0.75 的边坡，孔窗内可采用捶面（坡面干燥）或干砌片石；拱式护面墙用于下部岩层较完整而需要防护上部岩层的高边坡。

3. 构造要求

（1）实体护面墙

①厚度视墙高而定，一般为 0.4 ～ 0.6 m，底宽一般等于顶宽加 $H/10 ～ H/20$；单级护面墙的高度不超过 15 m，多级护面墙的总高度一般不超过 30 m。

②沿墙身长度每隔 10 m 设置一道 2 cm 的伸缩缝，缝内用沥青麻筋填塞。在泄水孔后用碎石和砂做成反滤层，以排除墙后排水。

③修筑护面墙前，清除所有的高边坡风化层。对风化迅速的岩质（如云母岩、绿泥片岩等）高边坡，挖出新鲜岩面后应立即修筑护面墙。

④顶部应用原土夯填，以免水流冲刷。

（2）孔窗式护面墙

孔窗式护面墙的窗孔通常为半圆拱形，高为 2.5 ～ 3.5 m，宽为 2 ～ 3 m，半径为 1 ～ 1.5 m。其厚度、伸缩缝等与实体护面墙相同，窗内视具体情况而定。

（3）拱式护面墙

拱跨较小（2 ～ 3 m）时，拱圈可采用 10# 水泥砂浆砌片石，拱高视高边坡下面完整岩层高度而定；拱跨较大时，可采用砼拱圈。

（六）喷锚防护

1. 适用条件

凡易于喷浆（或喷射混凝土）防护的岩质高边坡，在岩层风化破碎严重、节理发育，破碎岩层较厚的情况下，岩层继续风化将导致坠石或小型崩塌，从而影响整个高边坡的稳定性，此时适用喷锚防护。它能使坡面内一定深度的破碎岩层得以加强。喷锚防护体能承受少量的破碎体所产生的侧压力。

2. 构造要求

①为防止坡面被水冲刷，应沿喷浆（或喷射混凝土）坡面顶缘外侧设置截水沟。

②锚固深度视边坡岩层的破碎程度及破碎层的厚度而定，用 1 : 3 的水泥砂浆围结。

③喷浆厚度不小于 3 cm，喷射混凝土的厚度不小于 5 cm。沿路线延伸方向每隔 10 ～ 12.5 m 设置一道 2 cm 的伸缩缝，缝内用沥青麻筋填塞。

④锚杆的类型有树脂锚杆、全长砂浆锚杆（包括灌浆锚杆和自钻式注浆锚杆）、塑料锚杆、水泥锚杆和缝管锚杆。

⑤提高锚杆承载力的措施主要有延长锚固长度、二次压浆、重复高压灌浆等。

3. 施工方法

（1）搭设脚手架

钢管支架立柱置于坚硬稳定的岩石上，搭设管扣要牢固和稳定；剧架与壁面之间必须锁紧，相邻钢架之间应连接牢靠，以确保施工安全。

（2）修整坡面

将松散的浮石和岩渣清除干净，处理好岩面。用石块补砌空洞，用高压水冲洗坡面，对高边坡局部不稳定处清刷或支补加固，对较大的裂缝进行灌浆或勾缝处理。

（3）设置排水孔

在高边坡松散空洞处和坡脚处设置一定数量的排水孔。

（4）第一次喷射混凝土

第一层混凝土厚度为 3 ～ 4 cm。

（5）锚杆钻孔注浆

锚杆钻孔在混凝土喷射第一层后才进行定位；采用汽腿式凿岩机钻孔，孔径为 50 mm。锚杆间距为 2.0 m，梅花形布置。

（6）钢筋网制作、挂网

按网孔 20 cm × 20 cm 的规则编织好钢筋网。钢筋网与锚杆交接处必须进行焊接；钢筋网必须紧贴在混凝土表面，以保证钢筋网保护层的厚度。

（7）第二次喷射混凝土

第二次喷射混凝土应在第一层混凝土终凝后进行，第二次喷射应保证厚度和表面光度。混凝土喷射 2 小时后浇水养护，每天喷水 4 次，养护时间不少于 7 天。

（七）SNS 柔性防护

SNS 是一种采用柔性拦石网防护技术，利用钢绳网作为主要构成部分来防护高边坡的柔性安全网防护系统，其柔性和高强度更能适应于抗击集中荷载和高冲击荷载。对于坡度较陡的高能量崩塌落石，SNS 柔性防护是一种理想的防护方法。

三、坡面植物防护

（一）框格防护

框格防护可采用混凝土、浆砌片块石、卵（砾）石等材料做骨架，框格内宜采用植物防护或其他辅助防护措施。这种形式能有效地防止路基高边坡在坡面水冲刷下形成冲沟，同时，提高了高边坡表面地表糙度系数，从而减缓水流速度。框格防护的形式较多，主要有人字形、菱形及拱形浆砌片石，菱形喷锚混凝土，拱形现浇混凝土护坡等形式。

1. 人字形、菱形及拱形浆砌片石护坡

在石料丰富的地区宜采用各种形式的框格式浆砌片石护坡。人字形、拱形和菱形等形式的护坡技术要求如下。

①适用于边坡比为 1 ∶ 0.5 ～ 1 ∶ 1.5 的边坡防护，一般以 1 ∶ 0.75 ～ 1 ∶ 1.25 较佳。

②框格尺寸一般采用（2 m × 2 m）～（3 m × 3 m），拱的直径为框格尺寸减肋宽。

③根据高边坡的岩土条件和稳定性，为了加强高边坡的稳定性，在每一个高边坡肋（骨架）中可加设 1 ～ 2 根 2 ～ 6 m 长的锚杆，必须保证下锚和灌浆的质量。

④在拱形和人字形肋的两侧采用 20# 混凝土预制块作为拦水块。拦水块应高出护面肋、拱或人字形 5 cm，以达到坡面系统排水的目的。

2. 菱形喷锚混凝土护坡

这种护坡一般适用于土质和风化岩石高边坡。其主要技术要求如下。

①此种形式适用于边坡比为 1 ∶ 0.75 ～ 1 ∶ 1.50 的边坡的防护。

②菱形的边长一般为 2 m，护坡宽度一般为 50 ～ 80 cm，护坡厚度为 6 ～ 10 cm。

③在菱形内采用 8# 钢筋网或土工格栅网，并且根据高边坡的坡度、岩体的破碎程度加设锚杆，锚杆间距为 2 m 或 4 m，长度为 1.5 ～ 2 m。

④在空心部分培土植草。

3. 拱形现浇混凝土护坡

这种护坡一般用于强风化的岩石高边坡及稳定性较差的高边坡。其技术要求如下。

①一般适用于边坡比为 1 ∶ 0.5 ～ 1 ∶ 1.25 的边坡的防护。

②框格尺寸一般为（2 m×2 m）～（4 m×4 m），拱的直径为框格尺寸减肋宽。

③护面肋一般设定宽度为 40 ～ 60 cm，厚度为 30 ～ 60 cm。

④在护面肋及拱部，应加设高出肋及拱部 5 cm 的挡水板。

⑤现浇混凝土采用 20# 混凝土。

⑥根据高边坡的稳定性和岩石的破碎程度，现浇混凝土中应设置钢筋网和锚杆。一般顺肋部每 2 ～ 4 m，设一根长度为 2 ～ 6 m 的锚杆，以加强高边坡的稳定性。

⑦根据高边坡的水文条件，每隔 20 ～ 40 m 设一道急流槽。

（二）三维植被网

三维植被网又称防侵蚀网，以热塑树脂为原料。结构分为上下两层，上层为一个经双面拉伸的高模量基础层，其强度足以防止植被网的变形，并能有效防止水土流失；下层由一层弹性的、规则的、凹凸不平的网包组成。

1. 作用机理

三维植被网是由多层塑料凹凸网和高强度平网复合而成的立体网结构。面层外观凹凸不平，材质疏松柔韧，留有 90% 以上的空间可填充土壤及沙粒，可将草籽及表层土壤牢牢护在立体网中间。

2. 特点

①固土效果极好，实验证明在草皮形成之前，当坡度为 45° 时，三维植被网固土阻滞率高达 97.5%。即使坡度达到 90°，仍可阻滞 60% 的土壤。

②抗冲刷能力强。三维网垫及植物根系可起到浅层加筋的作用，这种复合体系具有极强的抗冲刷能力，能够达到有效防护高边坡的目的。

③网垫原材料采用聚乙烯，无毒且化学性质稳定可靠，埋在地下寿命为 50 年以上，即使暴露在阳光下寿命也可达 10 年。

④草种采用混合草种，其生长成坪快、抗逆性强、耐贫瘠、耐粗放式管理。

3. 适用条件

对于稳定的土质和岩质高边坡，特别是土质贫瘠的高边坡和土石混填的高边坡，三维植被网可以起到固土防冲并改善植草质量的良好作用。

（三）植草

1. 适用条件

植草适用于稳定、坡面冲刷轻微的路堤或路堑边坡，一般要求高边坡坡度不陡于 1：1，高边坡坡面水径流速度不超过 0.6 m/s，长期浸水高边坡不适用。当高边坡土层不宜于种草时，可先铺一层种植土，厚为 5～10 cm。为使种植土与高边坡结合牢固，通常在高边坡坡度陡于 1：2 时，在铺种植土前将高边坡挖成台阶形。

2. 种植方式

（1）种子撒播法

①方法。将种子、肥料、木质纤维、防侵蚀剂等加水搅拌后，采用人工或使用固定在卡车上的种子撒布机撒播。

②适用。这种方法适用于土质较软，厚度在 25 mm 以下的沙性土或厚度在 23 mm 以下的黏性土，且坡度缓于 1：1 的高边坡。

（2）喷播法

①方法。用喷枪等将种子、肥料、土、水等的混合物，以压缩空气向边坡喷射 1～3 cm 的厚度后，撒布沥青浮液等侵蚀防止剂进行养生。

②适用。这种方法适用于砾间有砂的砾质土，或厚度在 25 mm 以下的砂质土，以及厚度在 23 mm 以下的黏性土、亚黏土边坡。

（3）客土喷播法

客土喷播法是一种改善边坡植生环境，促进植物生长，在普通条件下无法绿化或绿化效果差的高边坡上实现立体绿化、恢复自然植被的新技术。

①方法。将草种、土壤、土壤改良剂、团粒剂、保水剂以及肥料等混合后喷到高边坡上。

②适用。客土喷播法具有广泛的适应性，土质或岩质高边坡都适用。

（4）点穴、挖沟法

①方法。点穴法是在高边坡上用钻具挖掘直径 5～8 cm、深 10～15 cm 的洞，每平方米约 8～12 个，将固体肥料等放入，用土、砂等将洞埋住后，再种种子。挖沟法是在高边坡上大致按水平间隔 50 cm，挖掘 10～15 cm 深的沟，放入肥

料后，播撒种子。

②适用。这种方法适用于公路两侧的绿化用地条件较差的情况，如硬质土或花岗岩风化砂土挖方边坡。

（四）铺草皮

种草籽或栽草都需要成长过程，见效较慢，在未形成一定覆盖度的情况下若遇到暴雨，边坡有被冲刷破坏的可能，而铺草皮则可以在最短的时间内收到防护效果。

1. 适用条件

铺草皮适用于高边坡比较陡、土质贫瘠或坡面受冲刷较为严重的地段，坡面径流速度大于 0.6 m/s，容许最大速度为 1.8 m/s。

2. 铺筑方法

（1）平铺草皮

平铺草皮就是在整个坡面上平铺草皮。铺设时一般由坡脚向上，块与块之间的竖缝应错接。根据高边坡缓陡等情况，每块草皮须钉 2 ～ 4 个尖桩或木尖桩，尖桩最好使用新砍成的带皮柳梢，其长度一般为 20 ～ 30 cm，直径为 2 ～ 3 cm，尖桩与坡面垂直，露出草皮表面不超过 2 cm。

（2）平铺叠置草皮

在高边坡坡度等于或陡于 1 ∶ 1 的坡面上，草皮宜采用平铺叠置式铺法。

（3）方格式草皮

利用斜切成 45° 斜角的草皮，铺筑成宽度为 50 cm 左右的草皮带，组成 1 m×1 m 或 1.5 m×1.5 m 的方格形。但在路肩边缘以下和坡脚以上部分平铺几条水平的带状草皮带，以增强方格式草皮的牢固性。在方格内种草，这种铺法最为经济，但其坚固程度不如上述两种。

（4）卵石方格草皮

在高边坡表层易发生溜、坍的路段，为防止草皮脱落，宜采用卵石方格作为骨架，再满铺草皮。卵石骨架应挖槽竖栽，埋入土中 15 ～ 20 cm。上端外露顶或坡脚也应平砌几条石带加固。

（五）植树

在公路高边坡种上合理的树种，对于加固路基和高边坡防护有良好的效果。植树也可以和种草、铺草皮配合使用。但是高大乔木不能植于公路弯道内侧以免影响行人视线。在高边坡上可以种植低矮灌木树丛。

1. 适用条件

植树适用于土质高边坡、严重风化的岩石高边坡和裂隙黏土高边坡，但不适用于盐渍土、经常浸水及经常干旱的高边坡以及粉质土高边坡。

2. 注意事项

植树的形式可以是带状或条形的，也可以是连续式的，即栽满防护全部区域。植树最好选在 1 ： 1.5 或更缓的边坡上，宜选用在当地土壤与气候条件下能迅速生长、根系发达、枝叶茂密的树种。应在当地植树季节植树，并经常浇水，保持湿润。

公路建设实践已证明植树防护有很明显的优点，且造价低廉、施工简便，不仅可以保护坡面，而且能防止或减轻冲刷，在一定条件下，其可以代替工程防护。所以在适宜植树防护路段，应优先考虑植树防护。即使当地条件不太适宜，也可创造条件进行植树。

第五节　截排水体系设计

一、地表排水

滑坡体以外的地表水应予拦截、引离，滑坡体上的地表水应注意防渗，并尽快汇集引出。地表排水措施主要考虑以下几点。

①环形截水沟。适用于滑坡体外排水，截水沟设在顶部裂缝以外不小于 5 m 的稳定地面上，根据地形条件、流量大小设置一条或数条间距为 50 ～ 60 m 的截水沟，截水沟向一侧或两侧的自然沟谷排出滑坡范围内的水。截水沟深度及底宽不应小于 0.5 m，采用 10 年以上任意 30 min 的最大降雨强度的概率流量设计，沟壁和沟底用浆砌片石防护。

②树枝状排水沟。适用于排出滑坡体范围内的地表水，充分利用自然沟系，汇集并旁引坡面径流使其排出滑坡体。主沟与滑坡体移动方向大致平行，支沟与主沟之间可斜交 30° ～ 45°。土质松软地区应地夯成沟形，上铺黏质土或三合土加固。如果排水沟通过裂缝，则应设置搭叠式排水槽，以防隔断排水沟及坡面水集中下渗。

③平整夯实滑体表面的土层，防止地表水渗入。

④对滑坡体上的封闭洼地或泉水露头，应设排水沟以排除或疏干积水。

⑤对浅层滑坡和渗水严重的黏质土滑坡，应在滑坡体上植树、种草。

二、渗沟和排水平孔疏排水

（一）渗沟

1. 支撑渗沟

支撑渗沟用以支撑不稳定的滑坡体，兼起排除和疏干滑坡体内的地下水作用。支撑渗沟有主干沟和支沟两种，主干沟平行于滑动方向，支沟可与滑动方向成 30° ～ 45° 夹角。主干沟一般布置在有地下水露头处或由于土中水形成坍塌的地方，支沟则应根据坡面汇水情况合理布置，可伸展到滑坡范围以外拦截地下水。支撑渗沟一般深度在 10 m 以内，沟宽视抗滑需要设置，宜为 2 ～ 4 m，基底应在滑动面以下的稳定层内 0.5 m 处，沟底应设 2% ～ 4% 的排水纵坡，当滑动面较陡时，可修筑台阶，沟底用浆砌片石砌筑，沟内堆筑片石，支撑渗沟一般按抗滑支撑力控制设计。

2. 边坡渗沟

边坡渗沟用于疏干潮湿的边坡和引排边坡上部出露的泉水或上层滞水。边坡渗沟一般适用于坡度不陡于 1 : 1 的土质路堑高边坡，可支撑高边坡，减轻坡面冲刷。当高边坡上只局部潮湿且面积不大时，边坡渗沟应布置成条带形状；当局部潮湿的面积较大时应布置成分岔形；当边坡普遍潮湿时，应布置成拱形或人字形。

边坡渗沟垂直嵌入坡体，基底埋入潮湿土层以下较干燥而稳定的土层内，间距取决于地下水的分布、流量和高边坡土质等因素。渗沟宽 1.2 ～ 1.5 m，深度视高边坡潮湿土层的厚度而定。

沟底填大粒径石料，沟壁做反滤层，其余空间可用筛洗干净的渗水材料填充。对于分岔、拱形和人字形布置的渗沟，其分岔、拱形、人字形部位的断面下侧可用黏土铺砌隔水。

3. 截水渗沟

当有丰富的深层地下水进入滑坡体时，可在垂直于地下水流的方向上设置截水渗沟，以拦截地下水，通过渗沟将水排出滑坡体。截水渗沟一般布设在滑坡体范围以外 5 m 处，平面布置可呈环形或折线形。截水渗沟的深度不小于 10 m，断面大小不受流量控制。截水渗沟的迎水沟壁设反滤层，背水沟壁设隔渗层，沟底埋在最低一层含水层的基岩内，排水量较大时沟底设排水管。一般尽量采用较陡的流水纵坡，以不冲刷四壁为原则。截水渗沟一般深而长，为便于疏通，排水管直径应大于 1 m，且应在渗沟的转弯处或直线段 30 ～ 50 m 的间隔处设检查井，井壁设泄水孔以排除附近的地下水。

（二）排水平孔

排水平孔的设置位置和数量应视地下水分布的情况及地质条件而定，水平孔坡度应不小于 5% ～ 15%，孔径不受流量控制，主要取决于施工机具及孔壁的加固材料。如用水平孔做长期排水通道，孔壁需加固。若水平孔需排除孔道周围的地下水，则可用风力灌砂的方法向孔内充填砂。水平孔可单独使用，也可与砂井联合使用。

第五章　高边坡开挖变形控制技术

对于高边坡的开挖，人们关注的核心问题是开挖后坡体的稳定性。当开挖变形过大可能造成失稳时，人们需要采取何种支挡加固措施才能有效控制开挖变形？为解决此类问题，我们应该首先找到坡体开挖后产生开挖影响的范围。

第一节　高边坡变形失稳控制原理与方法

目前，国内外在高边坡开挖变形、失稳动态控制原理与技术应用上已经积累了一定的经验。在监测高边坡变形的前提下，可采取超前拉沟、反向开挖方法，来控制滑体的蠕动速度，保证开挖工作的正常进行。针对有些高边坡随着降水量增大和地下水位的增高，变形速度加快的问题，人们可采用水平放水孔减压措施，来降低地下水位，从而使高边坡变形速度明显减缓。这说明只要掌握好高边坡的变形破坏规律，就可以采取措施控制高边坡的变形破坏过程，以求得最好的经济效益。开挖高边坡存在于一定的地质环境中。高边坡岩体的不连续性、非均匀性、各向异性以及赋存条件的差异性，以不同方式组合构成高边坡工程岩体的复杂模式，而在开挖高边坡工程活荷载作用下，高边坡岩体的变形、破坏形式和破坏机制等均显示出高度差异性。因此，我们要正确认识开挖高边坡岩体的环境条件和物理力学属性，系统分析高边坡动态稳定性演变，从而提高高边坡控制技术水平。

一、依据弱层的流交特征来设计边坡

对于软弱夹层控制的高边坡来说，高边坡的变形破坏特征主要取决于弱层的流变特征，而弱层的抗剪强度具有时间效应，所以在高边坡设计时以长期抗剪强度的流动特性来分析高边坡的动态稳定性。

二、控制地下水压的变化

地下水压对高边坡稳定来说，是极敏感的因素，多数高边坡的失稳破坏都是由地下水的失控造成的。所以地下水压监测是高边坡监测的重要环节。对于具体的高边坡来说它们均有一个地下水压的临界值，当地下水压大于此值时，高边坡变形速度增大；当小于此值时，高边坡变形速度减缓。所以人们应依据

地下水压的监测数据，采取适当的措施控制地下水压的变化，以达到控制高边坡变形提高稳定性的目的。

三、开挖工程的协调

高边坡的管理和维护是高边坡的重要环节，我们应尽量缩短高边坡的暴露时间和服务年限。开挖高边坡工艺选择、工作线推进方向都应和高边坡工程管理结合起来，协调发展。

四、采取必要的治理措施

在高边坡的服务年限内，对于变形过程中即将失稳破坏的高边坡，一般是不处理而躲避，但是对于有些要害部位，人们就必须深入研究高边坡变形治理控制措施，如钢筋混凝土抗滑桩、钻孔锚杆和防渗变形墙等控制高边坡变形破坏的治理措施，通过控制措施减缓高边坡变形的发展，使高边坡达到服务年限，以最少的投入获得最大的经济效益。

第二节　坡体开挖变形的弹塑性理论分析

坡体在开挖作用下的力学问题实际上是空间问题，但这类空间问题的分析计算过程较为复杂。对于高边坡工程来说，由于其特殊的几何与力学特点，一般来说，其在与坡体横断面垂直的方向（即线路方向）上的长度要比其横向长度大得多，而且坡体所受自相平衡之外力（如重力、深部地层的支持力等）也可认为与该方向垂直且近似均匀分布，因而根据弹性理论，这类空间问题可以近似简化为平面应变问题来处理，从而使得力学分析计算过程大为简化。

一、平面应变问题基本理论

弹性平面应变问题的基本特点：如果弹性体有一维长度（如 z 向）远大于另外两维（如 x，y 向）的长度，而作用于此弹性体上的外力（包括体力与面力）垂直于此向（z 向），并沿此向（z 向）均匀分布，同时这些外力自相平衡，则物体内各点的 z 向位移分量可视为零，而沿其余两个方向的位移分量只是坐标 x 和 y 的函数，与坐标 z 无关，即弹性体内所有平行于 x-y 平面的横截面上对应同样位置点的变形和应力是相同的。也就是说，此时将该弹性体的一切力学现象都近似看作在一个平面（x-y 平面）里发生的，其应力分量、应变分量及位移分量等都仅仅是两个坐标变量（x、y）的函数，而与 z 坐标无关。因此，在数学上弹性力学的平面应变问题属于二维问题，这样便于获得问题的具体解析解。若设 u、v、w 分别为弹性体在 x、y、z 向的位移分量，则其表达形式可写为：

$$\begin{cases} u=u\ (x,\ y) \\ v=v\ (x,\ y) \\ w=0 \end{cases} \tag{5-1}$$

弹性体发生式(5-1)所述形式的位移时，其所有各点的位移矢量均平行于 x-y 平面，因而可把这种问题称为平面位移问题，但习惯上常称其为平面应变问题。设 ε_x、ε_y 与 γ_{xy} 分别为 x、y 向的正应变分量及 x-y 面内的剪应变分量，σ_x、σ_y、τ_{xy} 为相应的应力分量，由剪应力互等定理（$\tau_{xy}=\tau_{yx}$），可知平面应变问题的应变分量与位移分量间的关系（几何方程）以及表示应力与应变分量之间关系的物理方程（不计温度影响，下同）分别为式（5-2）及式（5-3）所示。其中，E、μ 分别为物体的弹性模量与泊松比。由式（5-1）、式（5-2）及式（5-3）可以看出，ε_x、ε_y、γ_{xy} 及 σ_x、σ_y、τ_{xy} 都只是坐标 x、y 的函数。此时由于弹性体 z 向的正应变 ε_z 为零，因此 z 方向的正应力 σ_z 不等于零，根据胡克定律，其表达式为式（5-4）。

$$\begin{Bmatrix} \varepsilon_x \\ \varepsilon_y \\ \gamma_{xy} \end{Bmatrix} = \begin{Bmatrix} \dfrac{\partial u}{\partial x} \\ \dfrac{\partial v}{\partial y} \\ \dfrac{\partial u}{\partial y}+\dfrac{\partial v}{\partial x} \end{Bmatrix} \tag{5-2}$$

$$\begin{cases} \varepsilon_x = \dfrac{1-\mu^2}{E}\left[\sigma_x - \dfrac{\mu}{1-\mu}\sigma_y\right] \\[3mm] \varepsilon_y = \dfrac{1-\mu^2}{E}\left[\sigma_y - \dfrac{\mu}{1-\mu}\sigma_x\right] \\[3mm] \gamma_{xy} = \dfrac{2(1+\mu)}{E}\tau_{xy} \end{cases} \tag{5-3}$$

$$\sigma_z = \mu(\sigma_x + \sigma_y) \tag{5-4}$$

应力、应变的正负号仍遵循弹性力学的规定。由几何方程（5-2）可得变形连续方程（也叫协调方程或相容方程）为：

$$\frac{\partial^2 \varepsilon_x}{\partial y^2} + \frac{\partial^2 \varepsilon_y}{\partial x^2} = \frac{\partial^2 \gamma_{xy}}{\partial x \partial y} \tag{5-5}$$

平面应变问题的平衡微分方程为：

$$\begin{cases} \dfrac{\partial \sigma_x}{\partial x} + \dfrac{\partial \tau_{xy}}{\partial y} + f_x = 0 \\[3mm] \dfrac{\partial \tau_{xy}}{\partial x} + \dfrac{\partial \sigma_y}{\partial y} + f_y = 0 \end{cases} \tag{5-6}$$

此外，在弹性体边界上还应满足边界条件。若在边界上已给定面力分量，则作用于边界上的面力分量和边界应力之间的关系为：

$$\begin{cases} (\sigma_x)_s l + (\tau_{xy})_s m = F_x \\[2mm] (\tau_{xy})_s l + (\sigma_y)_s m = F_y \end{cases} \tag{5-7}$$

其中，F_x、F_y 为给定的边界面力分量；$(\sigma_x)_s$、$(\sigma_y)_s$、$(\tau_{xy})_s$ 为弹性体边界上的应力分量；l、m 为弹性体边界外法线的方向余弦，即 $l=\cos(N, x)$，$m=\cos(N, y)$，N 为弹性体边界外法线的方向。若给定边界上的位移分量，则有：

$$\begin{cases} (u)_s = u^*(x, y) \\[2mm] (v)_s = v^*(x, y) \end{cases} \tag{5-8}$$

其中，$u^*(x, y)$、$v^*(x, y)$ 为给定的边界上的位移分量；$(u)_s$、$(v)_s$ 为弹性体边界上的位移分量。还有一种情况称为混合边界条件，即在一部分边界上是式（5-7）所示的应力边界条件，而在另一部分边界上是式（5-8）所示的位移边界条件，或者在同一部分边界上一个是应力边界条件，另一个是位移边界条件。对于平面应变问题，只有在满足式（5-6）、式（5-5）、式（5-3）及式（5-2）所示的平衡微分方程、相容方程、物理方程及几何方程的基础上，同时满足边界条件，才能得到定解。一般来说，平面应变问题有两种基本解法，一种是以应力分量为基本未知函数的应力解法，另一种是以位移分量为基本未知函数的位移解法。

二、开挖松动区的理论解析

坡体松动区的内边界实际上可以看成在经过一定安全储备（抗剪强度除以稳定系数）后坡体中处于临界破坏状态的点的集合。因此，人们可以利用强度条件来判断坡体的开挖松动区。岩土材料的强度准则有许多种，这里主要采用摩尔—库仑强度准则以简化分析。在平面应变状态下三向应力都为二维坐标的函数，在确定了一点的 x、y 向应力之后，其 z 向应力也可得出。所以，在使用强度准则时要考虑三向应力状态的情况。设坡体内各点的 3 个主应力 σ_1、σ_2、σ_3 大小关系为 $\sigma_1 \geqslant \sigma_2 \geqslant \sigma_3$，符号规定同前述（拉正压负，下同），则摩尔—

库仑强度准则经过安全储备后的表达式如式（5-9）所示。同时，由于岩土材料特殊的物理力学特性，其抗拉强度极低，有时甚至为零，因此还应把抗拉强度准则作为另一个强度控制条件。为便于简化分析，这里就采用单轴抗拉强度准则作为抗拉强度控制条件，其相应考虑安全储备后的表达式如式（5-12）所示。这样，在得到开挖坡体的应力场之后，就可以用经过安全储备的摩尔—库仑强度准则和单轴抗拉强度准则来解析坡体开挖松动区。

$$\frac{\sigma_1 - \sigma_3}{2} = \left[c \cdot \cos\varphi - \frac{\sigma_1 + \sigma_3}{2} \cdot \sin\varphi \right] / K_s \qquad （5-9）$$

式（5-9）中，c、φ 分别为坡体材料的黏聚力和内摩擦角，三向应力状态下的主应力 σ_1、σ_3 由式（5-10）确定，取其解的最大值作为 σ_1，最小值为 σ_3。

$$\sigma_3 - I_1\sigma^2 + I_2\sigma - I_3 = 0 \qquad （5-10）$$

式（5-10）中，系数 I_1、I_2、I_3 按式（5-11）计算。

$$\begin{cases} I_1 = 1 + \mu(\sigma_x + \sigma_y) \\ I_2 = \mu(\sigma_x + \sigma_y)^2 + \sigma_x\sigma_y - \tau_{xy}^2 \\ I_3 = \mu\sigma_x + \sigma_y(\sigma_x\sigma_y - \tau_{xy}^2) \end{cases} \qquad （5-11）$$

式（5-11）是用直角坐标表示的情况。若用极坐标表示，则只需将其中的应力脚标 x、y 对应换成 r、θ 便可。

$$\sigma_1 - \frac{R_t}{K_s} = 0 \qquad （5-12）$$

式（5-12）中，R_t 为坡体材料的单轴抗拉强度。

第三节　高边坡开挖技术控制

在对高边坡施工的时候，由于其高度以及其他一些制约因素，导致施工较难布置，坡体的稳定性不便确定，爆破施工也较为困难。因此在高边坡施工过程中，负责人需要遵守设计规程，确保达到质量验收标准，只有这样才能保证高边坡在开挖过程中的质量，并且能够规范作业程序。

现阶段，在一些水利工程项目施工过程中，由于受到地质条件、天气条件以及环境等各种因素的影响，往往导致施工工程存在诸多困难。目前高边坡工程越来越多，其稳定性问题一直是业内人士十分关注的问题。由于其对整个水利工程建成后的运行情况有着直接影响，所以在水利工程建筑施工过程中，人们需要对高边坡的开挖技术加以严格控制。

一、高边坡开挖之前的准备工作

高边坡在开挖之前，必须对工程施工区域的地质条件进行详细的勘查，并认真分析。人们要考虑一切可能影响边坡稳定性的因素，而且不仅要对当前的地质情况有正确判断，还应该根据现有情况，分析预测施工区域有可能发生的地质变化，只有这样才能为整个工程的高边坡设计及施工奠定坚实的基础，以确保工程项目的开展及建成后的正常运行。

基于上述原则，水利工程高边坡在实施挖掘之前，应当确保做到以下几点。

①根据实际情况，确定有针对性并且可行的开挖方法及工艺，并确定施工需要用到的机械设备及施工材料。

②对可能发生危险的因素进行详细分析，并提前做好必要的防范及应对措施，避免发生危险的时候无计可施，造成重大经济损失。

③对于施工过程中可能出现的机械设备造成的伤害、爆破过程中可能出现的危险以及滑坡坍塌等地质危害，都要有详尽的预防措施。

④水利工程中往往可能遇到沟、峡谷、陡坡等地质形态，因此要做好其对称情况和切割深度等各个方面的调查，认真仔细地勘查工程中的高度、坡度及坡型等地质条件。

⑤仔细勘查高边坡的岩石特性，软硬程度及组成比例，还要研究其形成原因。

⑥对于能够影响高边坡稳定性的岩石层结构分布要进行详细的勘查，并进行计算，对于不同岩性的组合情况要研究清楚，以便预测可能造成的不稳定隐患。

⑦高边坡往往会有部分岩体裂缝存在，在进行开挖之前，要对这些裂缝的分布以及开裂程度等进行勘查分析，此外还要注意岩石层的风化程度及风化带的位置。

⑧要对水利工程中边坡项目所在的区域的水文、气象等条件进行勘查，还需要注意相关区域的地下水理及地下水流动情况，对工程所在地的岩体渗透性及水文地质结构进行技术性分析。

⑨在上述工作的基础上，还要对高边坡工程所在区域的岩体进行物理力学方面的测试，通过测试进一步分析该方面特性对工程稳定性的影响。

二、高边坡开挖过程中的技术及控制

高边坡工程在实施过程中，应该针对不同的工作内容，采用不同的施工技术，这就要求负责工程中高边坡模块的技术人员要根据开挖前的准备工作，制定正确合理的技术方案，以及施工计划。下面是对现阶段的一些水利工程项目中涉及高边坡开挖过程的一些技术控制方法的阐述。

①对于高边坡长度比较长的项目，通常采用的是多级开挖的方法，在开挖过程中，应该做到随挖随护，以避免出现由于开挖面裸露而引起的崩塌事故。

②开挖过程中，应该保持开挖工作和装运工作交替进行，不能为了贪图工期短而同时进行，这样可能造成一些严重事故的发生。

③高边坡开挖过程中，可能遇到地下水涌出的情况，这种情况发生时，应该停止作业，先进行排水工作。

④如果施工过程中出现石块或者土层松动的情况，应该及时进行清除，避免造成人员和设备的损伤。

⑤在一些地质不良区域，应该设置必要的支挡设施，并考虑分段开挖的方法，同时每段进行支挡设施的架设。

⑥针对施工过程中可能出现的滑坡等情况，一定要配备安全员进行值班观测，加强现场的观察，以确保施工安全。

⑦施工过程中要密切关注山体的稳定情况，做到每日开工前、收工后都对施工区域进行仔细检查。对于出现裂缝塌方迹象的区域，应立即停止施工，工作人员撤离，上报情况，等待下一步工作计划。

⑧如果需要对滑坡地段进行开挖工作，应该本着由两侧向中间，由上而下的原则进行，切忌全面开挖。并且开挖过程中一定要加强支撑设施，严防塌方的发生。

⑨高边坡开挖过程中，经常需要用到爆破作业，期间一定要保证人员撤出飞散物能到达的范围之外，避免安全事故发生。

（一）相关理论分析技术

针对高边坡开挖技术的理论分析，通常使用的是水均衡计算法。也就是根据高边坡工程的各项均衡因素和其动态资料，以及水均衡方程，科学地计算和分析各种地质情况，如地下水的分布情况、岩体的渗透性等。这种传统的计算分析方法，能够为施工区域地质情况的客观分析及判断提供较为可信的依据。

（二）传统高边坡开挖技术控制分析

传统意义上的高边坡开挖技术控制指的是应用常规的仪器、设备对开挖技术进行控制。实际工作中，一般是按照以下步骤进行：采用传统仪器设备对施工区域进行勘测，分析地质情况，根据结果得出判断，结合各方面因素，制定合理可行的施工方案。这种方法往往要求相关技术人员有着丰富的实践经验，而且要求其理论知识也要不断提升，以适应不同情况的工程。

（三）高边坡开挖技术的物探技术

近年来，科学技术不断发展，许多成果也得以应用到高边坡勘查过程中，大大提高了判断的准确性和效率。目前实际施工过程中经常用到的物探技术主要有高边坡开挖过程中的 CT 勘测技术、雷达探测技术、远红外遥感技术等，这些新技术的应用为高边坡开挖技术控制注入了新鲜血液。

三、高边坡开挖工程完工后的稳定性评价

高边坡工程的稳定性对工程建设的重要性不言而喻，它能够直接影响高边坡的运行情况，所以对高边坡工程的稳定性进行正确、客观的分析就十分关键。目前对于其稳定性的分析主要从以下几个方面进行：根据工程区域的岩土层机构情况，分析其可能出现的变化及临界条件；通过周边环境等，预测其可能出现的破坏模式；根据物理力学有关知识，计算分析各岩体中的各类参数；理论与实践相结合，判断可能存在的各种潜在危险因素，以便提前做好防治措施。

第四节　控制开挖变形的施工技术

本节以京珠高速公路粤境北段公路高边坡为例，在公路高边坡的设计上，针对一些地质条件较差的地段，提出了相应的施工方法及对工艺的具体要求。根据该段公路高边坡施工所取得的经验和教训，可对不同公路高边坡所采用的施工方法和工艺进行优化，这样不但可以保证公路高边坡施工期间的安全稳定，而且可以不遗留影响高边坡长期稳定的安全隐患。因此，研究公路高边坡的最佳施工方法及工艺十分重要。

一、施工方法的优化

（一）工程地质条件

京珠高速公路粤境北段位于华南褶皱带，受粤北山字形构造脊柱南端瑶山复背斜及乳源曲江断褶带影响，小塘至南水水库段路线位于南北构造带，路线走向与主构造平行。南水水库至甘塘段，路线走向又与东西向的构造平行，且位于构造带中。该段路沿线地层为灰岩，炭质灰岩，炭质页岩、煤系地层、泥质砂岩、砂岩夹泥岩、砂岩夹煤层、薄层页岩等。由于受断层的影响岩层节理发育、破碎，风化严重，大部分已风化成土状。强风化层厚度达几十米，而且大部分岩层为软弱岩。中薄层的泥岩、炭质页岩、煤层、页岩及泥质粉砂岩，强度低、易风化、遇水易软化，边坡稳定性差。该段路沿线不仅地层岩性较差，而且多处还遇滑坡、错落、岩溶和膨胀土等不良地质体。

（二）主要施工方案

京珠高速公路粤境北段因地形地质条件极差，路堑边坡高，高边坡稳定性差，施工方案的设计上应针对不同的路堑边坡的地质条件，采用不同的加固防护工程措施来控制变形。主要有锚固桩、锚索桩、桩板墙、挡土墙及预应力锚索等加固防护工程，边坡防护采用支撑渗沟、拱形骨架草皮护坡、六棱砖植草、浆砌片石护坡、护面墙等工程措施。主要的施工方案包括如下几个。

1. 软质岩边坡施工方案

对于软岩高边坡应采用"分层开挖、分层稳定加固和坡脚预加固"的设计原则。在此路段设计者根据不同的地质条件和边坡高度采用了几种不同的组合模式：①分级开挖、分级稳定，坡脚采用锚固桩预加固；②分级开挖、分级采用预应力锚索加固，使边坡分级稳定，坡脚采用桩或挡土墙固脚。

（1）分级稳定、坡脚锚固桩预加固

为了保证高边坡在施工过程中的稳定性，配合机械化大拉槽开挖，在软质岩边坡高度不太高（一般不超过 30 m），且有放坡条件时，宜采用分级稳定的设计方法。即将每级边坡按该地层中的稳定边坡坡率放坡，并设护面墙或拱形骨架草皮护坡防护，每级之间设一定宽度的平台（3～4 m），在施工至第一级平台标高时，停止土方开挖，先进行坡脚锚固桩预加固，待锚固桩竣工达到一定强度后，再开挖桩前土体。

（2）分级开挖、分级锚固

当软质岩边坡过高，且无放坡条件时，宜采用分级预应力锚索加固设计方法。即设计中采用台阶式边坡，每级高 6 ～ 10 m，每级高边坡采用预应力锚索加固。每级高边坡之间设一定宽度的平台（3 ～ 4 m）。这样既保证了高边坡施工中的临时稳定，也确保了高边坡的整体稳定。坡脚可采用桩或挡土墙固脚。

2. 煤层及土质边坡施工方案

煤层及土质路堑高边坡，由于边坡高，地质条件较差，坡脚往往会产生应力集中，高边坡极易产生坍滑破坏。对该类地层，设计上采用放缓边坡、坡脚锚固桩加固措施。采用坡脚锚固桩对坡脚进行的预加固，对整个高边坡的稳定十分有利，因为桩的施工可以在坡脚边坡未开挖情况下先进行，待桩竣工并达到一定强度后，再开挖坡脚土体，这样就不至于引起坡脚开挖时高边坡土体应力释放而引起的过大变形。对一些边坡过高，且地质条件极差的工点，设计上也宜采用分级设桩支挡的施工方法。这样一方面可以降低高边坡的总体高度，另一方面，分级设桩支挡可以保证高边坡在施工中的安全。该类高边坡通常采用支撑渗沟及拱形骨架草皮护坡进行防护，以防止高边坡发生浅层溜坍。

3. 滑坡地段边坡施工方案

对于京珠高速公路粤境北段的滑坡地带路堑高边坡，设计上宜采用预应力锚索、锚固桩或锚索桩等工程措施对滑坡进行整治；高边坡防护宜采用支撑渗沟以疏干滑坡体内的水，使土体强度不会因水而降低；应采用拱形骨架护坡对坡面进行防护，以防止高边坡土体浅层溜坍。

4. 其他地段边坡施工方案

其他工程地质条件较好，边坡高度不高的路堑边坡，一般采用片石混凝土挡土墙加固，坡面采用拱形骨架草皮护坡或六棱砖植草等防护手段。

（三）制定施工原则

实践证明，上述按工程地质条件设计高边坡施工方案的做法是正确的，但无论采用何种施工方案，都应制定相应施工原则。

1. 合理选择施工工期

合理地选择施工季节和进行工期安排关系到路堑高边坡施工过程中的稳定性，以及施工的工效和质量。根据京珠高速公路粤境北段高边坡的工程地质特性，在工期安排上应遵循以下原则。

（1）旱季施工

高边坡的工程地质条件是高边坡是否稳定的内因，而水是导致高边坡失稳的诱因。土体含水量的大小对其强度影响极大，对地质条件差，特别是节理裂隙十分发育的土体，在雨季雨水会沿裂隙渗入，这就加大了土体的含水量，土体的强度会大大降低。另外，在雨季，高边坡开挖后，因受雨的影响，高边坡支护工程往往不能及时跟上，此时开挖公路高边坡极易造成边坡塌滑。因此，地质条件极差的软岩高边坡、土质高边坡和煤系地层高边坡应严禁雨季施工。

（2）雨季前竣工

京珠高速公路粤境北段，旱季一般为 10 月至次年的 3 月，在这六个月中，必须合理安排已开工项目的施工工期，确保在雨季到来前将已开挖的高边坡的主体工程和附属工程做好，特别是公路高边坡开挖至坡脚后，应及时进行坡脚加固。这是因为若不能在雨季到来之前将高边坡防护和坡脚支挡做好，雨季到来后，路堑内必然会产生积水。路堑内的积水会浸泡原本已处于应力集中的坡脚，坡脚强度会降低，而且坡面雨水的渗入会降低土体的强度指标，使土体下滑力加大。这一切不利因素的组合极易造成边坡产生整体坍滑。

（3）快速施工

即使安排在旱季施工，也要坚持快速施工的原则。一方面施工工期愈长，土体暴露时间越长，若支挡工程不能及时跟上，会造成土体应力释放，从而土体自身强度会降低，另一方面，旱季也有降雨，工期愈长对高边坡的稳定性越不利。

2. 及时开挖及时支护

公路高边坡开挖后，破坏了土体原有的应力平衡，造成高边坡土体中的应力重新分布，同时高边坡表层一定范围内的岩体强度也会因应力状态的改变而降低，这一切使得高边坡向不稳定的方向发展。按照高边坡渐进破坏的理论，随着时间的推移，高边坡失稳的可能性将逐渐增大。因此，及时快捷地将支挡结构及高边坡防护工程做好，就可以有效地控制高边坡因开挖而引起的强度衰减，以及有效地控制高边坡朝不稳定的方向发展，从而确保高边坡的稳定。

3. 做好施工过程中的排水

公路高边坡开挖前应先做好山坡截水沟，并及时了解天气变化，做好临时排水工作，及时将水排走。这样可以减少雨水的渗入和降低雨水对新开挖未支护坡面的冲刷，也能阻止雨水向路堑中汇集浸泡坡脚。因此，施工中及时了解天气情况，做好临时排水工作，可以最大限度地减少降雨对路堑边坡稳定性的影响，确保施工过程的安全。

4. 做好施工过程中的边坡变形观测

在施工中，做好变形观测，特别是一些重大高边坡做好施工中的变形观测，能预测可能发生的坍滑，以便提前采取相应的对策，确保施工的安全，减少不必要的损失。

5. 必须坚持产生坍滑及时治理的原则

在公路高边坡的施工过程中，一旦产生坍滑就应及时采用工程措施进行整治，因为如果整治不及时，坍滑范围会逐渐发展，从而造成更大规模的坍滑。在高边坡整治中，由于小坍滑没能及时整治而引起更大规模高边坡破坏的实例不胜枚举。坍滑不能及时治理，不但会影响高边坡的整体稳定，还会造成更大的工程投资。此外，施工过程应严格遵守各种规范、章程，只有这样才能确保施工质量和施工安全。

二、信息施工技术

京珠高速公路粤境北段路堑高边坡防护，尽管应用了各种加固防护工程措施，但因工程地质条件的复杂，地质勘探工作存在较大的局限性，使得各种工程措施的设计存在较多的不确定因素，因此在施工中，设计者需要根据地质情况的变化不断修改完善设计，根据施工过程中所获得的各种信息，对设计进行修正，对施工方案进行优化，即信息施工法。信息施工法就是将在施工过程中发现的工程地质条件、施工工艺存在的问题等信息及时反馈到设计、施工中，设计者据此对原设计进行修正，以保证设计和施工更符合现场实际情况，也更加合理。信息施工法的核心在于收集相关资料，在施工过程中应运用各种手段，如锚索钻孔、抗滑桩挖桩、深孔位移监测、平面位移观测等收集有关地质及施工的信息，根据所收集的信息，及时了解边坡在施工中的稳定和变形情况，以及高边坡滑动面的位置，据此修改设计，如调整锚索长度、锚索数量，调整锚固段深度和桩截面，改变支挡工程类型；根据施工过程中反馈的信息，及时调整施工工艺和施工流程，以及控制施工大变形，如对高边坡采用临时加固等。信息施工法在施工中具有较广泛的运用前景，京珠高速公路粤境北段在设计和施工过程中，广泛采用了信息施工法，从而确保了设计的合理性和施工的顺利进行，使该段公路高边坡的施工从开工至竣工一直未发生重大的边坡坍滑事故，确保了公路高边坡的稳定。以下介绍应用信息施工法的两个工程实例。

（一）信息施工法在锚索施工中的应用

1.锚索设计、施工程序

锚索设计、施工程序一般是先根据工程地质条件，确定不稳定岩土体的下滑力，再根据岩体物理、力学性质、注浆工艺等确定锚索布置形式、自由段长度、预张拉力大小等，并将设计结果运用于施工过程中。该程序为单一流向程序，各种信息单向流动，施工中获得的地层分布、岩体性质等信息并不反馈到设计、施工等环节中。锚索设计过程中，因为地质条件复杂勘探工作存在很大的局限性，设计过程中存在许多不确定因素，经常是参照地质条件相似的工程，根据经验进行设计，因此，设计方迫切希望施工方将施工中获得的各种信息反馈到设计中，从而对设计进行修正。

分析前面的设计程序可知，如果将施工中获得的地质等信息反向传递到设计的相应环节中，则设计、施工构成一个闭环过程。这样施工中获得的工程地质条件，以及钻孔、注浆工艺存在的问题等不断反馈到设计环节，设计不断得到修正，施工工艺不断得到改进，从而保证了锚索工程的质量。

2.信息的收集和反馈

信息施工法在锚索施工中成功运用的关键是如何收集相关信息并及时将其反馈到设计中。锚索设计建立在地质勘查基础上，即建立地层分布、岩体性质、地质构造、滑动面位置等基础资料之上。而锚索施工中，钻孔速度、注浆量大小及变化、张拉力的大小等信息无不反映出地质条件的好坏，因此在施工中要充分利用钻孔、注浆、张拉等施工工序收集有关地质资料。

①钻孔时选取部分具有代表性的锚孔作为取样孔，钻取岩芯，核实地层、构造节理分布、滑动面位置等地质情况。

②根据开挖坡面调绘，收集相关地质资料。

③通过岩芯力学试验、张拉试验，确定有关岩石力学指标等参数。

④密切观察钻孔过程中出渣、风压、地下水出露情况，及注浆过程中注浆量的变化，将其作为判断滑动面、错落面及锚固段是否进入稳定岩土层的依据，以验证设计的准确性。

通过以上工作收集到的相关资料，核实设计采用的地质资料是否准确、设计参数是否合理，并据此修改有关设计。

收集施工工艺存在的问题，并提出相应的改进措施。钻孔、注浆质量的好坏，不仅受地质条件的影响，同时受施工工艺的控制，其质量的好坏直接影响工程的成败，因此要加强对钻孔、注浆工艺的监控，及时发现其存在的问题，并提出相应的改进意见。

信息的收集及反馈，应贯穿于设计、施工的整个过程中，而不是局限于其中的某几个阶段。同时要运用各种手段收集尽可能多的资料，以进行综合分析。

3. 信息施工法运用实例

（1）K67+700～K68+100工点

①工程地质和设计概况。该工点自然边坡较陡（35°～40°）。主要地层岩性为灰岩、炭质灰岩、泥岩灰岩互层、泥质粉砂岩、石英砂岩互层及砂岩。由于受断层的影响，节理裂隙十分发育，岩层破碎，表层为破碎岩土堆积层。设计工程措施为K67+800～K68+100边坡采用预应力锚索加固，坡脚采用预应力锚索加固，K67+880～K67+960边坡采用护面墙防护。该边坡地质条件复杂，钻探资料较少，在设计过程中存在许多不确定因素，因此在施工中采用了信息施工法对锚索布置和锚索长度进行了修正，保证了边坡的稳定。

②通过施工中获得的信息修正加固范围。由于此工点的工程地质条件较复杂，所以施工人员在施工中对高边坡进行了深孔位移和地表倾斜盘观测，并根据开挖断面暴露的地质条件和锚索钻孔过程中所揭示的地质情况，对工点的锚索加固范围和锚索长度进行了调整并及时调整了施工工艺。根据深孔位移观测资料，K67+800～K68+100段在施工过程中，位移量较大，滑动面位置比原设计要深，下滑力比原设计大，据此，在该段增设了锚索工程并及时施工。锚索施工完成后，该段边坡位移趋于稳定。

根据坡面开挖所揭示的工程地质条件，K67+880～K67+960段原设计是按灰岩地层考虑的，实际开挖后发现，该段灰岩实际上并不存在，边坡位于破碎的砂岩地段。原设计工程措施不能保证边坡的稳定性，为此在该段增设了锚索工程并在坡脚增设了锚固桩。

在锚索钻孔过程中发现，坡体岩体破碎带比原设计的要深，原设计锚固段长度不足，为此，对部分锚索长度进行了调整。

在K67+960～K68+100下部桩板墙施工过程中，由于施工单位未按设计要求的分层开挖分层挂板的施工工艺施工，致使桩间土体发生坍滑。深孔测斜揭示，坡体位移急剧增加。根据深孔位移所反馈的信息，设计者对施工工艺及时进行了调整，即停止桩前土体开挖，已开挖部分立即进行挡土板施工并及时回填板后坍滑部分。挡土板施工和坍滑部分回填后，边坡位移趋于稳定。

（2）K98 工点

①工程地质及设计概况。K98 工点地层主要岩性为全强风化的泥岩、泥质砂岩夹煤层。岩体强度较低，设计上采用了预应力锚索加固边坡，坡脚锚固桩固脚。

②通过施工中获得的信息修正设计。该工点在施工过程中为确保施工安全和检验加固工程效果，对边坡进行了深孔测斜观测和平面位移观测。根据位移观测结果，当边坡加固工程完全实施并发挥作用后，边坡开挖桩前土体，仍产生较大的位移变形。该信息反馈到设计单位后，引起了设计单位的重视，根据反复检算，设计人员认识到原设计采用的设计参数取值过高，设计下滑力偏小，原设计的工程措施不能满足边坡稳定性的要求。经变更设计采用清方减载，增加锚索工程等工程措施后，边坡位移得到有效控制，确保了边坡的稳定性。

③通过施工中获得的信息改进施工工艺。该工点在 K98+600 附近第五级边坡锚索施工后，经张拉试验，锚索张拉力达不到设计吨位。通过对施工工艺的分析发现，锚固段岩体大多为泥岩、砂岩夹煤层，且岩体含水量较大，强度低，采用普通的灌浆技术，锚固段岩体与砂浆之间不具有足够的黏结力，从而造成锚索张拉力达不到设计吨位。针对此情况，在锚索施工中，设计人员对灌浆工艺进行了改进，采用二次高压劈裂注浆，即在第一次注浆浆体初凝前，通过第二根灌浆管，对锚固段进行第二次高压注浆。通过以上措施，注浆质量得到保证，大大提高了浆体与土体之间的黏结力，使锚索张拉力达到设计吨位。

（3）K108 工点

①工程地质及设计概况。该工点地层岩性为砂岩、灰岩及其强风化层，边坡采用预应力锚索加固。

②通过施工中获得的信息修正锚固段设计。该工点在第三级边坡锚索施工钻孔过程中，发现部分锚索锚固段位于全风化的土层中，而且锚固段土体含水量较高，个别锚索锚固段位于灰岩溶洞中，锚固段提供的锚固力不足。为了保证锚索的锚固效果，施工人员有选择性地对一些锚索孔进行试钻，以获得锚固段准确的地质资料，设计人员根据试钻反馈的信息，对锚索设计进行了修正。对锚固段在完整灰岩中长度不足者，增加了锚固段长度，以确保锚固段处于岩层中。个别孔在增加锚固段长度后，锚固段仍进入不了完整岩层中的，根据经济比较，采用二次劈裂注浆技术来增强浆体与土体之间的黏结力，从而达到提高锚固力的效果。通过以上措施，确保了锚索的张拉力达到设计要求，确保了锚索的加固效果。

（二）信息施工法在锚固桩施工中的应用

1. 锚固桩设计及施工程序

锚固桩设计一般是先根据工程地质条件，确定不稳定边坡的下滑力，再根据下滑力的大小，确定锚固桩的间距、长度和截面尺寸。其施工程序一般为挖孔、下钢筋笼、灌注混凝土。该程序为单一流向程序，各种信息单向流动，施工中获得的地质条件变化情况并不能反馈到设计、施工中。因地质条件复杂，地面以下的地质情况千变万化，锚固桩在设计中存在一些不确定的因素，如滑动面位置、锚固段地层的地质条件等都会与设计条件有出入。因此，及时将施工挖孔过程中地层的变化反馈到设计中，以准确确定滑动面位置，从而完善设计，确保锚固桩的抗滑效果显得十分重要。分析图 5-1 设计施工流程，如果将施工中获得的地质等信息反向传递到设计的相应环节中，则设计、施工构成一个闭合的流程图。施工中获得的地质资料不断反馈到设计和施工中，设计不断完善，施工工艺不断得到改进，从而保证了锚固桩的施工质量和加固效果。

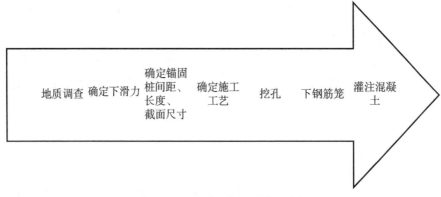

地质调查　确定下滑力　确定锚固桩间距、长度、截面尺寸　确定施工工艺　挖孔　下钢筋笼　灌注混凝土

图 5-1　锚固桩一般设计施工流程

2. 信息施工法运用实例

京珠高速公路粤境北段因工程地质条件复杂，在锚固桩施工过程中遇到的地质条件千变万化，为确保锚固桩施工的安全和锚固桩的加固效果，使工程措施达到既经济又合理的要求，在锚固桩施工过程中对每根桩开挖的地质情况都进行了编录，并根据桩开挖的地质条件对桩的施工工艺和布置及时进行了调整。正常桩的开挖施工工艺是分段开挖，分段护壁，在已挖段护壁施工完成后，再开挖下层土体，施工下层护壁，如此循环直至桩的设计标高。但是，在个别特殊情况下，仅采用此方法，桩根本无法开挖，还需要其他措施的配合，

如 K16、K56 工点。这两个工点地层属煤系地层，个别桩在施工过程中不断出现孔壁坍滑情况，使得桩的开挖无法进行。该信息反馈至设计单位后，设计人员针对实际的地质情况，及时调整了桩的施工工艺，即在桩孔壁上先超前施工小钢管，对孔壁四周土体进行预加固后，再开挖施工护壁。改进施工工艺保证了桩的顺利开挖。个别工点由于地质条件较差，锚固桩施工后，因锚固段地层强度低，提供的侧壁应力不足，在滑坡推力作用下，桩前土体被压缩产生屈服变形，使桩产生较大的偏转位移，给边坡的稳定带来不利的影响。针对这种情况，设计人员及时调整了桩的设计，在桩上增设预应力锚索，以增加桩的抗滑力，使桩前土体应力重分布，减少了桩的侧壁应力。同时改变施工工艺，停止开挖桩前土体，已开挖部分回填反压，待桩上锚索张拉锁定后，再开挖桩前土体，如 K46、K98 工点。

此外，信息施工技术在京珠高速公路粤境北段锚固桩设计和施工中的运用，还表现在根据锚固桩开挖的地质条件变化情况及路堑边坡的稳定性，及时调整锚固桩的布置，如增加或减少锚固桩，调整锚固桩间距和锚固桩长度。如 K108 工点，该工点原设计中第一级边坡中部按土质高边坡考虑，坡脚设锚固桩加固，珠海端按灰岩高边坡考虑，采用护面墙防护。但高边坡实际开挖后，实际地质情况与原设计有出入，中部由土质高边坡变成了灰岩高边坡，而珠海端原设计的灰岩高边坡变成土质高边坡，且地质条件很差。该信息反馈至设计单位后，设计人员及时调整了锚固桩的布置，取消中部锚固桩的施工，珠海端增设锚固桩。K51 工点原设计考虑到该工点地质条件较差，且边坡较高，于是采用了锚固桩对高边坡进行加固。根据高边坡开挖反馈的信息，该工点地质条件比原设计条件要好，高边坡的物理力学指标有较大提高，设计人员经稳定性检算后，取消了该工点的锚固桩，从而节约了大量的工程费用。

第六章　高边坡动态监测预警系统

我国对高边坡稳定性监测大致经历了以下几个阶段：应用宏观地质经验法，即根据人工观测地表的变化特征、地下水的异变、周围动植物的异常等来确定边坡的状况；应用简易观测法，即通过在关键裂缝处做标记、树标杆等方法来获取裂缝长度、宽度、深度的变化以及延伸方向；应用大地测量法，该方法是伴随着高精度的光学及光电仪器的出现而逐渐发展和成熟的；GPS 测量以及近景摄影测量也应用于边坡稳定性监测；声发射方法、时域反射法、光时域反射法等也正被应用于边坡稳定性监测之中。

第一节　高边坡动态监测指标及方法

一、高边坡动态监测指标

高边坡动态监测指标如表 6-1 所示。

表 6-1　监测指标分类

序号	监测项目	监测指标
1	裂缝监测	1. 地表裂缝监测；2. 建筑物裂缝监测
2	位移监测	1. 地表位移监测；2. 地下位移监测
3	滑动面监测	滑动面位置测定
4	地表水监测	1. 自然沟水的观测；2. 河、湖、水库水位观测；3. 湿地观测
5	地下水监测	1. 钻孔、井水的观测；2. 泉水观测；3. 孔隙水压力监测
6	降水量监测	降雨量、降雪量监测
7	应力监测	滑带应力监测、建筑物受力监测
8	宏观变形迹象监测	—

二、高边坡动态监测方法

高边坡动态监测方法众多，不同的监测项目需要采取不同的监测手段和监测仪器。总结起来，高边坡动态监测主要有以下几种方法。

（一）简易观测法

简易观测法是定期通过人工观测对高边坡工程及其周围环境的宏观现象进行观测、记录，以便能随时掌握高边坡变形动态及发展趋势。通常观察地表裂缝、地面鼓胀、沉降、坍塌，建筑物变形特征，地表水变化情况，建筑物裂缝扩展情况等。

简易观测法一般用于对已发生病害的高边坡进行的观测，该方法具有直观性、适应性及实用性强的特点，不仅适用于各种类型的崩塌滑坡不同变形发展阶段的监测，而且监测获得的前兆信息直观可靠，可信度高。我国曾利用宏观信息预报判据成功地预报了宝成铁路须家河滑坡。

（二）设站观测法

设站观测法指在高边坡的潜在滑坡体外部或内部设立固定观测点，并将其布置成网状或带状，利用测量仪器手动定期观测或自动定期采集观测数据的一种监测方法。

早期多是利用光学水准仪、经纬仪等对地表位移进行定期量测、记录，以掌握高边坡的动态特征。近年来随着观测仪器的发展和测量技术的进步，各种自动化仪器和观测手段逐步应用到高边坡监测工作中。典型的有 GPS 测量法和近景摄影法。

（三）GPS 测量法

GPS 测量法是在高边坡地表埋设 GPS 发送装置，并将其布置成合理的三维观测网，通过全球 GPS 网络定期接收信号，来监测高边坡稳定性动态特征数据。该方法具有如下优点。

①观测网的布设比较方便、自由；

②观测不受天气条件和时间的限制，可以进行全天候监测；

③测量精度高，一般观测精度能达到 10^{-6} 数量级。

（四）近景摄影法

近景摄影法是在高边坡潜在滑坡影响范围之外设置两到三个固定点，安装固定的摄影仪器，定期对高边坡取景，根据取景影像构建高边坡的立体影像，进而对高边坡的稳定性进行监测。近景摄影法有着方便、实时监测等特点，但观测精度不高，一般可用于岩质陡坡坡壁裂缝变化的观测。

（五）仪表观测法

仪表观测法指利用精密测量仪表对高边坡进行地表位移、深部位移、沉降、孔隙水压力等参数进行定期量测的观测方法。这种观测方法具有可测项目丰富、观测精度高，不受外界环境影响的优点，适用于高边坡变形的中长期监测和预测预报工作。仪表观测法分手动定期观测和预埋仪器自动化观测两种方式。后者多和数据自动发送装置联合，建立远程自动采集发送装置，为高边坡地质灾害预警预报提供数据支持。

此法对仪表的可靠度和精密度要求较高，尤其是预埋仪器，对其长期稳定性要求较高。一般预埋件在安装时要注意防风、防雨、防雷电干扰等，并进行定期巡检、维护。

（六）远程自动监测法

随着电子技术和计算机网络技术的发展，多种自动遥测技术相继问世，高边坡工程的监测也越来越多地采用远程自动监测法。

此法一般根据监测项目的需要埋设固定式自动化采集监测仪器，现场控制器汇总监测数据，无线网络（卫星网络、移动GPRS网络等）将其发送到监测中心。监测中心设置数据接收、处理设备，可实时采集、存储、打印和显示观测数据，并可随时调整现场数据采集装置的采集项目、采集频率等。这种方法具有自动化程度高、信息反馈速度快等优点，近年来的应用越来越广泛。此法比较适用于高边坡的长期稳定性监测和地质灾害的安全预报工作。

（七）声发射监测法

岩石或岩体受力作用时会不断地发生破坏，主要表现为裂纹的产生、扩展及岩体断裂。裂纹形成或扩展时，会造成应力松弛，贮存的部分能量以应力波的形式释放出来，产生声发射，据声发射可推断岩石内部的形态变化，反演岩石的破坏机制。

对高边坡岩体进行声发射监测，具有如下几个特点。

①直接、可靠、快捷；

②采用连续监测，劳动强度低、人为因素少；

③受气候影响较小，监测结果受干扰也小。

第二节　高边坡监测预警分级阈值

预警一般根据不同的安全等级来划分级别，其对应的预警值也分为不同的等级，预警值级别的确定方法也不相同。此处是根据预警值的应用目的来进行分级的。如表 6-2 所示，日本地滑对策技术协会仅根据位移速率对预警值进行了划分，由日位移量和月位移量将边坡的变动分为四级：紧急变动、确定变动、准确定变动和潜在变动。

表 6-2　边坡稳定性判断建议

变动种类	日位移量 /mm	月位移量 /mm	一定方向的累积倾向	活动性判断	摘要
紧急变动	20 以上	500 以上	非常显著	急速崩坏	崩坏型、泥流型
确定变动	1 以上	10 以上	显著	活泼运动中	崩积土滑动、深层滑动
准确定变动	0.1 以上	2.0 以上	略显著	缓慢运动中	黏土滑动、回填土滑动
潜在变动	0.02 以上	0.5 以上	稍稍显著	有待观察	黏土滑动、崖锥滑动

总体来说，第一类预警值的测量物理量较多，也较为单一，所以下面提出一种新的分级方法，将边坡的稳定性监测预警分为两大级，在第一级的基础上再增加第二级，第二级预警是因为施工技术监督报表中重点部位的监测物理量出现异常，所以才增加的。

第三节　高边坡监测预警系统平台

在边坡工程实践中，人们可以在具体边坡工点设置远程边坡监测站，并可采用无线传输的方式将监测数据传输到监控中心站，由监控中心站的专业软件分析处理与报警。

一、系统组成

（一）基本结构

该边坡安全自动监测预警系统为一个基于网络方式的多路分布式光纤故障监控系统，它由多个现场监测站即远程测试单元和一台测试系统主控计算机构成。子站与主站之间采用无线通信技术传输数据和命令。主控计算机运行在互联网上，客户端采用的是基于浏览器方式的界面，操作界面简单，可维护性好。

（二）远程监测站

边坡远程监测站由远程测试单元（包括工控机、OTDR、程控光开关、通信接口、电源）及机箱机架等部分组成。

远程监测站有两部分功能：其一，利用 OTDR 测试模块实时采集各光纤线路的监测数据，形成标准的数据格式后，通过无线传输方式将其传递给监测中心站主控计算机的数据采集接收模块；其二，执行监测中心站主控计算机下发的命令动作（如周期测试、点名测试等），按相关规定完成定制的测试。其中，程控光开关根据远程监测站的指令，将需测试的光纤切换到与 OTDR 相连接的光路上，实现一套 OTDR 对多路光纤进行自动测试。远程监测站由太阳能电池板和蓄电池供电，并预留外接电源接口。

（三）主控计算机

主控计算机包括硬件、软件和功能模块。主要功能模块有数据采集模块、告警模块、数据库模块、网络服务模块、OTDR 测试模块、时钟模块、图形模块、曲线模块、报表系统模块、用户管理模块等。

边坡安全管理用户可以通过互联网远程登录到主控计算机的网络服务器上，对远程监测站发布命令，采用周期监测或点名监测方式对各监测光纤进行故障检测，随时了解各路监测光纤的工作情况和告警信息等。

二、系统功能

该系统主要功能包括光时域反射测试功能、故障告警处理功能、数据查询报表功能、系统配置功能和用户管理功能等。

（一）光时域反射测试功能

光时域反射测试是判断光纤故障的发生原因、对光纤故障进行准确定位的主要手段。系统提供定期监测和点名监测等两种主要监测方式，并为各监测光纤线路实时动态告警提供有力的支持。

其中，定期监测是用户根据边坡工程特点和安全管理需要，对各条监测光纤设置独立的监测计划，周期单位可以设定为小时或日。每次定期监测结束后，远程监测站将各条监测光纤的检测数据通过无线通信手段及时发给主控计算机，以备故障分析与告警处理。点名测试是根据临时的或特别的需要，用户通过手工设定有关测试参数，实现对目标监测光纤实施重点监测与分析的。

（二）故障告警处理功能

该系统告警处理流程是远程监测站基于路由表测试结束后，将光时域反射测试结果上报至主控计算机；主控计算机收到测试数据文件后，利用其监测预警平台将实测曲线与参考曲线自动进行比较和故障分析，当超过设定的门限值时，系统自动计算出故障点的地理位置及其与前方"特征地标"的相对距离，并且按照预先设定的方式发出告警信息及故障通知，自动记录并显示告警产生时间、故障接报时间、清除时间、告警等级、告警源和维护人员等信息，即产生告警信息。

告警包括被监测的光纤告警和监测系统本身故障告警。告警可以分为三个类型四个级别，如通信故障告警、电源故障告警以及宏弯和断裂的光纤故障告警，不同告警级别有不同的告警声响和颜色。告警发生时，在屏幕上显示告警信息，在光纤拓扑图上以不同颜色显示告警等级，并发出声音提示，同时，告警也将通过电话或短信通知相应的维护人员。

（三）数据查询报表功能

采用 oracle 数据库，主控计算机和各远程监测站建立各自的数据库系统。数据库服务器存储及管理被监测的有关监测光纤线路的数据和资料，这便于系统提供查询、统计、分类、修改、删除等服务。该系统还可以提供一套完善的边坡光纤测线实时状态与告警信息及维护处理的统计报表。

（四）系统配置功能

在主控计算机，用户可通过系统提供的软件完成输入、配置、修改被测光纤名称、设备端口等操作，并建立被测光纤端口与其对应的光纤路由的对应关系，设置各光纤路由与光开关端口的对应关系，根据用户输入的数据，自动建立边坡监测站分布图、各个边坡监测站所检测的光纤分布图、边坡监测站所监测的光纤故障点分布图等。

（五）用户管理功能

为保证系统安全，该系统用户权限可分为系统管理员和普通操作员，不同用户具有不同的权限，系统管理员具有最高权限，负责对用户权限的配置，并指定用户操作的对象范围，以保证整个边坡安全监测预警网络的可控性和安全性。

第七章　高边坡安全风险评价

要保证高边坡工程的安全稳定，安全风险评价是必不可少的。要建立完善的高边坡安全风险评价体系，需要全面的安全风险评价指标和科学的安全评价方法。

第一节　高边坡安全评价指标

一、指标构建的原则

影响高边坡安全稳定性的因素较多，有定性的，有定量的，有简单的，也有复杂的。因此，如何正确遴选高边坡安全稳定性的评价指标是一项复杂的、难度较大的系统工作。评价因素过少，会导致信息缺失，不能把影响高边坡安全性态的综合因素全部考虑进去，易使评判结果失真；评判因素过多，会影响对评价因素主、次关系的判断，不利于指标的权重分配。因此，在选取高边坡安全评判指标因素时应遵循以下三个原则。

（一）系统性

将高边坡视为一个复杂的多层嵌套系统，将影响高边坡安全性态的各因素视为子系统，并在此基础上对各子系统按照不同层次来科学地遴选评价指标。

（二）针对性

根据高边坡的特点，尤其是高边坡受人为开挖改造的影响，有针对性地拟定评价指标。

（三）实用性

紧密结合高边坡的实际情况，拟定的评价指标应与高边坡安全防护紧密关联，并易于获取。

高边坡地质与防护加固

二、指标构建与量化

在现有的文献中，评价指标的选取没有统一的规定，不同的研究人员所选取的评价指标也各不相同，如有学者在进行高边坡稳定性评价时选取地形、岩体完整性、岩体基本质量指标、风化程度和坡角等作为评价指标；还有学者选取岩性、坡度、斜坡结构、地震烈度和降雨等作为评价指标；也有学者选取岩土重度、内聚力、内摩擦角、坡角、坡高及水压力比等作为评价指标，并选用滑坡外形特性、滑坡史、滑体结构、滑面特性、水文地质条件、坡体结构、降雨等作为评价指标体系，此外，评多学者根据研究问题的侧重点提出了相应的评价指标。

根据高边坡分类及其破坏机制研究结果及已有研究成果，可将影响高边坡安全稳定性的主要因素分为地形地貌、地质条件、气象条件、高边坡岩土性质、地震和工程建设工艺等六大因素，据此可构建由六大因素层共 26 个评价指标组成的高边坡岩土整体安全评价指标体系，如表 7-1 所示。

表 7-1　高边坡安全评价指标体系

因素	1 指标	2 指标	3 指标	安全	基本安全	欠安全	不安全
地形地貌 X_1	坡高 X_{11}/m	—	—	< 10	10～20	20～40	> 40
	原始地形坡度 X_{12}	—	—	< 20°	20°～30°	30°～40°	> 40°
	坡形 X_{13}	—	—	凹形坡	直线坡	凸形坡	折线坡
地质条件 X_2	岩性 X_{21}			弱风化的花岗岩、粉砂岩、石英砂岩，微风化的泥岩、泥质粉砂岩	弱风化的泥岩、泥质粉砂岩	强风化的粉砂岩、石英砂岩或花岗岩	坡残积黏性土，全—强风化泥岩或泥质粉砂岩
	地层厚度 X_{22}/m	—	—	> 5	3～5	1～3	< 1
	地层与边坡关系 X_{23}	—	—	反倾	顺层，倾角 < 15°	顺层，倾角 15°～30°	顺层，倾角 > 30°
	结构面与边坡关系 X_{24}	主要节理 X_{241}	间距 X_{2411}/m	> 5	3～5	1～3	< 1
			产状 X_{2412}	反倾	顺层，倾角 < 15°	顺层，倾角 15°～30°	顺层，倾角 30°
			充填物 X_{2413}	无	石英，氧化铁	石膏盐，砾石	黏土
			连通性 X_{2414}	差	较差	较好	好
		两组节理组合 X_{242}	交线 X_{2421}	反倾	顺倾，倾角 < 10°	顺倾，倾角 10°～15°	顺层，倾角 > 15°
			岩体结构 X_{2422}	块状	柱状，层状	碎块状	散体状
		断层 X_{243}	—	反倾	顺倾，倾角 <10°	顺倾，倾角 10°～20°	顺倾，倾角 >20°
	地下水 X_{25}	—	—	少	较少	较丰富	丰富

因素	1指标	2指标	3指标	安全	基本安全	欠安全	不安全
气象条件 X_3	年均降雨量 X_{31}/mm	—	—	< 600	600～900	900～1200	> 1200
	日最大降雨量 X_{32}/mm	—	—	< 20	20～50	50～100	> 100
高边坡岩土性质 X_4	饱和重度 X_{41}/（kN/m³）	—	—	> 25	23～25	21～23	< 21
	饱和黏结力 X_{42}/（kPa）	—	—	> 500	180～500	50～180	< 50
	饱和内摩擦角 X_{43}	—	—	> 25°	20°～25°	12°～20°	< 12°
	开挖卸荷宽度 X_{44}/m	—	—	< 1	1～5	5～10	> 10
地震 X_5	地震烈度 X_{51}	—	—	< Ⅲ	Ⅳ～Ⅵ	Ⅶ～Ⅷ	> Ⅷ
工程建设工艺 X_6	开挖方式 X_{61}	—	—	机械开挖(弱)	机械开挖（强）	爆破开挖（弱）	爆破开挖（强）
	开挖台阶数 X_{62}	—	—	< 2	2～5	5～8	> 8
	台阶宽度 X_{63}/m	—	—	> 2.5	2～2.5	1～2	< 1
	台阶高度 X_{64}/m	—	—	< 3	3～5	5～8	> 8
	开挖坡度（坡比）, X_{65}	—	—	小于1：0.75（53°）	1：0.5～1：0.75（63°～53°）	1：0.25～1：0.5（76°～63°）	> 1：0.25（76°）

在评判高边坡是否安全时，一般将其分为"安全"和"不安全"两个安全等级，这里把高边坡的安全性态分成四个等级，即"安全"（Ⅰ级）、"基本安全"（Ⅱ级）、"欠安全"（Ⅲ级）和"不安全"（Ⅳ级）。

由于各评价指标的单位并不相同，为了消除各指标量纲的影响，这里采用极差化方法对定量指标进行无量纲处理，处理方法如下。

对于越大越有利的指标采用：

$$X'_{ij} = \frac{X_{ij} - X_{i\min}}{X_{i\max} - X_{i\min}} \qquad (7-1)$$

对于越小越有利的指标采用：

$$X'_{ij} = \frac{X_{\max} - X_{ij}}{X_{i\max} - X_{i\min}} \qquad (7-2)$$

式中：X'_{ij} 为极差化后的数据；X_{ij} 为原始数据；$X_{i\max}$、$X_{i\min}$ 分别为第 i 行数据的最大值与最小值。

对于定性指标则按照评分方法对各指标进行量化，其中安全等级评分为 30 ～ 40 分，基本安全等级为 20 ～ 30 分，欠安全等级为 10 ～ 20 分，不安全等级为 0 ～ 10 分。

三、指标权重确定方法

多指标综合评价中，指标权重分配不同会直接导致评价对象优劣顺序的改变，因而权重值的合理性、准确性直接影响评价结果的可靠性。一般来说，评价者在分配权重时要考虑三个因素。

①指标变异程度大小，即指标能够分辨出被评价对象之间差异能力的大小。

②指标独立性大小，即与其他指标重复的信息多少。

③评价者的主观偏好。

概括起来，权重的分配方法主要有主观赋权、客观赋权和组合赋权三类。目前，有不少文献对如何确定权重进行了研究，也发展了多种常用于确定权重的方法，然而这些方法均不同程度地忽视了对权重确切含义的描述，只考虑评价指标的选取，而没有考虑指标具体数值的变化对指标权重的影响。

（一）层次分析法

传统层次分析法的求解过程分为以下四个步骤。

1. 判断矩阵构造

判断矩阵是通过上一层次中的某一元素来评定本层次中各有关元素相对重要性的，其形式如表 7-2 所示。

表 7-2　判断矩阵表

A_k	B_1	B_2	···	B_N
B_1	b_{11}	b_{12}	···	b_{1n}
B_2	b_{21}	b_{22}	···	b_{2n}
···	···	···	···	···
B_N	b_{n1}	b_{n2}	···	b_{nn}

在表 7-2 中，b_{ij} 表示元素 B_i 对 B_j 相对重要性的判断值。b_{ij} 一般取 1、3、5、7、9 等五个等级标度，2、4、6、8 表示相邻判断的中值，其具体含义如表 7-3 所示。

表 7-3　指标重要性判断标度

标度	含义
1	表示两个因素相比，具有同样重要性
3	表示两个因素相比，一个因素比另一个因素稍微重要
5	表示两个因素相比，一个因素比另一个因素明显重要
7	表示两个因素相比，一个因素比另一个因素强烈重要
9	表示两个因素相比，一个因素比另一个因素极端重要
2、4、6、8	为上述相邻判断的中值

2. 层次单排序

层次单排序的目的是对于上一层次中的某一元素而言，确定本层次与之有联系的各元素重要性次序的权重值。其任务可归结为计算判断矩阵的特征根和特征向量问题。对于判断矩阵 B，计算应满足：

$$BW = \lambda_{\max} W_i \qquad (7\text{-}3)$$

式中：$\lambda_{\max}$——B 的最大特征根；

W——对应于 $\lambda_{\max}$ 的正规化特征向量，W 的分量 W_i 即为对应元素单排序的权重值。目前主要采用方根法或和积法两种近似算法求解判断矩阵的最大特征根及其所对应的特征向量。

为检验判断矩阵的一致性，需要计算它的一致性指标 CI，即

$$CI = \frac{\lambda_{\max} - n}{n - 1} \qquad (7\text{-}4)$$

当 $CI=0$ 时，判断矩阵具有完全一致性；CI 值越大则判断矩阵的一致性就越差。为检验判断矩阵是否具有令人满意的一致性，需要将 CI 与平均随机一致性指标 RI 进行比较，如表 7-4 所示，当判断矩阵的随机一致性比例满足下列关系时：

$$CR = \frac{CI}{RI} < 0.10 \qquad (7\text{-}5)$$

可认为判断矩阵具有令人满意的一致性；否则就需要调整判断矩阵，直到满意为止。

表 7-4　平均随机一致性指标

阶数	1	2	3	4	5	6	7	8	9	10	11	12	13	14	15
RI	0	0	0.58	0.89	1.12	1.26	1.36	1.41	1.46	1.49	1.52	1.54	1.56	1.58	1.59

3. 层次总排序

利用同一层次中所有层次单排序的结果，计算针对上一层次而言的本层次所有元素的重要性权重值，层次总排序需要从上到下逐层顺序进行。

4. 一致性检验

为评价层次总排序计算结果的一致性，层次单排序也需要进行一致性检验，分别计算下列指标，即：

$$CI = \sum_{j=1}^{m} a_j CI_j \qquad (7\text{-}6)$$

$$RI = \sum_{j=1}^{m} a_j RI_j \qquad (7\text{-}7)$$

$$CR = \frac{CI}{RI} \qquad (7\text{-}8)$$

式中：CI——层次总排序的一致性指标；

CI_j——与 a_j 对应的 B 层次中判断矩阵的一致性指标；

RI——层次总排序的随机一致性指标；

RI_j——与 a_j 对应的 B 层次中判断矩阵的随机一致性指标；

CR——层次总排序的随机一致性比例。当 $CR < 0.10$ 时，我们认为层次总排序的计算结果具有令人满意的一致性，否则就需要对本层次的各判断矩阵进行调整，直至层次总排序的一致性检验达到要求。

在用层次分析法求解权重的过程中，最重要的一步是判断矩阵的构造，一旦判断矩阵构造错误，那么基于判断矩阵的一系列后续计算就失去了意义。在利用传统层次分析法求解权重的过程中，首先应确定评价指标，再通过若干专家的经验来判断各指标相对于评价系统的相对重要程度，继而给出相应的权重值。这种方法把更多的关注点放在评价指标的选取上，而忽略了指标实际取值的不同对系统影响的程度不同这一事实，因此基于该指标重要性排序来构造判断矩阵，进而对指标权重进行求解的结果必然不能正确反映实际情况。

（二）改进层次分析法

改进层次分析法就是基于物元可拓学简单关联度的评价指标重要性排序方法，通过判断矩阵构造过程的改进避免过多人为因素的干扰，同时利用专家效度对权重值进行修正，为更加合理地分配权重提供依据。

1. 确定指标的相对重要程度

由于各评价指标的实际取值对高边坡的安全影响程度不同，因此，在判断矩阵的构造过程中，需要把指标不同取值的影响考虑进来以正确反映实际情况。物元可拓学中的简单关联函数可用来评价某个数值相对于某个区间的关联程度，人们通过对关联度大小的判断，可清晰地得出某指标与相应评价等级的关联情况，从而得出评价指标间的相对重要程度排序。

（1）正域为有限区间 $<a, b>$ 的简单关联函数

设区间 $X=<a, b>$，点 $X \in (-\infty, +\infty)$，$M \in X$，若 $\max K(x) = K(M) = 1$，$x \in (-\infty, +\infty)$，则关联函数记为：

$$K(X) = \begin{cases} \dfrac{X-a}{M-a}, & X \leqslant M \\[2ex] \dfrac{b-X}{b-M}, & X \geqslant M \end{cases} \qquad (7\text{-}9)$$

当 $M=a$ 时取：

$$K(x) = \begin{cases} \dfrac{x-a}{b-a}, & x < a \\[2ex] \dfrac{b-x}{b-a}, & x > a \\[2ex] K(a) = \dfrac{0}{1}, & x = a \end{cases} \qquad (7\text{-}10)$$

当 $M=b$ 时取：

$$K(x) = \begin{cases} \dfrac{x-a}{b-a}, & x < b \\[2ex] \dfrac{b-x}{b-a}, & x > b \\[2ex] K(b) = \dfrac{0}{1}, & x = b \end{cases} \qquad (7\text{-}11)$$

（2）正域为无限区间 $<a, +\infty>$ 的简单关联函数

设区间 $X=<a, +\infty>$，点 $X \in (-\infty, +\infty)$，$M \in X$，若 $\max K(x) = K(M) = 1$，$x \in (-\infty, +\infty)$，则此时关联函数记为：

$$K(x) = \begin{cases} \dfrac{x-a}{M-a}, & x \leqslant M \\[2ex] \dfrac{M}{2x-M}, & x \geqslant M \end{cases} \qquad (7\text{-}12)$$

当 $M=a$ 时取：

$$K(x) = \begin{cases} x-a, & x < a \\[2ex] \dfrac{a}{2x-a}, & x > a \\[2ex] K(a) = \dfrac{0}{1}, & x = a \end{cases} \qquad (7\text{-}13)$$

若 $K(X)$ 在 $X=<a, +\infty>$ 没有最大值，取：

$$K(X) = X - a \qquad (7\text{-}14)$$

根据评价指标体系中各具体指标的特性，选择相应的简单关联函数进行各评价等级的关联度计算，可得到各评价指标相对不同等级的简单关联度大小。

计算得到的各关联度值有正有负，正值越大表示指标相对于该等级的相关程度越大，负值越小表示二者越不相关，或者说二者的关联性越差。

在对同一指标的不同关联度比较后可确定出最大关联度。最大关联度 $K_j(X_j)$ 表示指标 X_i 与评价等级 j 关系最大，即在只有该因素影响边坡安全稳定性的前提下，边坡的稳定程度为等级 j。对于边坡安全评价的四个评价等级而言，指标所关联的等级越大，代表该指标对边坡的安全稳定性越不利，对边坡系统的影响越大，那么从权重的含义出发，应给对边坡系统影响程度大的指标比较大的权重。若在多指标系统中有 l（$l < i$）个指标的最大关联等级相同，则可比较其相应最大关联度值的大小，根据由大到小的顺序将各指标进行排序，由此可以确定各指标的相对重要程度。

2. 初步求解指标专家权重

在指标重要性排序的基础上可先由专家构造判断矩阵，再利用层次分析法进一步求解权重。改进层次分析法中构造判断矩阵的步骤：建立树状层次结构模型，确立思维判断定量化的标度，基于指标重要程度排序结果运用两两比较法构造判断矩阵。根据判断矩阵提供的信息，用方根法求解最大特征根和特征向量，其中特征向量代表了各指标的权重。方根法的具体步骤如下。

①计算判断矩阵每一行指标的乘积 M_i，即：

$$M_i = \prod_{j=1}^{n} x_{ij} \ (i = 1, 2 \cdots, \ n)$$ （7-15）

②计算的 n 次方根，即：

$$\overline{W}_i = \sqrt[n]{M_i}$$ （7-16）

③进行归一化处理，确定权重 W_i，即：

$$\overline{W}_i = \frac{\overline{W}}{\sum_{i=1}^{n} \overline{W}_i}$$ （7-17）

则 $W = [W_1, W_2, \cdots Wn]^T$ 为所求的特征向量，即各指标对应的权重值。

④计算最大特征根 λ_{max}：

$$\lambda_{max} = \frac{1}{n} \sum_{i=1}^{n} \frac{(BW)_i}{W_i}$$ （7-18）

其中：

$$BW = \begin{bmatrix} x_{11}x_{11}\cdots x_{n1} \\ x_{12}x_{22}\cdots x_{n2} \\ \cdots\cdots\cdots \\ x_{1n}x_{2n}\cdots x_{nn} \end{bmatrix}\begin{bmatrix} W_1 \\ W_2 \\ \cdots \\ W_n \end{bmatrix}$$ （7-19）

一致性检验公式为：

$$CR = \frac{CI}{RI}$$ （7-20）

式中，一致性指标 $CI = \dfrac{\lambda_{\max} - n}{n - 1}$；$RI$ 为平均随机一致性指标。当 $CR < 0.1$ 时，认为判断矩阵的一致性可以接受。

3. 修正指标权重值

以上由改进层次分析法确定的指标权重，由于专家的偏好、知识水平、认识能力和对评判对象的了解程度不同，评判的结果也有所不同。利用物元分析理论，将专家作为样本，以各专家判断矩阵得出的专家权重形成的复合物元作为评价因子，通过物元分析得出各专家效度，即专家对评判对象的价值判断与评判对象客观价值的接近程度，在此基础上可更好地确定评价对象（指标）的权重值。该方法充分考虑了各专家对事物的不同认识程度，克服了传统层次分析法在确定指标权重中所存在的片面性，使指标体系能全面客观地反映被评价对象，为提高评价的科学性提供了一条较为理想的途径。

设参与评判某一含 n 个因素问题的专家数为 m（$m \geqslant 2$），第 i 个专家给出的判断矩阵为 A_i（i=1，2，$\cdots$，m）；θ_{ij}（i=1，2，$\cdots$，m；j=1，2，$\cdots$，n）为第 i 个判断矩阵通过一致性检验后得到的第 j 个指标的权重。

通过以上的设定构造复合物元 R：

$$R = \begin{bmatrix} & & 指标1 & 指标2 & \cdots & 指标n \\ & & M_1 & M_2 & \cdots & M_n \\ 专家1 & c_1 & \theta_{11} & \theta_{12} & \cdots & \theta_{1n} \\ 专家2 & c_2 & \theta_{21} & \theta_{22} & \cdots & \theta_{2n} \\ \cdots & \cdots & \cdots & \cdots & \cdots & \cdots \\ 专家m & c_m & \theta_{m_1} & \theta_{m2} & & \theta_{mn} \end{bmatrix}$$ （7-21）

根据下面几个式子可以确定经典域物元 R_{0j}、节域物元 R_{pj} 和待评物元 R_{xj}：

$$R_{0j} = \begin{bmatrix} & c_1 & X_{01} \\ & c_2 & X_{02} \\ N_{0j} & \cdots & \cdots \\ & c_m & X_{0m} \end{bmatrix} = \begin{bmatrix} & c_1 & \langle u_{aj},\ u_{bj} \rangle \\ & c_2 & \langle u_{aj},\ u_{bj} \rangle \\ N_{0j} & \cdots & \cdots \\ & c_m & \langle u_{aj},\ u_{bj} \rangle \end{bmatrix} \qquad (7\text{-}22)$$

$$u_{aj} = u_{bj} = \sqrt[5]{\prod_{i=1}^{m} \theta_{ij}} \quad (i=1,\ 2,\ \cdots,\ m;\ j=1,\ 2,\ \cdots,\ n) \qquad (7\text{-}23)$$

$$R_{pj} = \begin{bmatrix} & c_1 & X_{p1} \\ N_{pj} & c_2 & X_{p2} \\ & \cdots & \cdots \\ & c_m & X_{pm} \end{bmatrix} \begin{bmatrix} & c_1 & \langle a_{p1},\ b_{p1} \rangle \\ N_{pj} & c_2 & \langle a_{p2},\ b_{p2} \rangle \\ & \cdots & \cdots \\ & c_m & \langle a_{pm},\ b_{pm} \rangle \end{bmatrix} \qquad (7\text{-}24)$$

$$a_{pj} = \min \theta_{ij} (i=1,2,\ \cdots,\ m;\ j=1,2,\ \cdots,\ n) \qquad (7\text{-}25)$$

$$b_{pj} = \max \theta_{ij} (i=1,2,\ \cdots,\ m;\ j=1,2,\ \cdots,\ n) \qquad (7\text{-}26)$$

$$R_{xj} = \begin{bmatrix} & c_1 & \theta_{1j} \\ N_{xj} & c_2 & \theta_{2j} \\ & \cdots & \cdots \\ & c_m & \theta_{mj} \end{bmatrix} \quad (j=1,\ 2,\ \cdots,\ n) \qquad (7\text{-}27)$$

式中，R_{0j} 为第 j 个指标的经典域物元；R_{pj} 为第 j 个指标的节域物元；R_{xj} 为第 j 个待评物元。

利用矩的定义计算各待评物元关联函数值，得关联函数复合物元 R_0。

$$R_0 = \begin{bmatrix} & & \text{指标1} & \text{指标2} & \cdots & \text{指标}n \\ & & M_1 & M_2 & \cdots & M_n \\ \text{专家1} & c_1 & K_1(v_1) & K_1(v_2) & \cdots & K_1(v_n) \\ \text{专家2} & c_2 & K_2(v_1) & K_2(v_2) & \cdots & K_2(v_n) \\ \cdots & \cdots & \cdots & \cdots & \cdots & \cdots \\ \text{专家}m & c_m & K_m(v_1) & K_m(v_2) & & K_m(v_n) \end{bmatrix} \qquad (7\text{-}28)$$

式中，$K_i(v_j)$ 为第 i 个专家第 j 个指标的关联函数值，可由下面几个式子计算得到，即：

$$K_i(v_j) = \begin{cases} \dfrac{-\rho(\theta_{ij},\ X_{0i})}{|X_{0i}|}, & v_i \not\in x_{0i} \\[3mm] \dfrac{-\rho(\theta_{ij},\ X_{0i})}{-\rho(\theta_{ij},\ X_{pj}) - \rho(\theta_{ij},\ X_{0i})}, & v_i \not\in x_{0i} \end{cases} \tag{7-29}$$

其中：

$$\rho(\theta_{ij},\ X_{0j}) = \left|\theta_{ij} - \frac{1}{2}(U_{aj} + U_{bj})\right| - \frac{1}{2}(U_{aj} - U_{bj}) \tag{7-30}$$
$$(i = 1,2,\ \cdots,\ m;\ j = 1,2,\ \cdots,\ n)$$

$$\rho(\theta_{ij},\ X_{pi}) = \left|\theta_{ij} - \frac{1}{2}(a_{pi} + b_{pi})\right| - \frac{1}{2}(a_{pi} - b_{pi}) \quad (i = 1,2,\ \cdots,\ m;\ j = 1,2,\ \cdots,\ n) \tag{7-31}$$

$$|X_{0i}| = U_{aj} - U_{bj} \tag{7-32}$$

根据上式确定第 i 个专家的离散系数 K_i，用来表示专家对指标整体的认知程度。离散系数越小，认知程度越低，反之则越高，即：

$$k_i = \sum_{j=1}^{n} K_i(v_j)(i = 1,2,\ \cdots,\ m;\ j = 1,2,\ \cdots,\ n) \tag{7-33}$$

根据下式确定第 k 个专家效度系数 γ_i，γ_i 为第 i 个专家给出指标权重的有效程度，即：

$$\gamma_i = \frac{\dfrac{1}{k_i}}{\displaystyle\sum_{i=1}^{m} \dfrac{1}{k_i}} \quad (i = 1,2,\ \cdots,\ m) \tag{7-34}$$

根据下式构造专家效度物元 R_η，即：

$$R_\eta = \begin{bmatrix} \text{专家1} & \text{专家2...专家}m \\ c_1 & c_2 & \cdots & c_m \\ \gamma_1' & \gamma_2' & \cdots & \gamma_m' \end{bmatrix} \tag{7-35}$$

式中：$\gamma_i' = \gamma_i / \sum_{i=1}^{m} \gamma_i (i = 1,2,\ \cdots,\ m)$ 为归一化的各专家效度。

根据专家效度物元和待评物元可得物元 R_r：

$$R_r = R_\eta * R = \begin{bmatrix} \text{指标1} & \text{指标2...指标}n \\ c_1 & c_2 & \cdots & c_n \\ \omega_1' & \omega_2' & \cdots & \omega_n' \end{bmatrix} \tag{7-36}$$

式中："*"为先乘后加的运算符号；

$$\omega_i' = \sum_{i=1}^{m} \gamma_i \theta_{ij}\ (i=1,2,\cdots,m;\ j=1,2,\cdots,n)\ 。$$

由此可计算得到指标权重物元 R_w：

$$R_\omega = \begin{bmatrix} \text{指标1} & \text{指标2}\ldots\text{指标}n \\ c_1 & c_2 & \cdots & c_n \\ \omega_1 & \omega_2 & \cdots & \omega_n \end{bmatrix} \qquad (7\text{-}37)$$

式中：ω_1，ω_2，$\cdots$，ω_n 为基于专家效度修正的评价指标权重值。

第二节　高边坡安全评价方法

一、物元可拓分析法

（一）物元可拓分析法概述

物元可拓学研究的是解决问题的规律和方法，是系统科学、思维科学和数学交叉的边缘学科，它可以将复杂问题抽象为形象化的模型，并利用这些模型研究基本理论，提出相应的应用方法。利用物元可拓分析法，可建立事物多指标性能参数的综合评价模型，能以定量的数值表示评价结果，从而能够较完整地反映事物的综合水平，并易于用计算机进行规范化处理。基于物元可拓学识别和综合评价的基本原理是把描述或评价的对象、各特征和对象关于特征的量值组成一个整体即物元来研究，用可拓集合的关联函数值即关联度的大小来描述各种特征参数与所研究对象的从属关系，从而把定性描述扩展为定量描述的。该方法广泛应用于岩土安全、土地质量、生态安全等领域的综合评价中。

（二）物元可拓分析评价模型

1. 物元与可拓集合

给定事物的名称 N，它关于特征 C 的量值为 V，以有序三元组 $R=$（事物，特征，量值）$=（N，C，V）$作为描述事物的基本元，简称物元。不同的物体可具有相同的特征元，即同征物元。

可拓集合是解决矛盾问题的定量化工具，设论域为 U，若对 U 中任一元素 u，$u \in U$，都有一实数 $K(u) \in (-\infty,+\infty)$ 与之对应，则称 $A=\{(u,y)/u \in U, y=K(u) \in (-\infty,+\infty)\}$ 为论域 U 上的一个可拓集合，其中 y 为 A 的关联函数，$K(u)$ 为 u 关于 A 的关联度，它能体现"既是又非"的临界概念，且可区分类内不同层次，从而描述"是变为非，非变为是"的事物可变性过程。

2. 经典域、节域和待评物元的确定

N 为 N_1，N_2，$\cdots$，N_j，$\cdots$，N_x 事物全体，C_i 为事物 N 的第 i 个特征（评价指标），V_{ij} 为事物 N_j 指标 C_i 的量值，则事物可拓评价的 m 个同征物元 R_j 可表示为：

$$R_j=(N_j,\ C,\ V_j)=\begin{bmatrix} & C_1 & V_{1j} \\ N_j & C_2 & V_{2j} \\ & \cdots & \cdots \\ & C_n & V_{nj} \end{bmatrix}(j=1,2,\ \cdots,\ m) \qquad （7\text{-}38）$$

待评物元 R_P 可表示为：

$$R_P=\begin{bmatrix} & C_1 & V_{1p} \\ P & C_2 & V_{2p} \\ & \cdots & \cdots \\ & C_n & V_{np} \end{bmatrix}(p=1,2,3,\ \cdots) \qquad （7\text{-}39）$$

式中：P 表示待评价事物或样本；V_{ip} 为 P 关于 C_i 的量值，即待评事物或样本的具体数据。

待评事物的经典域 R_{0j} 为：

$$R_{0j}=(N_{0j},\ C_i,\ V_{0ji})=\begin{bmatrix} N_{0j} & N_{01} & N_{02} & \cdots & N_{0m} \\ C_1 & \langle a_{11},\ b_{11}\rangle & \langle a_{12},\ b_{12}\rangle & \cdots & \langle a_{1m},\ b_{1m}\rangle \\ C_2 & \langle a_{21},\ b_{21}\rangle & \langle a_{22},\ b_{22}\rangle & \cdots & \langle a_{2m},\ b_{2m}\rangle \\ \cdots & \cdots & \cdots & \cdots & \cdots \\ C_n & \langle a_{n1},\ b_{n1}\rangle & \langle a_{n2},\ b_{n2}\rangle & \cdots & \langle a_{nm},\ b_{nm}\rangle \end{bmatrix} \qquad （7\text{-}40）$$

式中：N_{0j} 为评价所划分的 j 个等级；C_i 为评价等级物的特征（指标）；V_{0ji} 为 N_{0j} 关于 C_i 所规定的量值范围，即各评价等级关于对应特征所取的数据范围（经典域）。

若 $V_{pi}=<a_{pi},\ b_{pi}>$ 为 P 关于特征 C_i 所规定的量值范围，其中 P 为评价等级的全体，则相应评价指标的节域 R_p 为：

$$R_p=\begin{bmatrix} & C_1 & V_{p1} \\ P & C_2 & V_{p2} \\ & \cdots & \cdots \\ & C_n & V_{pn} \end{bmatrix}=\begin{bmatrix} & C_1 & \langle a_{p1},\ b_{p1}\rangle \\ P & C_2 & \langle a_{p2},\ b_{p2}\rangle \\ & \cdots & \cdots \\ & C_n & \langle a_{p_n},\ b_{p_n}\rangle \end{bmatrix} \qquad （7\text{-}41）$$

3. 待评事物相对各等级关联度的计算

事物的多指标综合评价用事物关于某些量值符合要求的程度来表达，这种程度通常用由矩定义的关联函数值来刻画，关联函数值由下式计算，即：

$$K_j(p) = \sum_{i=1}^{n} \lambda_i K_j(v_i) , \sum_{i=1}^{n} \lambda_i = 1 \qquad (7\text{-}42)$$

其中：

$$K_j(v_i) = \begin{cases} \dfrac{\rho(v_i, V_{0ji})}{\rho(v_i, V_{pj}) - \rho(v_i, V_{0ji})}, & v_i \in V_{0ji} \\[4mm] \dfrac{-\rho(v_i, V_{0ji})}{|V_{0ji}|}, & v_i \notin V_{0ji} \end{cases} \qquad (7\text{-}43)$$

式中：$K_j(p)$ 为待评事物 R_p 对评价等级 j 的关联度；$K_j(v_i)$ 为待评事物评价指标 v_i 对评价等级 j 的关联度；$\rho(v_i, V_{0ji})$ 为点 V_i 与有限区间 $V_{0ji} = <a_{0ji}, b_{0ji}>$ 的距离；λ_i 为各特征指标的权重值；v_i 为各物元指标的实际值；V_{0ji} 为经典域；V_{pj} 为节域。

点 V_i 与有限区间 $V_{ji} = <a, b>$ 之间的距离 $\rho(v_i, V_{ji})$ 计算如下式所示，即：

$$\rho(v_i, \langle a, b \rangle) = \left| v_i - \frac{a+b}{2} \right| - \frac{b-a}{2} = \begin{cases} a - v_i, & v_i \leqslant \dfrac{a+b}{2} \\[4mm] v_i - b, & v_i \geqslant \dfrac{a+b}{2} \end{cases} \qquad (7\text{-}44)$$

4. 待评事物等级的评价

待评事物属于何等级，根据上述公式计算关联度值，事物与某等级的关联度值越大，则它与某等级的符合程度就越佳，可按下式来确定，即：

$$K_{j0}(p) = \max\{K_1(p), K_2(p), \cdots, K_m(p)\} \qquad (7\text{-}45)$$

相应的级别变量特征值可按下式计算求得：

$$j^* = \frac{\sum_{j=1}^{m} j \overline{K_j(p)}}{\sum_{j=1}^{m} \overline{K_j(p)}} \qquad (7\text{-}46)$$

式中，j^* 为待评物元 p 的级别变量特征值，从 j^* 数值的大小可判断待评物元偏向相邻级别的程度。

（三）实例分析

1. 两巫路 K88+680 高边坡物元可拓安全评价

K88+680 高边坡位于庙溪村境内，场地起止里程桩号为 K88+655 ～ K88+710，全长为 55 m，起止点设计标高分别为 346.06 m、347.70 m，设计纵坡为 3.0%。区内山体发育，属低山斜坡地貌，坡度为 360° ～ 480°，场区地面高程为 335 ～ 385 m，相对高差为 50 m。场地内出露地层主要为第四系全新统残坡积碎石土 $\left(Q_4^{el=dl}\right)$ 及三叠系中统巴东组（T2b3）泥灰岩。地质构造属朝阳—官阳背斜南翼，以单斜构造为主，未发现断层及次级褶皱。

（1）经典域、节域或待评物元确定

由 K88+680 边坡具体数据，可知待评物元、公路高边坡岩土安全评价经典域 R0j 和节域 Rp。

$$
R_{0j}=
\begin{bmatrix}
N_{0j} & 安全 & 基本安全 & 欠安全 & 不安全 \\
C_1 & <0\sim10> & <10\sim20> & <20\sim40> & <40\sim100> \\
C_2 & <0\sim20> & <20\sim30> & <30\sim40> & <40\sim90> \\
C_3 & <40\sim30> & <30\sim20> & <20\sim10> & <10\sim0> \\
C_4 & <40\sim30> & <30\sim20> & <20\sim10> & <10\sim0> \\
C_5 & <5\sim20> & <3\sim5> & <1\sim3> & <0\sim1> \\
C_6 & <40\sim30> & <30\sim20> & <20\sim10> & <10\sim0> \\
C_7 & <10\sim5> & <3\sim5> & <1\sim3> & <0\sim1> \\
C_8 & <40\sim30> & <30\sim20> & <20\sim10> & <10\sim0> \\
C_9 & <40\sim30> & <30\sim20> & <20\sim10> & <10\sim0> \\
C_{10} & <40\sim30> & <30\sim20> & <20\sim10> & <10\sim0> \\
C_{11} & <40\sim30> & <30\sim20> & <20\sim10> & <10\sim0> \\
C_{12} & <40\sim30> & <30\sim20> & <20\sim10> & <10\sim0> \\
C_{13} & <40\sim30> & <30\sim20> & <20\sim10> & <10\sim0> \\
C_{14} & <0\sim600> & <600\sim900> & <900\sim1\,200> & <1\,200\sim2\,000> \\
C_{15} & <0\sim20> & <20\sim50> & <50\sim100> & <100\sim200> \\
C_{16} & <25\sim50> & <23\sim50> & <21\sim23> & <21\sim10> \\
C_{17} & <500\sim2\,000> & <180\sim500> & <50\sim180> & <50\sim0> \\
C_{18} & <25\sim90> & <20\sim25> & <12\sim20> & <0\sim12> \\
C_{19} & <0\sim1> & <1\sim5> & <5\sim10> & <10\sim20> \\
C_{20} & <40\sim30> & <30\sim20> & <20\sim10> & <10\sim0> \\
C_{21} & <40\sim30> & <30\sim20> & <20\sim10> & <10\sim0> \\
C_{22} & <0\sim2> & <2\sim5> & <5\sim8> & <8\sim12> \\
C_{23} & <2.5\sim5> & <2\sim2.5> & <1\sim2> & <0\sim1> \\
C_{24} & <0\sim3> & <3\sim5> & <5\sim8> & <8\sim20> \\
C_{25} & <1:0.75\sim1:1.2> & <1:0.5\sim1:0.75> & <1:0.25\sim1:0.5> & <0\sim1:0.25> \\
\end{bmatrix}
$$

$$R_p = \begin{bmatrix} c_1 & v_{p1} \\ c_2 & v_{p2} \\ c_3 & v_{p3} \\ c_4 & v_{p4} \\ c_5 & v_{p5} \\ c_6 & v_{p6} \\ c_7 & v_{p7} \\ c_8 & v_{p8} \\ c_9 & v_{p9} \\ c_{10} & v_{p10} \\ c_{11} & v_{p11} \\ c_{12} & v_{p12} \\ P c_{13} & v_{p13} \\ c_{14} & v_{p14} \\ c_{15} & v_{p15} \\ c_{16} & v_{p16} \\ c_{17} & v_{p17} \\ c_{18} & v_{p18} \\ c_{19} & v_{p19} \\ c_{20} & v_{p20} \\ c_{21} & v_{p21} \\ c_{22} & v_{p22} \\ c_{23} & v_{p23} \\ c_{24} & v_{p24} \\ c_{25} & v_{p25} \end{bmatrix} = P \begin{bmatrix} c_1 & <0, 100> \\ c_2 & <0, 90> \\ c_3 & <0, 40> \\ c_4 & <0, 40> \\ c_5 & <0, 20> \\ c_6 & <0, 40> \\ c_7 & <0, 10> \\ c_8 & <0, 40> \\ c_9 & <0, 40> \\ c_{10} & <0, 40> \\ c_{11} & <0, 40> \\ c_{12} & <0, 40> \\ c_{13} & <0, 40> \\ c_{14} & <0, 2\,000> \\ c_{15} & <0, 200> \\ c_{16} & <10, 50> \\ c_{17} & <0, 2\,000> \\ c_{18} & <0, 90> \\ c_{19} & <0, 20> \\ c_{20} & <0, 40> \\ c_{21} & <0, 40> \\ c_{22} & <0, 12> \\ c_{23} & <0, 5> \\ c_{24} & <0, 20> \\ c_{25} & <0, 1:1.2> \end{bmatrix}$$

（2）评价指标权重的确定

①基于简单关联度判断评价指标的相对重要程度。在 K88+680 高边坡中，地形地貌因素指标坡高 x_{11} 的值为 32 m，坡高相对于公路高边坡四个安全等级的区间范围分别为安全 I（a_{11}，b_{11}）∈（0，10），基本安全 II（a_{12}，b_{12}）∈（10，20），欠安全 III（a_{13}，b_{13}）∈（20，40），不安全 IV（a_{14}，b_{14}）∈（40，100）。由于坡高值越大对边坡岩土安全越不利，越小对边坡岩土安全越有利，因此利用简单关联函数计算公式可进行关联度求解，有：

$$K_I x_{11} = \frac{b_{11} - x}{b_{11} - a_{11}} = \frac{10 - 32}{10 - 0} = -2.20, \quad K_{II} x_{11} = \frac{b_{12} - x}{b_{12} - a_{12}} = \frac{20 - 32}{20 - 10} = -1.20 \quad (7\text{-}47)$$

$$K_{III} x_{11} = \frac{b_{13} - x}{b_{13} - a_{13}} = \frac{40 - 32}{40 - 20} = 0.40, \quad K_{IV} x_{11} = \frac{x - a_{14}}{b_{14} - a_{14}} = \frac{32 - 40}{100 - 40} = -0.13 \quad (7\text{-}48)$$

计算结果表明，坡高 x_{11} 相对于四个评价指标等级的关联度分别为 -2.20、-1.20、0.40、-0.13，由此可确定该坡高相对于边坡岩土安全评价等级的最大关联度

$\max K_j(x_{11})$，即 $\max K_j(x_{11}) = K_{\mathrm{III}}(x_{11}) = 0.40$，相应的最大关联等级 $j = \mathrm{III}$；同理，可计算出其他评价指标相对于各等级的关联度，如表 7-5 所示。

表 7-5　巫山—巫溪公路 K88+680 边坡各指标简单关联度大小

安全等级	地形地貌 x_1			地质条件 x_2									
	x_{11}	x_{12}	x_{13}	x_{21}	x_{22}	x_{23}	x_{2411}	x_{2412}	x_{2413}	x_{2414}	x_{2421}	x_{2422}	x_{25}
安全	-2.20	-1.20	0.20	-0.80	-0.24	-2.20	-0.28	0.60	-2.30	-1.20	-0.60	-0.60	0.20
基本安全	-1.20	-1.40	-0.20	0.20	-0.80	-1.20	-1.10	-0.60	-1.30	-0.20	0.40	0.40	-0.20
欠安全	0.40	-0.40	-1.20	-0.20	0.20	-0.20	-1.10	-1.60	-0.30	0.80	-0.40	-0.40	-1.20
不安全	-0.13	0.92	-2.20	-1.20	-0.40	0.80	0.80	-2.60	0.70	-0.80	-1.40	-1.40	-2.20

安全等级	气象条件 x_3		边坡岩土性质 x_4				地震 x_5	工程建设工艺 x_6				
	x_{31}	x_{32}	x_{41}	x_{42}	x_{43}	x_{44}	x_{51}	x_{61}	x_{62}	x_{63}	x_{64}	x_{65}
安全	-0.75	-4.50	-0.06	-0.30	-0.08	-1.60	-0.20	-0.40	-0.50	-0.60	-2.33	-1.00
基本安全	-0.50	-2.00	0.25	-0.41	0.00	-0.60	0.80	0.60	0.67	-2.00	-2.50	-0.80
欠安全	0.50	-0.20	-0.25	0.00	1.00	0.80	-0.80	-0.60	-0.67	0.00	-0.67	0.20
不安全	-0.19	0.90	-0.23	1.00	-0.67	-0.16	-1.80	-1.60	-1.25	1.00	0.83	-0.20

从表中可以看出，在工程建设工艺方面：

$$\max K_j(x_{61}) = K_{\mathrm{II}}(x_{61}) = 0.60$$
$$\max K_j(x_{62}) = K_{\mathrm{II}}(x_{62}) = 0.67$$
$$\max K_j(x_{63}) = K_{\mathrm{IV}}(x_{63}) = 1.00$$
$$\max K_j(x_{64}) = K_{\mathrm{IV}}(x_{64}) = 0.83$$
$$\max K_j(x_{65}) = K_{\mathrm{III}}(x_{65}) = 0.20$$

由此可知，指标 x_{63} 和 x_{64} 的关联度等级均为 IV，指标 x_{65} 的关联度等级为 III，指标 x_{61} 和 x_{62} 的关联度等级为 II，即指标 x_{63} 和 x_{64} 将会使该边坡处于不安全状态，指标 x_{65} 将使该边坡处于欠安全状态；指标 x_{61} 和 x_{62} 对该边坡的影响程度一般，使该边坡处于基本安全状态。继续比较 x_{63} 和 x_{64} 两个指标间最大关联度大小关系，有 $K_{\mathrm{IV}}(x_{63}) > K_{\mathrm{IV}}(x_{64})$，这说明指标 x_{63} 对该边坡岩土安全的影响最为不利，其次是指标 x_{64}。

②基于相对重要程度排序，利用层次分析法求解专家权重值。在评价指标重要性排序的基础上，可构造判断矩阵并利用层次分析法通过相关计算及检验求得各评价指标的专家权重值。该边坡岩土性质判断矩阵的构造如表 7-6 所示。

表 7-6　巫山—巫溪公路 K88+680 边坡岩土性质指标判断矩阵表

	x_{41}	x_{42}	x_{43}	x_{44}
x_{41}	1	1/7	1/7	1/5
x_{42}	7	1	1	3
x_{43}	7	1	1	3
x_{44}	5	1/3	1/3	1

根据判断矩阵表提供的信息，利用方根法求解最大特征根和特征向量。判断矩阵每一行指标的乘积为 M_i，则有：

$$M_1 = \prod_{j=1}^{4} x_{4j} = x_{41} \cdot x_{42} \cdot x_{43} \cdot x_{44} = 1 \times \frac{1}{7} \times \frac{1}{7} \times \frac{1}{5} = 0.0041 \qquad (7\text{-}49)$$

同理，可计算其他三个指标的判断矩阵乘积。

计算 M_1 的 n 次方根。对于 M_1 有 $\overline{W_i} = \sqrt[4]{M_1} = \sqrt[4]{0.0041} = 0.2528$，同理可计算出其他三个指标的 4 次方根。

通过归一化处理确定权重 W_i。于是有：

$$W_1 = \frac{\overline{W_i}}{\sum_{i=1}^{n} \overline{W_i}} = \frac{0.2528}{0.2528 + 2.1407 + 2.1407 + 0.8633} = 0.0468,$$

其他三个指标归一化处理后的数据如表 7-7 所示。

表 7-7　巫山—巫溪公路 K88+680 边坡权重一览表

指标	M_i	$\overline{W_i}$	W_i	BW_i
$x41$	0.0041	0.2528	0.0468	0.1921
$x42$	21.0000	2.1407	0.3966	1.6009
$x43$	21.0000	2.1407	0.3966	1.6099
$x44$	0.5556	0.8633	0.1600	0.6585

由此可得，各指标的权重向量为：

$$W = \begin{bmatrix} W_1, & W_2, & W_3, & W_4 \end{bmatrix}^{T} = \begin{bmatrix} 0.0468, 0.3966, 0.3966, 0.1600 \end{bmatrix}^{T} \qquad (7\text{-}50)$$

BW 向量为：

$$BW = \begin{bmatrix} 1 & 1/7 & 1/7 & 1/5 \\ 7 & 1 & 1 & 3 \\ 7 & 1 & 1 & 3 \\ 5 & 1/3 & 1/3 & 1 \end{bmatrix} \begin{bmatrix} 0.0468 \\ 0.3966 \\ 0.3966 \\ 0.1600 \end{bmatrix} = \begin{bmatrix} 0.2257 \\ 1.9450 \\ 1.3259 \\ 0.5774 \end{bmatrix} \qquad (7\text{-}51)$$

$$\lambda_{\max} = \frac{1}{n} \sum_{i=1}^{n} \frac{(BW)_i}{W_i} = \frac{1}{4} \left(\frac{0.2257}{0.0468} + \frac{1.9450}{0.3966} + \frac{1.3259}{0.3966} + \frac{0.5774}{0.1600} \right) = 4.0628 \qquad (7\text{-}52)$$

一致性检验有：

$$CI = \frac{\lambda_{\max} - n}{n-1} = \frac{4.062\,8 - 4}{4-1} = 0.020\,9 \qquad (7\text{-}53)$$

$$CR = \frac{CI}{RI} = \frac{0.020\,9}{0.89} = 0.023\,5 \qquad (7\text{-}54)$$

经一致性检验，可确定权重计算结果合理。

③利用专家效度方法对专家权重进行修正。基于物元可拓理论，根据 20 个专家给出的判断矩阵计算得到通过一致性检验的各指标专家权重，利用专家效度方法计算各个参与评判的专家效度系数，并在此基础上对专家权重进行修正。以岩土性质因素各指标的专家权重修正为例，复合元素 R 为：

$$R = \begin{bmatrix} 专家1 & 0.046\,8 & 0.396\,6 & 0.396\,6 & 0.160\,0 \\ 专家2 & 0.046\,3 & 0.354\,3 & 0.445\,4 & 0.154\,0 \\ \cdots & \cdots & \cdots & \cdots & \cdots \\ 专家20 & 0.055\,9 & 0.477\,1 & 0.324\,6 & 0.150\,7 \end{bmatrix} \qquad (7\text{-}55)$$

经典域物元 R_{0j}、节域物元 R_{pj} 为：

$$R_{0j} = \begin{bmatrix} c_1 & 0.055\,0 \\ c_2 & 0.411\,5 \\ c_3 & 0.377\,9 \\ c_4 & 0.150\,7 \end{bmatrix} \qquad (7\text{-}56)$$

$$\begin{bmatrix} & c_1 & X_{p1} \\ N_{pj} & c_2 & X_{p2} \\ & c_3 & X_{p3} \\ & c_4 & X_{p4} \end{bmatrix} = \begin{bmatrix} & c_1 & \langle 0.046\,3, 0.068\,8 \rangle \\ N_{pj} & c_2 & \langle 0.354\,3, 0.477\,1 \rangle \\ & c_3 & \langle 0.324\,6, 0.445\,4 \rangle \\ & c_4 & \langle 0.142\,4, 0.160\,0 \rangle \end{bmatrix} \qquad (7\text{-}57)$$

计算各待评物元的关联函数值，得关联函数复合物元 R_0。

$$R_0 = \begin{bmatrix} 专家1 & 0.741\,7 & 0.841\,2 & 0.833\,1 & 0.889\,4 \\ 专家2 & 0.738\,9 & 0.792\,4 & 0.719\,9 & 0.927\,1 \\ \cdots & \cdots & \cdots & \cdots & \cdots \\ 专家20 & 0.807\,4 & 0.738\,0 & 0.781\,2 & 0.900\,4 \end{bmatrix} \qquad (7\text{-}58)$$

由此可计算得到各专家的专家效度系数，在此基础上可计算得到专家效度修正权重值为 0.055\,6、0.413\,5、0.380\,0、0.150\,9。

同理，可计算得到 K88+680 边坡各评价指标的修正权重值如表 7-8 所示。

表 7-8　巫山—巫溪公路 K88+680 边坡安全评价指标权重值

评价指标		权重值	评价指标		权重值	评价指标		权重值
地形地貌 x_1	x_{11}	0.182 3	气象条件 x_3	x_{31}	0.195 2	工程建设工艺 x_6	x_{61}	0.046 5
	x_{12}	0.702 8		x_{32}	0.804 8		x_{62}	0.089 0
	x_{13}	0.114 9	边坡岩土性质 x_4	x_{41}	0.055 6		x_{63}	0.421 6
地质条件 x_2	x_{21}	0.074 5		x_{42}	0.413 5		x_{64}	0.265 0
	x_{22}	0.139 9		x_{43}	0.380 0		x_{65}	0.178 1
	x_{23}	0.403 2		x_{44}	0.150 9		—	—
	x_{24}	0.327 9	地震 x_5	x_{51}	1.000 0		—	—
	x_{25}	0.054 6		—	—		—	—

（3）边坡 K88+680 各安全等级关联度的计算

巫山—巫溪公路 K88+680 边坡岩土安全评价指标对评价等级 j（安全、基本安全、欠安全、不安全）的关联度如表 7-9 所示。

表 7-9　巫山—巫溪公路 K88+680 边坡安全评价指标关联度数值及级别变量

安全等级	x_{11}	x_{12}	x_{13}	x_{21}	x_{22}	x_{23}	x_{2411}	x_{2412}	x_{2413}
安全	−0.002 9	−0.009 7	0.001 5	−0.005 2	−0.022 8	−0.066 8	−0.010 4	0.000 0	−0.009 5
基本安全	−0.002 0	−0.006 7	−0.000 9	0.002 1	−0.016 9	−0.054 7	−0.009 1	−0.007 4	−0.008 0
欠安全	0.002 4	−0.002 3	−0.002 7	−0.001 7	0.012 6	−0.018 2	−0.002 5	−0.009 9	−0.003 7
不安全	−0.001 4	0.002 8	−0.003 3	−0.006 7	−0.007 0	0.030 4	0.004 1	−0.010 7	0.009 3

安全等级	x_{2414}	x_{2421}	x_{2422}	x_{25}	x_{31}	x_{32}	x_{41}	x_{42}	x_{43}
安全	−0.004 9	−0.003 4	−0.003 4	0.004 1	−0.014 3	−0.091 6	−0.001 8	−0.117 2	−0.023 9
基本安全	−0.001 2	0.004 1	0.004 1	−0.002 5	−0.006 0	−0.073 3	0.000 7	−0.094 1	0.000 0
欠安全	0.001 5	−0.002 5	−0.002 5	−0.007 4	0.008 3	−0.018 3	−0.000 6	0.000 0	0.000 0
不安全	−0.003 8	−0.005 8	−0.005 8	−0.009 0	−0.006 1	0.022 9	−0.002 7	0.000 0	−0.034 2

安全等级	x_{44}	x_{51}	x_{61}	x_{62}	x_{63}	x_{64}	x_{65}	合计	J^*
安全	−0.018 1	−0.016 3	−0.000 8	−0.001 7	−0.019 7	−0.008 5	−0.008 3	−0.455 7	
基本安全	0.076 1	0.022 8	0.001 5	0.003 5	−0.016 4	−0.006 9	−0.005 6	−0.196 8	
欠安全	−0.022 8	−0.045 6	−0.001 1	−0.002 8	0.000 0	−0.003 4	0.002 8	−0.120 4	3.068 7
不安全	−0.035 2	−0.068 4	−0.001 9	−0.004 3	0.000 0	0.005 2	−0.002 0	0.133 8	

（4）待评边坡安全等级的评定

由表 7-9 中关联度数据可知，两巫路 K88+680 边坡的整体安全评价等级为欠安全等级，同时计算得到的级别变量为 3.0687，同样可认定该边坡为欠安全等级。故该边坡开挖后需要采取相应防护措施。

2. 两巫路 K90+380 高边坡物元可拓安全评价

K90+380 高边坡位于巫溪县柚子树境内，工程场地起止里程桩号为 K90+320 ～ K90+410，全长 90 m，起止点设计标高分别为 430.95 m、432.75 m，设计纵坡为 3.4%，线形为弧线，公路类型为弧线傍山 2 级公路。边坡为砂岩质边坡，局部为炭质泥岩夹砂岩质边坡。边坡区域属低山斜坡地貌，斜坡坡度为 30° ～ 35°，坡向 N216°W，边坡区域范围内出露地层主要为第四系全新统残坡积含砾黏土、三叠系中统须家河组炭质泥岩、砂岩及三叠系中统巴东组泥岩。在地质构造上属朝阳—官阳背斜南翼，以单斜构造为主，未发现断层及次级褶皱，岩体较完整，层间结合较好。

（1）经典域、节域和待评物元确定

由前面评价体系及 K90+380 边坡具体数值可得到待评物元、边坡岩土安全评价经典域和评价相应的节域。

（2）评价指标权重的确定

①基于简单关联函数的相对重要程度排序。K90+380 边坡岩土安全评价指标的相对重要程度排序：地形地貌因素指标排序为 $x_{12}>x_{11}>x_{13}$；地质条件因素指标排序为 $x_{24}>x_{22}>x_{21}>x_{23}>x_{25}$；气象条件因素指标排序为 $x_{32}>x_{31}$；边坡岩土性质因素指标排序为 $x_{44}>x_{42}>x_{43}>x_{41}$；工程建设工艺因素指标排序为 $x_{63}>x_{64}>x_{65}>x_{62}>x_{61}$。

②基于相对重要程度排序确定专家权重。在评价指标相对重要程度排序的基础上构造判断矩阵，并利用层次分析法通过相关计算及检验求得 K90+380 边坡岩土安全各指标的专家权重值。

③基于专家效度法的专家权重修正。基于物元可拓理论，根据 20 个专家给出的判断矩阵，计算得到通过一致性检验的各指标专家权重，利用专家效度法计算各个参与评判的专家效度系数，并在此基础上对专家权重进行修正，结果如表 7-10 所示。

表 7-10　巫山—巫溪公路 K90+380 边坡岩土安全评价指标权重值

评价指标	权重值	评价指标	权重值	评价指标	权重值
地形地貌	x_{11} 0.653 6	气象条件	x_{31} 0.192 8	工程建设工艺	x_{61} 0.045 4
	x_{12} 0.247 0		x_{32} 0.807 2		x_{62} 0.093 1
	x_{13} 0.099 4	边坡岩土性质	x_{41} 0.091 0		x_{63} 0.429 7
地质条件	x_{21} 0.127 5		x_{42} 0.298 4		x_{64} 0.260 3
	x_{22} 0.236 0		x_{43} 0.298 4		x_{65} 0.171 5
	x_{23} 0.087 9		x_{44} 0.312 2	—	—
	x_{24} 0.499 1	地震	x_{45} 1.000 0	—	—
	x_{25} 0.049 4	—	—	—	—

（3）边坡 K90+380 各等级关联度计算

巫山—巫溪公路 K90+380 边坡岩土安全评价指标对指标等级 j（安全、基本安全、欠安全、不安全）的关联度如表 7-11 所示。

表 7-11　巫山—巫溪公路 K90+380 边坡岩土安全评价指标关联度数值及级别变量

安全程度	x_{11}	x_{12}	x_{13}	x_{21}	x_{22}	x_{23}	x_{2411}	x_{2412}	x_{2413}
安全	−0.011 0	−0.002 7	−0.002 1	−0.004 1	−0.040 5	0.005 0	−0.016 9	−0.013 8	−0.005 1
基本安全	−0.008 6	−0.000 8	−0.001 2	−0.005 8	−0.032 0	−0.004 0	−0.015 7	−0.011 3	−0.006 3
欠安全	0.000 0	0.001 0	0.001 6	−0.011 5	0.010 7	−0.011 9	−0.009 4	−0.003 8	−0.003 8
不安全	0.000 0	−0.001 7	−0.000 9	−0.017 3	−0.007 6	−0.014 6	0.018 8	0.006 3	−0.008 8

安全程度	x_{2414}	x_{2421}	x_{2422}	x_{25}	x_{31}	x_{32}	x_{41}	x_{42}	x_{43}
安全	−0.008 8	0.037 6	−0.004 2	0.003 7	−0.014 1	−0.001 9	0.001 9	0.056 4	0.048 9
基本安全	−0.003 8	−0.005 6	0.007 5	−0.002 2	−0.006 0	−0.073 5	−0.001 7	−0.025 6	−0.024 0
欠安全	0.006 3	−0.012 2	−0.005 6	−0.006 7	0.008 2	−0.018 4	−0.004 5	−0.041 0	−0.030 2
不安全	−0.005 1	−0.014 4	−0.010 0	−0.008 2	−0.006 0	0.023 0	−0.006 8	−0.045 5	−0.038 2

安全程度	x_{44}	x_{51}	x_{61}	x_{62}	x_{63}	x_{64}	x_{65}	合计	j^*
安全	−0.043 4	−0.016 3	−0.000 8	−0.001 8	−0.020 1	−0.008 4	−0.004 5	−0.157 0	
基本安全	0.004 3	0.022 8	0.001 4	0.003 6	−0.016 8	−0.006 8	0.000 0	−0.187 7	
欠安全	−0.003 9	−0.045 6	−0.001 1	−0.002 9	0.000 0	−0.003 4	0.000 0	−0.188 3	1.876 7
不安全	−0.051 1	−0.068 4	−0.001 9	−0.004 5	0.000 0	0.005 1	−0.004 5	−0.262 4	

（4）待评边坡安全等级的评定

由表 7-11 关联度数据可知，两巫路 K90+380 边坡的整体稳定安全评价等级为安全等级。但其级别变量为 1.8767，更趋向于基本安全等级，由此可综合评定该边坡为基本安全等级，开挖后在暴雨等特殊情况下需要注意边坡的安全问题。

二、模糊层次分析法

（一）模糊层次分析法概述

模糊层次分析法是模糊数学和层次分析法相结合的产物，其基本过程是把复杂过程或事物分解成各个组成元素，按支配关系将这些元素分组，使之形成有序的递梯结构，在此基础上，通过两两比较来判断各层次中诸元素的相对重要性，进而得到诸元素在综合评价中的权重，最后根据各元素的隶属度和权重进行综合评价。该方法广泛应用于环境影响、矿井安全、隧道塌方风险及建筑安全管理等的综合评价中。

（二）模糊层次分析评价模型

1. 因素集合评价集的建立

将因素集合 $U=\{u_1, u_2, \cdots, u_n\}$ 按某种属性分为 S 类，即 $u_i=\{u_{i1}, u_{i2}, \cdots, u_{in}\}$，$i=1,2, \cdots, S$。它们满足条件：① $n_1+n_2+\cdots+n_s=n$；② $U_1 \cup U_2 \cup \cdots \cup U_s=U$；③ $\forall i, j(i \neq j \rightarrow u_i \cap u_j = \varnothing)$。

评价集 $V=\{v_1, v_2, \cdots, v_m\}$ 中 v_1，v_2，$\cdots$，v_m 为根据问题划分的多级指标。

2. 单因素模糊评判矩阵的建立

根据评价指标实测值选用适合的隶属函数，计算出每个因素对各个评价等级相应的隶属度，对单个因子 U_{ri}（$i=1$，2，$\cdots$，n）做模糊评判，得到反映 U 和 V 的模糊关系单因素评判矩阵，即：

$$R_t=[R_{t1}, R_{t2}, \ldots, R_{tn}]=\begin{bmatrix} r_{11} & r_{12} & \cdots & r_{1n} \\ r_{21} & r_{22} & \cdots & r_{2n} \\ \cdots & \cdots & \cdots & \cdots \\ r_{m1} & r_{m2} & \cdots & r_{mn} \end{bmatrix} \qquad （7-59）$$

式中：R_t 中第 i 列 R_{ti} 反映的是被评对象的第 i 个因素对评价集中各等级的隶属度。

对于离散型评价变量，其隶属度可采用层次分析法或德尔斐法来确定；对于连续型评价变量，可以先建立隶属度与评价指标数值间的函数关系，再将实测值代入计算式得到隶属度。隶属函数的种类很多，人们在具体应用中可综合各评价指标的分布特点进行选择。其中应用较多的有"降半梯形"分布，其计算公式如下：

$$U_1(x) = \begin{cases} 1, & x \leqslant S_1 \\ \dfrac{S_2 - x}{S_2 - S_1}, & S_1 < x \leqslant S_2 \\ 0, & x > S_2 \end{cases} \tag{7-60}$$

$$U_2(x) = \begin{cases} 0, & x \leqslant S_1 \text{或} x > S_3 \\ \dfrac{S_1 - x}{S_2 - S_1}, & S_1 < x \leqslant S_2 \\ \dfrac{S_3 - x}{S_3 - S_2}, & S_2 < x \leqslant S_3 \end{cases} \tag{7-61}$$

$$U_3(x) = \begin{cases} 0, & x < S_2 \text{或} x > S_4 \\ -\dfrac{S_2 - x}{S_3 - S_2}, & S_2 < x \leqslant S_3 \\ \dfrac{S_4 - x}{S_4 - S_3}, & S_3 < x \leqslant S_4 \end{cases} \tag{7-62}$$

$$U_4(x) = \begin{cases} 0, & x \leqslant S_3 \\ \dfrac{S_3 - x}{S_4 - S_3}, & S_3 < x \leqslant S_4 \\ 1, & x > S_4 \end{cases} \tag{7-63}$$

式中：S_1、S_2、S_3、S_4——评价指标分级的四级标准值；

x——实测值。

3. 权重集的建立

根据评价因素之间的关系并采用主观或客观方法建立评价因素的权重，这些权重可以构成一个模糊向量 $\boldsymbol{A}_t$。

$$\boldsymbol{A}_t = [a_{t1}, \ a_{t2}, \ \cdots, \ a_{tn}] \ (t = 1, 2, \ \cdots, \ k) \qquad (7\text{-}64)$$

式中，a_{ti}——第 i 个因素 U_{ti} 所对应的权重，归一化条件为：

$$\sum_{i=1}^{n} a_i = 1 \qquad (7\text{-}65)$$

4. 模糊综合评判

一级综合评判可通过权重矩阵 $\boldsymbol{A}_t$ 与模糊关系矩阵 $\boldsymbol{R}_t$ 的复合运算得到，即：

$$\boldsymbol{B}_t = \boldsymbol{A}_t \cdot \boldsymbol{R}_t = [b_{t1}, \ b_{t2}, \ \cdots, \ b_{tm}] \qquad (7\text{-}66)$$

式中：$b_{ti} = \sum_{i=1}^{m} a_i r_{ij}$ ；

$\boldsymbol{B}_t$ 为构成二级模糊评判的关系矩阵 $\boldsymbol{R}$ 的模糊向量。

由一级综合评判结果可得 $U = [u_1, \ u_2, \ \cdots, \ u_k]$ 的单因素评判矩阵 $\boldsymbol{R}$。

$$\boldsymbol{R} = \begin{bmatrix} b_{11} & b_{21} & \dots & b_{k1} \\ b_{12} & b_{22} & \dots & b_{k2} \\ \cdots & \cdots & \cdots & \cdots \\ b_{1m} & b_{2m} & \dots & b_{km} \end{bmatrix} \qquad (7\text{-}67)$$

子因素的权重模糊向量 $\boldsymbol{A} = [a_1, \ a_2, \ \cdots, \ a_k]$，则因素集 U 代表的综合评判为 $\boldsymbol{B} = \boldsymbol{A} \cdot \boldsymbol{B} = [b_1, \ b_2, \ \cdots, \ b_m]$

式中：b_i 为评判集 V 中的因子 V_i 的隶属度。

根据最大隶属度原则，$b_k = \max(b_1, \ b_2, \ \cdots, \ b_m)$，则 b_k 所对应的等级即为评价对象所属的评价等级。

（三）实例分析

利用公式（7-60）～（7-63），采用"降半梯形"分布隶属度函数方法进行两巫路 K88+680 边坡、两巫路 K90+380 边坡、巫奉路 K23+560 边坡和彭务路 K16+670 边坡四个实例边坡的隶属度计算，结果如表 7-12 所示。

根据前面权重计算方法，可计算得到四个实例边坡的一级和二级权重分配表如表 7-13 所示。

表 7-12　评价实例边坡隶属度取值

指标序号	两巫路 K88+680 边坡				两巫路 K90+380 边坡			
	安全	基本安全	欠安全	不安全	安全	基本安全	欠安全	不安全
1	0.000	0.400	0.600	0.000	0.000	0.000	1.000	0.000
2	0.000	0.000	0.920	0.080	0.000	0.700	0.300	0.000
3	0.200	0.800	0.000	0.000	0.000	0.000	0.400	0.600
4	0.000	0.200	0.800	0.000	0.000	0.200	0.800	0.000
5	0.000	0.000	0.200	0.800	0.000	0.000	0.100	0.900
6	0.000	0.000	0.000	1.000	0.200	0.800	0.000	0.000
7	0.600	0.000	0.000	1.000	0.000	0.000	0.000	1.000
8	0.000	0.400	9.000	0.000	0.000	0.000	0.000	1.000
9	0.000	0.000	0.000	1.000	0.000	0.400	0.600	0.000
10	0.000	0.000	0.800	0.200	0.000	0.000	0.600	0.400
11	0.000	0.400	0.600	0.000	0.300	0.700	0.000	0.000
12	0.200	0.400	0.600	0.000	0.000	0.600	0.400	0.000
13	0.000	0.800	0.000	0.000	0.200	0.800	0.000	0.000
14	0.000	0.503	0.497	0.000	0.000	0.503	0.497	0.250
15	0.000	0.000	0.950	0.050	0.000	0.000	0.950	0.000
16	0.000	0.250	0.750	0.000	0.000	0.250	0.750	0.000
17	0.000	0.000	0.000	1.000	0.600	0.400	0.000	0.000
18	0.000	0.000	1.000	0.000	0.520	0.480	0.000	0.000
19	0.600	0.400	0.000	0.000	0.050	0.950	0.000	0.000
20	0.000	0.800	0.200	0.000	0.000	0.800	0.200	0.000
21	0.000	0.600	0.400	0.000	0.000	0.600	0.400	0.000
22	0.667	0.333	0.000	0.000	0.667	0.333	0.000	0.000
23	0.000	0.000	0.000	1.000	0.000	0.000	0.000	1.000
24	0.000	0.000	0.750	0.250	0.000	0.000	0.750	0.250
25	0.000	0.000	0.200	0.800	0.000	0.000	0.000	0.000

续表

指标序号	巫奉路 K23+560 边坡				彭务路 K16+670 边坡			
	安全	基本安全	欠安全	不安全	安全	基本安全	欠安全	不安全
1	0.000	0.600	0.400	0.000	0.200	0.800	0.000	0.000
2	0.000	0.000	1.000	0.000	0.000	0.900	0.100	0.000
3	0.000	0.000	0.600	0.400	0.000	0.000	0.100	0.000
4	0.000	0.000	0.200	0.800	0.200	0.200	0.000	0.000
5	0.000	0.000	0.400	0.600	0.000	0.000	0.800	0.200
6	0.000	0.000	0.200	0.800	0.000	0.000	0.600	0.000
7	0.000	0.000	0.000	1.000	0.000	0.000	0.000	1.000
8	0.200	0.800	0.000	0.000	0.000	0.000	0.000	1.000
9	0.300	0.700	0.000	0.000	0.800	0.800	0.000	0.000
10	0.000	0.000	0.440	0.600	0.000	0.000	0.400	0.000
11	0.100	0.900	0.000	0.000	0.000	0.000	0.400	0.000
12	0.000	0.000	0.300	0.700	0.000	0.000	0.500	0.000
13	0.200	0.800	0.000	0.000	0.400	0.400	0.000	0.000
14	0.000	0.463	0.537	0.000	0.000	0.000	0.938	0.018
15	0.000	0.000	0.900	0.100	0.000	0.000	0.800	0.200
16	0.000	0.000	0.200	0.800	0.000	0.000	0.500	0.000
17	0.000	0.000	0.000	1.000	0.000	0.000	0.313	0.000
18	0.000	0.500	0.500	0.000	0.280	0.280	0.000	0.000
19	1.000	0.000	0.000	0.000	0.920	0.920	0.000	0.000
20	0.000	0.800	0.200	0.000	0.000	0.000	0.200	0.000
21	0.000	0.400	0.600	0.000	0.000	0.000	0.400	0.000
22	0.667	0.333	0.000	0.000	1.000	0.000	0.000	0.000
23	0.000	0.000	1.000	0.000	0.000	0.000	0.000	1.000
24	0.000	0.000	0.750	0.250	0.000	0.000	0.750	0.250
25	0.000	0.600	0.400	0.000	1.000	0.000	0.000	0.000

表 7-13　评价实例边坡指标权重分配

指标		两巫路 K88+680		两巫路 K90+380		巫奉路 K23+560		彭务路 K16+670	
		一级权重	二级权重	一级权重	二级权重	一级权重	二级权重	一级权重	二级权重
地形地貌	1	0.182 3		0.653 6		0.234 2		0.202 6	
	2	0.702 8	0.039 3	0.247 0	0.039 3	0.582 6	0.039 3	0.682 3	0.039 3
	3	0.114 9		0.099 4		0.183 2		0.115 1	
地质条件	4	0.074 5		0.127 5		0.087 3		0.059 1	
	5	0.139 9		0.236 0		0.150 6		0.256 1	
	6	0.403 2		0.087 9		0.250 6		0.169 5	
	7	0.054 7		0.499 1		0.076 6		0.071 9	
	8	0.054 7	0.226 0	0.083 2	0.226 0	0.076 6	0.226 0	0.071 9	0.226 0
	9	0.054 7		0.083 2		0.076 6		0.071 9	
	10	0.054 7		0.083 2		0.076 6		0.071 9	
	11	0.054 7		0.083 2		0.076 6		0.071 9	
	12	0.054 7		0.083 2		0.076 6		0.071 9	
	13	0.054 6		0.049 4		0.051 7		0.084 2	

指标		两巫路 K88+680		两巫路 K90+380		巫奉路 K23+560		彭务路 K16+670	
		一级权重	二级权重	一级权重	二级权重	一级权重	二级权重	一级权重	二级权重
气象条件	14	0.195 2	0.227 7	0.192 8	0.227 7	0.190 0	0.227 7	0.167 2	0.227 7
	15	0.804 8		0.807 2		0.810 0		0.832 8	
边坡岩土性质	16	0.055 6	0.315 0	0.091 0	0.315 0	0.234 9	0.315 0	0.226 5	0.315 0
	17	0.413 5		0.298 4		0.464 0		0.161 6	
	18	0.380 0		0.298 4		0.205 4		0.158 4	
	19	0.150 9		0.312 2		0.005 6		0.453 5	
地震	20	1.000 0	0.114 0	1.000 0	0.114 0	1.000 0	0.114 0	1.000 0	0.114 0
工程建设工艺	21	0.046 5	0.078 0	0.045 4	0.078 0	0.093 2	0.078 0	0.083 4	0.078 0
	22	0.089 0		0.093 1		0.178 6		0.156 3	
	23	0.421 6		0.429 7		0.415 6		0.432 6	
	24	0.265 0		0.260 3		0.261 1		0.261 6	
	25	0.178 1		0.171 5		0.051 6		0.0156 1	

模糊综合评判的结果通过权重矩阵和模糊关系隶属度矩阵的复合运算得到。首先通过一级评判求得高边坡六大类的安全稳定评价模糊向量，然后在此基础上通过二级权重向量与一级评判结果进行复合运算，得到二级评判结果，最后四个实例高边坡的最终评价结果如表 7-14 所示。根据最大隶属度原则，表中四个高边坡的评价结果依次为欠安全、基本安全、欠安全和欠安全等。

表 7-14　实例边坡综合评价结果

古路里程桩号	安全	基本安全	欠安全	不安全	评价结果
两巫路 K88+680	0.043 9	0.175 9	0.445 9	0.334 5	欠安全
两巫路 K90+380	0.126 9	0.370 5	0.359 4	0.143 2	基本安全
巫奉路 K23+560	0.052 1	0.210 0	0.384 7	0.353 1	欠安全
彭务路 K16+670	0.187 7	0.315 9	0.374 9	0.121 4	欠安全

三、集对分析法

（一）集对分析法概述

1989 年，我国学者赵克勤首次提出集对分析概念。其中，集对指具有一定联系的两个集合组成的对子，集对分析是对两个集合的特性做出对立统一分析。集对分析评价法又称同异反评价法，该方法集成了传统方法处理不确定性信息的优点，从辩证的角度系统地分析确定与不确定因素及其之间的联系，从而能够全面地进行定性与定量的评价。该方法作为处理不确定性问题的系统分析方法，目前在人工智能、系统工程、管理决策、安全评价、水文评估、岩土施工决策及滑坡变形预测等领域获得了较广泛的应用。

1. 集对分析基本思路

集对分析的基本思路是在一定的问题背景下对一个集合对子的特性展开分析，再找出两个集合所共有的特性、对立的特性和既非共有又非对立的差异特性，由此建立起两个集合在指定问题背景下的同异反联系度表达式 $\mu = a + bi + cj$，将其推广到系统，系统由 $m > 2$ 个集合组成，在此基础上开展进一步研究。

2. 联系度

联系度是集对分析的一个重要概念，用 μ 表示，μ 一般可表示为：

$$\mu = \frac{S}{N} + \frac{F}{N}i + \frac{P}{N}j \tag{7-68}$$

式中：N——集对中两个集合所具有的特性总数；

S——集对中两个集合共有的特性数；

P——为集对中两个集合相互对立的特性数；

$F=N–S–P$——集对中两个集合既不共同具有又不相互对立的特性数；

S/N、F/N、P/N——所讨论的两个集合在指定问题背景下的同一度、差异度和对立度；

j——对立度系数，$j=-1$；

i——差异度系数，$i \in [-1, 1]$。

若令 $S/N=a$，$F/N=b$，$P/N=c$，则式（7-68）可以简化为：

$$\mu = a + bi + cj \tag{7-69}$$

式中：a、b 和 c 均为非负值且满足 $a+b+c=1$。由于 a 和 cj 是相对确定的，bi 是相对不确定，因此，式（7-69）表达的内容既包含了确定性又包含了不确定性。

（二）集对分析评价模型

1. 评价指标权重和标准的确定

由于综合评价的指标众多，其量纲大小和影响程度各异，因此实际设计中人们需要采取相应方法确定评价指标的相应权重值。此外，人们需要根据高边坡安全指标的物理含义及其对边坡安全稳定等方面的影响，建立高边坡安全评价等级标准，即 $\{s_{kj} \mid k=1,2,\cdots,K; j=1,2,\cdots,m\}$，对应的各指标样本数据集可记为 $\{x_{ij} \mid i=1,2,\cdots,n; j=1,2,\cdots,m\}$。其中，$K$、$n$ 和 m 分别为评价等级数目、评价样本数目和评价指标数目。

2. 单指标联系度的计算

用集对分析法计算指标 j 情况下样本 i 与高边坡安全评价标准等级 k 之间的单指标联系度 μ_{ijk}。在具体计算单指标联系度 μ_{ijk} 时，可将指标 j 情况下样本 i 与评价标准等级 k 作为两个集合，它们构成一个集对，就它们的接近性这一属性做同、异、反的定量分析。若它们处于同一等级中，则 $\mu_{ijk}=1$；若它们处于相隔的等级中，则 $\mu_{ijk}=-1$；若它们处于相邻的等级中，则 $\mu_{ijk} \in [-1,1]$。μ_{ijk} 越接近于等级 k，则 $\mu_{ijk}=1$；μ_{ijk} 越接近于与等级 k 相隔的等级，则 $\mu_{ijk}=-1$。

对高边坡四个安全评价等级标准来说，若评价指标 x_{ij} 随着评价等级的增大而增大（即指标为越小越优型），则 μ_{ijk} 的具体计算公式为：

$$\mu_{ij1} = \begin{cases} 1, & x_{ij} \leqslant s_{1j} \\ 1 - \dfrac{2x_{ij} - s_{1j}}{s_{2j} - s_{1j}}, & s_{1j} \leqslant x_{ij} \leqslant s_{2j} \\ -1, & x_{ij} > s_{2j} \end{cases} \tag{7-70}$$

$$\mu_{ij2} = \begin{cases} 1 - \dfrac{2s_{1j} - x_{ij}}{s_{1j} - s_{0j}}, & x_{ij} \leqslant s_{1j} \\ 1, & s_{1j} < x_{ij} \leqslant s_{2j} \\ 1 - \dfrac{2x_{ij} - s_{2j}}{s_{3j} - s_{2j}}, & s_{2j} < x_{ij} \leqslant s_{3j} \\ -1, & x_{ij} > s_{3j} \end{cases} \tag{7-71}$$

$$\mu_{ij3} = \begin{cases} -1, & x_{ij} \leqslant s_{1j} \\ 1 - \dfrac{2s_{2j} - x_{ij}}{s_{2j} - s_{1j}}, & s_{1j} < x_{ij} < s_{2j} \\ 1, & s_{2j} < x_{ij} \leqslant s_{3j} \\ 1 - \dfrac{2x_{ij} - s_{3j}}{s_{4j} - s_{3j}}, & s_{3j} < x_{ij} \leqslant s_{4j} \\ -1, & x_{ij} > s_{4j} \end{cases} \tag{7-72}$$

$$\mu_{ij4} = \begin{cases} -1, & x_{ij} > s_{2j} \\ 1 - \dfrac{2s_{3j} - x_{ij}}{s_{3j} - s_{2j}}, & s_{2j} < x_{ij} \leqslant s_{3j} \\ 1, & s_{3j} < x_{ij} \leqslant s_{4j} \end{cases} \tag{7-73}$$

若评价指标随着评价等级的增大而减小（即指标为越大越优型），则 μ_{ijk} 的具体计算公式为：

$$\mu_{ij1} = \begin{cases} 1, & x_{ij} \geqslant s_{1j} \\ 1 - \dfrac{2x_{ij} - s_{1j}}{s_{2j} - s_{1j}}, & s_{1j} > x_{ij} \geqslant s_{2j} \\ -1, & x_{ij} < s_{2j} \end{cases} \tag{7-74}$$

$$\mu_{ij2} = \begin{cases} 1 - \dfrac{2s_{1j} - x_{ij}}{s_{1j} - s_{0j}}, & x_{ij} > s_{1j} \\ 1, & s_{1j} > x_{ij} \geqslant s_{2j} \\ 1 - \dfrac{2x_{ij} - s_{2j}}{s_{3j} - s_{2j}}, & s_{2j} > x_{ij} \geqslant s_{3j} \\ -1, & x_{ij} < s_{3j} \end{cases} \tag{7-75}$$

$$\mu_{ij3} = \begin{cases} -1, & x_{ij} \geqslant s_{1j} \\ 1 - \dfrac{2s_{2j} - x_{ij}}{s_{2j} - s_{1j}}, & s_{1j} > x_{ij} \geqslant s_{2j} \\ 1, & s_{2j} > x_{ij} \geqslant s_{3j} \\ 1 - \dfrac{2x_{ij} - s_{3j}}{s_{4j} - s_{3j}}, & s_{3j} > x_{ij} \geqslant s_{4j} \\ -1, & x_{ij} < s_{4j} \end{cases} \tag{7-76}$$

$$\mu_{ij4} = \begin{cases} -1, & x_{ij} \geqslant s_{2j} \\ 1 - \dfrac{2s_{3j} - x_{ij}}{s_{3j} - s_{2j}}, & s_{2j} > x_{ij} \geqslant s_{3j} \\ 1, & s_{3j} > x_{ij} \geqslant s_{4j} \end{cases} \tag{7-77}$$

式中：$s_{1j} \sim s_{4j}$——1～4 级评价标准的限值；

式（7-70）～（7-77）这种"宽域形式"的函数结构充分利用了指标 j 情况下样本 i 与评价等级 k 之间的同、异、反三方面的定量信息。

3. 综合联系度的计算

样本 i 与评价标准等级 k 之间的综合联系度为：

$$\bar{\mu}_{ik} = \sum_{j=1}^{m} W'_j \mu_{ijk} \quad i=1,2,\cdots,n; \ k=1,2,\cdots,K$$

式中：W'_j——评价指标体系中各指标的归一化权重，即

$$W'_j = \frac{\bar{W}_j}{\sum_{j=1}^{m} \bar{W}_j}, \ j=1,2,3,\cdots,m \tag{7-78}$$

显然，综合联系度 $\bar{\mu}_{ik} \in [-1,1]$，样本 i 与评价等级 k 间的同一性越小，则 $\bar{\mu}_{ik}$ 越接近于 -1，样本 i 越倾向于不隶属于评价等级 k；若样本 i 与评价等级 k 间的同一性越大，则 $\bar{\mu}_{ik}$ 越接近于 1，样本 i 越倾向于隶属于评价等级 k。可见，综合联系度 $\bar{\mu}_{ik}$ 就是模糊集"评价等级 k"的一种相对差异度，样本 i 隶属于模糊集"评价等级 k"的相对隶属度可表示为

$$V_{ik} = 0.5 + 0.5\bar{\mu}_{ik}, \ i=1,2,\cdots,n; \ k=1,2,\cdots,K \tag{7-79}$$

式（7-79）直接利用待评样本 i 与评价等级 k 就它们的数值接近度这一属性做同、异、反的定量分析，从而构造可变模糊集的相对隶属度函数，计算过程直观、简便、通用性强，可适应各种不同的等级评价标准情况。

4. 安全等级的评判

为避免应用最大隶属度原则进行模糊模式识别可能造成的失真，提高等级评判的精度，可以把级别特征值看作评判样本 i 的安全等级。级别特征值为：

$$h = \sum_{k=1}^{K} K\left(V_{ik} \Big/ \sum_{k=1}^{K} V_{ik}\right) = \sum_{k=1}^{K} V'_{ik}, \ i=1,2,\cdots,n \tag{7-80}$$

式（7-80）中 V'_{ik} 为归一化相对隶属度。为进一步提高安全等级评价结果的稳妥性，也可采用置信度准则来评判样本 i 的安全等级 h_i，即：

$$h_i = \max\left(k \Big| \sum_{k=1}^{K} V'_{ik} > \lambda, 1 \leq k \leq K\right) \tag{7-81}$$

式中：λ——置信度，一般为 $0.50 \sim 0.70$，λ 越大则评价结果越倾向于保守、稳妥。

（三）实例分析

1. 计算单指标联系度

将前述高边坡评价指标样本值和高边坡岩土整体安全评价标准数据代入式（7-70）～（7-77），得评价指标的单指标联系度，如表7-15所示，从表中可看出不同边坡的各个评价指标所处的安全等级不同。

表 7-15 实例边坡指标样本值及单指标联系度计算结果

指标序号	两巫路 K88+680 边坡					两巫路 K90+380 边坡				
	值	1 级	2 级	3 级	4 级	值	1 级	2 级	3 级	4 级
1	32	−1.00	−0.20	1.00	−0.20	40	−1.00	−1.00	1.00	1.00
2	44	−1.00	−1.00	0.20	1.00	33	−1.00	0.40	1.00	−0.40
3	32	1.00	0.60	−1.00	−1.00	14	−1.00	−0.20	1.00	0.20
4	22	−0.60	100	0.60	−1.00	28	0.60	1.00	−0.60	−1.00
5	1.4	−1.00	−0.60	100	0.60	1.2	−1.00	−0.80	1.00	0.80
6	8	−1.00	−1.00	0.60	1.00	32	1.00	0.60	−1.00	−1.00
7	0.8	−1.00	−1.00	0.60	1.00	0.5	−1.00	−1.00	0.00	1.00
8	36	1.00	−0.20	−100	−1.00	8	−1.00	−1.00	0.60	1.00
9	7	−1.00	−1.00	0.40	1.00	24	−0.20	1.00	0.20	−1.00
10	18	−1.00	0.60	100	−0.60	16	−1.00	0.20	1.00	−0.20
11	24	−0.20	1.00	0.20	−1.00	33	1.00	0.40	−1.00	−1.00
12	24	−0.20	1.00	0.20	−1.00	26	0.20	1.00	−0.20	−1.00
13	32	1.00	0.60	−100	−1.00	32	1.00	0.60	−1.00	−10..
14	1 049	−1.00	0.01	1.00	−0.01	1 049	1.00	0.01	1.00	−0.01
15	110	−1.00	−1.00	0.80	1.00	110	−1.00	−1.00	0.80	1.00
16	23.5	−0.50	1.00	0.50	1.00	26	1.00	0.92	−1.00	−1.00
17	50	−1.00	−1.00	1.00	100	800	1.00	0.60	−1.00	−1.00
18	20	−1.00	1.00	1.00	−1.00	38	1.00	0.60	−1.00	−1.00
19	2.6	0.20	1.00	−0.20	−100	4.8	−0.90	1.00	0.90	−1.00
20	28	0.60	1.00	−0.60	−1.00	28	0.60	1.00	0.60	−1.00
21	26	0.20	1.00	−0.20	−1.00	26	0.20	1.00	−0.20	−1.00
22	3	0.33	−2.20	1.00	0.20	3	0.33	1.00	−0.33	−1.00
23	1	−1.00	−1.00	0.20	1.00	1	−1.00	−1.00	1.00	1.00
24	10	−1.00	0.60	−1.00	−1.00	10	−1.00	−1.00	0.67	1.00
25	1：0.3	−1.00	1.00	0.60	−1.00	1：0.5	−1.00	1.00	1.00	−1.00

指标序号	巫奉路 K23+560 边坡					彭务路 K16+670 边坡				
	值	1 级	2 级	3 级	4 级	值	1 级	2 级	3 级	4 级
1	20	−1.00	0.20	1.00	−0.20	18	−0.60	1.00	0.60	−1.00
2	40	−1.00	−1.00	1.00	1.00	31	−1.00	0.80	1.00	−0.80
3	16	−1.00	0.20	1.00	−0.20	21	−0.80	1.00	0.80	−1.00
4	12	−1.00	−0.60	1.00	0.60	32	1.00	0.60	−1.00	−1.00
5	1.8	−1.00	−0.20	1.00	0.20	2.6	−1.00	0.60	1.00	−0.60
6	12	−1.00	−0.60	1.00	0.60	24	0.20	1.00	0.20	−1.00
7	0.2	−1.00	−1.00	−0.60	1.00	0.9	−1.00	−1.00	0.80	1.00−
8	32	1.00	0.60	1.00	−1.00	6	1.00	−1.00	0.80	1.00
9	33	1.00	0.40	−1.00	−1.00	38	1.00	−0.60	−1.00	−1.00
10	14	−1.00	−0.20	1.00	0.20	26	0.20	1.00	−0.20	−1.00
11	31	1.00	0.80	−1.00	−1.00	26	0.20	1.00	−0.20	−1.00
12	13	−1.00	−0.4	1.00	0.40	25	0.00	1.00	0.00	−1.00
13	32	1.00	0.60	−1.00	−1.00	34	1.00	0.20	−1.00	1.00
14	1 061	−1.00	−0.08	1.00	0.08	1 221	−1.00	−1.00	0.95	1.00
15	120	−1.00	−1.00	0.60	1.00	120	−1.00	−1.00	0.60	−1.00
16	21.4	−1.00	−0.60	1.00	0.60	24	0.00	1.00	0.00	−1.00
17	21	−1.00	−1.00	−0.16	1.00	400	0.38	1.00	−0.38	−1.00
18	22.5	0.00	1.00	0.00	−1.00	32	1.00	0.78	−1.00	−1.00
19	0.82	1.00	0.64	−1.00	−1.00	1.32	0.84	1.00	−0.84	−1.00
20	28	0.60	1.00	−0.60	−1.00	28	0.60	1.00	−0.60	−1.00
21	24	−0.20	1.00	0.20	−1.00	26	0.20	1.00	−0.20	−1.00
22	3	0.33	1.00	−0.33	−1.00	2	1.00	1.00	−1.00	−1.00
23	1	−1.00	−1.00	1.00	1.00	1	−1.00	−1.00	1.00	1.00
24	10	−1.00	−1.00	0.67	1.00	10	−1.00	−1.00	0.67	1.00
25	1：0.65	0.20	1.00	−0.20	−1.00	1：1	1.00	−0.11	−1.00	−1.00

2. 计算综合联系度和相对隶属度值

根据公式（7-78）计算得到各边坡评价指标的归一化权重，如表 7-16 所示。然后根据公式（7-77）和式（7-80）计算得到各评价边坡的综合联系度和相对隶属度值，如表 7-17 所示。

表 7-16 实例边坡安全评价指标权重

指标序号	两巫路 K88+680	两巫路 K90+380	巫奉路 K23+560	彭务路 K16+670
1	0.007 2	0.025 7	0.009 2	0.008 0
2	0.027 6	0.009 7	0.022 9	0.026 8
3	0.004 5	0.003 9	0.007 2	0.004 5
4	0.016 8	0.028 8	0.019 7	0.013 4
5	0.031 6	0.053 3	0.034 0	0.057 9
6	0.091 1	0.019 9	0.056 6	0.038 3
7	0.012 4	0.018 8	0.017 3	0.016 2
8	0.012 4	0.018 8	0.017 3	0.016 2
9	0.012 4	0.018 8	0.017 3	0.016 2

指标序号	两巫路 K88+680	两巫路 K90+380	巫奉路 K23+560	彭务路 K16+670
10	0.012 4	0.018 8	0.017 3	0.016 2
11	0.012 4	0.018 8	0.017 3	0.016 2
12	0.012 4	0.018 8	0.017 3	0.016 2
13	0.012 3	0.011 2	0.011 7	0.019 0
14	0.044 4	0.043 9	0.043 3	0.038 1
15	0.183 3	0.183 8	0.184 4	0.189 6
16	0.017 5	0.028 7	0.074 0	0.071 3
17	0.130 3	0.094 0	0.146 2	0.050 9
18	0.119 7	0.094 0	0.064 7	0.049 9
19	0.047 5	0.098 3	0.030 1	0.142 9
20	0.114 0	0.114 0	0.114 0	0.114 0
21	0.003 6	0.003 5	0.007 3	0.006 5
22	0.006 9	0.007 3	0.013 9	0.012 2
23	0.032 9	0.033 5	0.032 4	0.033 7
24	0.020 7	0.020 3	0.020 4	0.020 4
25	0.013 9	0.013 4	0.004 0	0.005 2

表 7-17　实例边坡安全评价结果

边坡	综合联系度值				归一化相对隶属度值				安全等级	
	1级	2级	3级	4级	1级	2级	3级	4级	级别特征值	置信度准则等级
两巫路 K88+680	−0.653 3	−0.173 1	0.538 9	0.151 5	0.089 7	0.21 4	0.398 3	0.29 8	2.904 6	3
两巫路 K90+380	−0.177 2	0.132 0	0.107 4	−0.233 1	0.214 9	0.295 6	0.289 2	0.200 3	2.474 9	2
巫奉路 K23+560	−0.536 2	−0.269 6	0.258 4	0.233 3	0.125 8	0.198 2	0.341 4	0.334 6	2.884 8	3
彭务路 K16+670	−0.083 9	0.279 8	−0.016 9	−0.342 8	0.238 8	0.333 6	0.256 3	0.171 3	2.360 1	2

3. 计算公路高边坡安全等级值

根据公式（7-80）和式（7-81）（置信度取 0.5），可得各评价边坡安全等级的计算值。基于集对分析方法计算可得级别特征值，由数值大小可判定两巫路 K90+380 边坡为基本安全等级，两巫路 K88+680 边坡为欠安全等级。

四、高边坡安全评价方法对比分析

上面分别采用物元可拓分析法、模糊层次分析法和集对分析法等综合评价方法，对两巫路 K88+680 边坡、两巫路 K90+380 边坡、巫奉路 K23+560 边坡和彭务路 K16+670 边坡等四个实例高边坡进行了安全评价，各方法的综合评价结果如表 7-18 所示。

表 7-18　实例高边坡综合评价结果对比表

古路里程桩号	物元可拓分析法	模糊层次分析法	集对分析法
两巫路 K88+680	欠安全	欠安全	欠安全
两巫路 K90+380	基本安全	基本安全	基本安全
巫奉路 K23+560	欠安全	欠安全	欠安全
彭务路 K16+670	基本安全	欠安全	基本安全

从表 7-18 可以发现，除采用模糊层次分析法对彭务路 K16+670 边坡的评价结果为欠安全，而集对分析法和物元可拓分析法为基本安全外，三种方法的评价结果较一致，与实际情况相吻合。

从评价方法来看，首先，三种方法在评价过程中均要确定各评价指标的权重和各等级的评价标准，因此，在评价过程中要选用科学及客观的方法来确定评价指标权重和各等级的评价标准。其次，在具体的评价过程中，物元可拓分析法通过经典域、节域和待评物元的确定以及待评物元相对评价等级关联度的计算来综合评定评价边坡的安全等级，同时利用级别变量特征值来判断评价边坡偏向相邻级别的程度；模糊层次分析法通过因素集和评价集的建立，单因素模糊评判矩阵的建立以及权重集的建立等对评价边坡进行模糊综合评判，其中，在单因素模糊评判矩阵的建立过程中，需要采用合适的隶属函数即隶属度与评价指标数值间的函数关系来进行计算，如选取不合理，有可能影响最终评定的结果；集对分析法通过评价指标权重和标准确定、单指标联系度计算和综合联系度的计算来综合评定边坡的安全等级，同时利用级别特征值和置信度准则来对评价结果进行检验。

第八章 工程实例与验证

高边坡的稳定性不仅受控于地层岩性、地质构造、岩体结构、水文地质条件等岩土体的基本特征，还受控于开挖坡度、坡形、坡率等人为改造程度。地质体的复杂性、多变性和不均质性，使得高边坡工程设计十分复杂，同时由于地质条件千变万化，因此没有哪一个边坡工程可以完全套用已有经验，这就决定了高边坡问题的独特性，人们必须具体问题具体分析。

第一节 建筑高边坡防护工程实例分析

根据高边坡岩土层分布特点、周边环境等，防护技术一般有边坡地表排水、坡体排水、坡面防护、系统锚杆、预应力锚索等。建筑高边坡又与路堑边坡等其他行业的边坡工程有所不同，由于总平规划及用地的要求，一般坡顶及坡脚在边坡的潜在影响范围内均布置有建构筑物，其工程安全等级及稳定性控制要求一般更高，对边坡的变形有较为严格的要求，抗震区边坡还需考虑抗震工况下的稳定及强度问题，同时在边坡的治理及后续使用过程中需进行系统的边坡坡体、防护结构及周边环境的监测。

一、工程概况

某边坡工程位于场地南侧的山坡上，场地起伏较大，周边环境条件极为复杂，坡脚紧靠规划道路，坡顶紧贴用地红线，坡顶边缘有多栋建筑物，其中东部坡顶有 12 栋民宅（2～5F，砖混结构，浅基础），该区域边坡开挖高度为 7～12 m；西部坡顶有一钢结构工业厂房（1F，钢结构，浅基础），该区域开挖深度为 12～21 m。

受场地总平规划和后期调整影响，道路边线与用地红线之间的距离仅为6～9 m，边坡支护的放坡空间很有限。

场地以丘陵山坡地貌为主，根据钻探成果，场地内上覆素填土、坡积黏土、粉质黏土、残积砂质黏性土，下伏基岩为燕山期花岗岩。场地地表及钻探揭露未见活动性断裂及滑坡、崩塌等不良地质现象，地质构造相对稳定。

①粉质黏土。黄灰色，褐黄、暗黄等色，坡积形成，土质较均一，低中等韧性，低中等干强度，切面粗糙稍有光滑，无摇振反应。地表夹薄层耕植土，含根茎，可塑—坚硬状态。厚度 0.40 ～ 9.70 m，岩芯采取率 70% ～ 90%。

②残积砂质黏性土。灰白、粉红、褐黄等色，由花岗岩强烈风化残积形成，可见原岩结构轮廓及裂隙痕迹。低韧性，低干强度，切面粗糙，无摇振反应。呈湿，可塑—坚硬状态。厚度 1.40 ～ 7.90 m，岩芯采取率 70% ～ 85%。

③全风化花岗岩。褐黄、灰白、粉红等色，风化强烈，岩芯呈砂土状，原岩结构轮廓及裂隙清晰。岩石极易破碎，属极软岩，岩体基本质量等级为 V 级。厚度 1.80 ～ 3.50 m，岩芯采取率 70% ～ 75%。

④砂土状强风化花岗岩。褐黄、灰白等色，风化强烈，岩芯砂土状；小裂隙较发育，岩石破碎，局部含中风化脉岩残留体，粒径 20 ～ 50 cm，属极软岩，岩体基本质量等级为 V 级。岩石主要矿物成分有正长石、斜长石、石英，少量黑云母；中粒结构。厚度 0 ～ 9.00 m，岩芯采取率 70% ～ 78%。

⑤碎块状强风化花岗岩。褐黄、灰白等色，风化强烈，岩芯呈碎块状、短柱状；小裂隙较发育，中下部岩石接近中风化。岩石主要矿物成分有正长石、斜长石、石英，少量黑云母；软岩，V 级，中粒结构。厚度 0.80 ～ 2.90 m，岩芯采取率 70% ～ 78%。

拟建场地属中亚热带湿润气候，年均气温 19.3 ℃，年降水量 1 548 mm，潮湿系数为 1.094。场地地势相对较高，地表水主要来来源于大气降水和居民生活用水，地表排水条件好，水沿路边、房前屋后水沟汇到城市污水管网；地下水埋藏较深，勘查深度均未测到水位。

二、工程实例

（一）防护方案与思路

1. 本建筑高边坡工程特点

（1）用地有限

根据总平规划，边坡坡脚为规划的若干高层住宅，紧邻坡脚的是小区消防道路，坡顶紧邻已建的单层厂房及 2 ～ 5 层的民宅，放坡空间极为有限。

（2）高陡的挖方土质边坡

边坡的坡脚规划标高为 32.0 ～ 38.5 m，坡顶标高为 50.0 ～ 58.5 m，坡脚用地红线至坡顶用地红线仅约 5 m，且开挖范围内主要以黏土、残积黏性土、全风化花岗岩为主，形成了一高度为 14.0 ～ 20.8 m 的高陡的挖方土质边坡。

（3）稳定性要求高、变形控制严格

由于边坡坡顶、坡脚紧邻已（拟）建建筑物，需保证在天然、暴雨、地震等各工况下不出现边坡崩塌、滑动等局部和整体的稳定性破坏，同时在边坡的开挖防护施工阶段及使用阶段应严格控制防护结构及边坡坡体的变形，使其对周边环境的影响控制在规范要求及正常使用要求的合理范围内。

2. 防护设计思路与原则

根据边坡工程的工程地质及水文地质条件，结合本建筑高边坡工程特点及周边建筑与环境控制要求，在设计防护方案阶段，应遵循以下若干主要的设计思路及原则。

①边坡的设计及施工中应严格遵循"信息化施工、动态设计"的原则；需进行系统的边坡坡体、防护结构及周边环境的监测。

②需采用边坡地表排水、坡体排水、坡面防护、坡体预加固、坡脚支挡等综合防护措施。

③需采用多道锚索进行中上部坡体深层预加固，以及采用抗滑桩板结构进行坡体固脚，从而提高边坡的整体稳定性，达到严格控制边坡变形的目的。

④采用压力分散型锚索结构，优化锚索的受力性能，提高锚索的耐久性及可靠性。

⑤边坡稳定性验算、强度及变形分析计算中，应充分考虑暴雨、地震等不利条件的影响。

⑥采用从上而下的逆做施工方案，控制土方开挖的分段长度和分层高度，做到随挖随防护。

⑦适当加大坡顶用地红线外的附加荷载，以应对边坡建成后不可预测的周边环境的变化。

3. 防护方案

综合以上地质水文条件、周边环境条件，该边坡工程应采用支挡刚度大、稳定性高的支护体系，主要有以下三种方案。

（1）锚杆格构

锚杆的单孔承载力相对较低，对边坡侧壁变形的控制能力较差，工程造价较低。

（2）预应力锚索+框架地梁

锚索单孔承载力较高，通过施加预应力可有效控制边坡侧壁变形，但是对于高陡边坡，其整体稳定性相对较低。

（3）排桩＋预应力锚索

预应力锚索可对边坡变形进行有效控制，排桩能提供较大的抗侧刚度，可使边坡整体稳定性提高，但工程造价高。

综合以上几种支护体系的优缺点，为了有效利用有限的放坡空间，且达到支护效果与成本的最佳平衡点，该边坡拟采用上部预应力锚索＋框架地梁、下部排桩＋预应力锚索的组合支护体系，以有效控制边坡变形和提高边坡整体稳定性。

（二）设计方案

根据场地情况，在黄海标高 42.50 m 以上采用预应力锚索＋框架地梁支护方案进行支护，具体如下。

①预应力锚索的承载力标准值为 350 kN、500 kN、700 kN 三种，水平和竖向间距均为 2.5 m（局部水平间距为 3.0 m），倾角为 25°～30°，长度根据整体稳定性计算需要确定。

② 42.50 m 标高以上的锚索框架部分，坡率约为 1：0.5，肋柱为 650*500，横梁为 400*400。42.50 m 标高以下的腰梁为 600*800。

③排桩采用人工挖孔桩，桩径为 φ 900/1 000，桩长为 10～16 m。

④坡体排水采用软式透水管，间距同锚索水平间距。

⑤对于坡面防护，42.50 m 标高以上的框架梁内部采用喷射混凝土护面，42.50 m 标高以下的桩间采用砖砌反拱进行防护。

（三）计算分析

该边坡支护结构主要验算锚索承载力、排桩内力和变形、边坡整体稳定性等内容。

上部锚索通过整体稳定性需要确定其承载力值，下部锚索与排桩一起采用杆系有限元法进行计算，土压力采用朗肯主动土压力。

边坡整体稳定性主要验算天然工况和地震工况下的安全系数，对于地震工况，由于边坡坡顶紧靠已建建筑物，所以需要根据规范要求对大震状态进行验算，地震加速度 $a=0.3g$。天然工况下的边坡最小安全系数为 1.660，大震工况下的最小安全系数为 1.058，均满足规范要求。

三、边坡监测

通过上部采用锚索框架、下部采用桩锚组合支护体系对高陡边坡进行支挡，并有效结合深层排水、坡面防护措施，位移和应力监测数据表明该高边坡支护获得了成功，有效保证了坡脚建筑物的安全和正常使用。

第二节　顺层地段高边坡病害治理工程实例

重庆是一个山地城市，地形高差起伏，地层以一套陆域河湖相碎屑沉积岩，岩体以泥岩和砂岩的不等厚互层为主，构造条件简单，主城区范围内的构造断层少见，岩层均是单斜出现，工程建设挖高填低的整平场地经常会出现切挖后形成的与岩层倾向一致的顺向岩质边坡。由于岩层的软弱性，建设中出现的顺层边坡因为处置不当而常常发生顺层的滑动和失稳，加大了工程环境的整治难度和处置费用，特别是涉及深开挖的基坑工程、对纵坡和线型要求高的高速公路工程、深埋较大的线型污水管网工程、大型建筑区域平场工程等，开挖平场与环境之间常常留下永久性的不同类型的永久性岩质边坡。坡体切挖引起的自然斜坡岩体应力的改变和应力调整分配，极容易引发边坡岩体沿层面的整体滑移和失稳。近几年来，在重庆主城一些工程建设中就发生过多起顺层岩质边坡垮塌失稳事件。

一、工程实例

（一）重庆市寸滩港区某工程

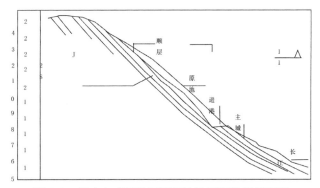

图 8-1　重庆市寸滩港区道路边坡工程地质剖面图

该工程位于主城区的长江北岸，沿江进港道路位于长江北岸的中下部。道路边坡的切挖深度并不大，但构成顺层边坡的总体坡高较大，从道路的切挖处至坡顶的高差一般在 30 ～ 50 m，场地出露地层为侏罗系中统沙溪庙组，岩体以泥岩和砂岩不等厚互层组成，构造条件简单，岩层单斜倾角为 20° ～ 45°，地形坡角与岩层倾角基本一致,是比较典型的单向岸坡地貌特征(见图 8-1)。道路边坡倾向与岩层倾向基本一致,切挖高度在 5 ～ 8 m,岩体中有两组构造裂隙和部分层间裂隙较发育,构造裂隙中部分裂隙内有黏性土充填,结合程度较差。原勘查针对顺向边坡条件,对岩石层面也进行了现场的大型剪切试验,并分别选择了泥岩内部的层面、砂岩与泥岩的接触界面各一组,试验结果:泥岩内部层面 C=120 kPa,φ=27.02°;砂岩与泥岩的接触界面 C=150 kPa,φ=28.19°。原勘查报告依据大型剪切试验值,以层面 C=120 kPa,φ=24.25° 参数值对边坡的稳定性进行了定量的分析和评价,建议道路边坡按 1 : 1.0 分阶放坡。设计单位根据地勘报告的建议,按下部坡率 1 : 0.75,中部坡率 1 : 1.0,上部坡率 1 : 1.25 进行了设计,并每 10 m 坡高加设 2.0 m 宽的马道平台,同时为防止坡面岩石裸露风化,坡面进行挂网喷砼封闭。在施工过程中,道路开挖边坡多次出现局部的顺层滑动和失稳,道路建成后不久,边坡发生了大规模的顺层滑动,造成重庆市主城排污干管箱涵 7 节破坏,5 节严重位移的严重事故。

事后通过紧急抢险和排危加固,恢复了主城污水干管系统。分析边坡失稳破坏的原因,综合有以下几方面。

①场地岩石层面的贯通性和平直性较好,在构造活动中部分层面发生了相对的错动,发育有层面之间的部分裂隙,在长期的雨水渗透和风化作用下,层间裂隙的风化作用强烈,层间抗剪强度降低,不同性质的层面之间抗剪强度存在较大差异。

②原勘查钻探采用的设备孔径较小(岩芯管直径为 89 mm),钻探对层面结合状况的把握不准,岩芯描述缺乏对相应的层面地质信息的收集,未发现场地岩层部分层间发育裂隙的实际条件。

③勘查现场直剪试验选点偏少,且试验点的选择不具有代表性,未结合场地的实际情况,在具有控制因素的发育层间裂隙的层面上未进行现场选点测试,层面的抗剪强度试验结果偏离了实际的具有裂隙的层面特征值,原勘查亦未充分调查和研究场地内和周边的不良地质现象,以及考虑自然条件的复杂性和工程条件类比等因素,并且未对试验结果的代表性进行充分的论证和分析,只简单地对试验结果按常规方法进行了选用。特别是对勘查中场地坡下已经存在的滑塌堆积物未进行详细的分析和成因研究,致使勘查报告对场地岩石层面的抗剪强度参数的建议值偏大,留下了安全隐患。

④施工过程中出现的局部顺层垮塌现象,未引起施工、勘查和设计等相关人员的重视,施工中出现的不良地质现象和问题未得到及时反馈,原勘查设计参数也未做进一步的校核查证,未真正做到动态信息法施工。

（二）重庆渝中区某片区改造

该工程的 B-2 住宅位于斜坡地段，场地中西侧切挖岩体，形成岩层顺向的岩石边坡。岩性以侏罗系中统泥岩为主夹薄层砂岩。构造裂隙和部分层间裂隙均较发育，部分层间裂隙面有轻微的泥化现象，岩体中裂隙间距 1.0 ～ 2.0 m 不等，连通性较好，部分裂隙里有少量黏性土充填。该工程段设计的环境边坡长约 40 m，边坡倾向 90° 左右，边坡倾向与岩层倾向构成约 17° 的顺向斜交关系，边坡初始设计高度 5 ～ 7 m，原勘查对该岩质边坡进行了定性的赤平投影分析，但未对场地岩石层面的结合状况做明确的勘探测试，层面特征的描述和评价欠缺，层面的抗剪指标如 C、φ 参数按一般的结构面查规范表，结合经验选取。定性评价边坡为基本稳定，建议重力式挡墙支护。提交勘查资料后，设计方案做了调整，边坡高度由原设计的 5 ～ 7 m 更为坡高 6 ～ 10 m，新增坡高约 3 m，但仍然按原勘查建议方案进行了设计。施工中，边坡开挖完成，一次大雨后边坡岩体出现了顺层面的滑移变形，边坡上部岩体开裂，前缘超出切挖边坡脚边线，严重影响了边坡上、下的邻近建筑物的安全，特别是坡下的在建 B-2 住宅直接受到威胁。险情出现后，设计和建设方不得不变更原设计，对变形岩体进行锚固，增设抗滑。经原勘查单位的进一步勘查，发现引起边坡岩体变形和地表开裂的原因是边坡岩体层面裂隙发育，边坡岩体沿泥化的裂隙层面产生了顺层的剪切滑动。综合分析事故的前因后果我们得到如下的经验。

①原地勘资料未切实查明场地的工程地质条件，特别是岩石层面的结合状况和抗剪强度特征，原地勘报告对顺层岩质边坡的稳定性分析和评价不充分，对岩体层面抗剪指标如 C、φ 参数特征认识不足，按一般结构层面定性评价，导致层面的抗剪强度参数经验取值偏大，与实际情况不符。

②施工中的全断面开挖方式，形成了大面积的边坡临空条件，削弱了顺层岩质边坡岩体的侧向约束效力，未采用分段跳槽开挖、分段支护的施工方式，是外在的边坡层面滑动的主要诱发因素。

③设计方案发生变更后，未通知地勘单位，弥补原勘查资料的不足，重新论证边坡的稳定性和安全性。

以上工程实例只是近年来重庆主城内众多工程中的个例，但从中我们能感受到顺层岩质边坡的勘查难度和不确定性。通过对事故事例的分析，我们不难看出前期勘查工作在顺层边坡工程中的重要性。前期的勘查是实施边坡工程的关键环节，能否准确掌握场地的岩土工程地质条件，给出切合实际的设计参数，是边坡工程成功与否的前提和保证。

二、顺层岩质边坡勘查

顺层岩质边坡的勘查与普通边坡勘查的重点和主要的关注对象不完全一致，除了要做好对场地的常规工程地质条件（地形地貌、构造、地层岩性、水文地质等）的勘查外，还应做好对岩体的结构类型、层面、结构面产状及结合状态的勘查和认识。勘探中钻探岩芯需要尽可能地保持层面和结构面的原生状态，以便于技术人员的如实观察和描述，以及如实地收集和准确地掌握场地岩石层面和结构面的特征，因此尤应重点做好以下工作。

（一）勘查前应收集获取的基础资料

①附有坐标和地形的拟建（构）筑物的总平面布置图。
②拟建场地的整平标高、边坡的高度、设计开挖断面形式等。
③场地及周边现有边坡的支护形式与岩土设计参数值。

（二）地面工程地质测绘的要点

①勘查中除收集场地常规的地质信息外，还需加强对场地及周边环境的地面工程的地质测绘和调查，必要时应辅以剥土等小型槽探手段，准确查明场地岩体结构面及层面的结合特征和类型。
②察看场地及附近已有的不良地质现象，重点观察其物质成分，量测其规模，分析其成因及性质，掌握发生不良地质现象的缘由。
③进行详细的地面工程地质测绘，重点调查岩石层面和结构面，对场地岩体结构面和岩石层面的地表出露条件、产状、充填的物质组分、结合状况、延伸性等，做具体的勘查和描述，充分认识和掌握其受控因素和条件，以及结构面、层面的特征现状和发展变化的规律等。

（三）顺层边坡的勘探要求与布置

顺层岩质边坡的勘探，孔径要求与普通勘探孔径的要求有所不同，为确保结构面的特征尽量保持原生状态，需尽量采用较大口径的钻，必要时可辅以井探、洞探或物探等方法。钻探点、线的布置需垂直边坡走向与岩层走向，钻探点间距一般不宜过小，以25～30 m为宜，勘探线间距可适当控制在35～50 m，以勘探线能满足对结构面和层面的控制为准。钻探岩芯的鉴别重点是观察岩芯接头部位的特征、有无裂隙结构面存在的痕迹、接头部位的层面间有无充填杂质或擦痕、有无软化现象等。

（四）层间裂隙特征与钻探识别

勘探中发现钻探岩芯有沿层面裂开的现象时，应仔细观察层面裂开的具体表征，分析判断其成因，首先需要排除因钻探机械因素造成的层面断裂，根据岩芯的裂开程度和损耗情况，可基本判断岩石的层面裂隙发育状况和程度。若钻探的岩芯沿层面的裂开现象少见，且断口新鲜，能清楚看见岩石的原生矿物，如扁平状的矿物颗粒物质有序地排列并保持原生状态特征等，则说明这样的层面断裂多为钻探机械因素所致的断裂。若钻探岩芯沿层面裂开的现象比较明显，其断口色层暗淡，原生矿物可见但不清晰，则这类层面的断裂一般是自然形成的层面劈裂或裂隙。具有这类岩芯断口特征的层面，一般不是控制性的软弱层面，往往该类层面裂隙的发育程度不高，层面受外界因素如风、地下水等物质的影响程度不高，劈裂或裂隙在层面中的贯通或连贯性差，层面间能不连贯地保持原岩的层面结合状态，其抗剪强度介于软弱层面和硬性层面之间。

勘探中我们最为关心的是软弱层面的如下特征：①钻探岩芯沿层面裂开明显，断口上残留有原岩泥化的残留物质或夹层；②层面断口上、下的岩芯表面风化强烈，色泽暗淡见不到岩石的原生矿物成分，岩石的硬度明显变软且与原岩的强度相差较大；③层面间有地下水活动的痕迹或沉淀物质，看不见岩石层面断口附近的原生矿物成分等。

只要有上述其中一条特征出现，就可将该处层面鉴定为层间裂隙发育且贯通性较好的软弱层面。钻探岩芯中出现这类岩石层面断裂的位置，就是场地岩石层间裂隙发育的位置。这种层间裂隙在岩体中的连贯性好，层面抗剪强度受外界因素的影响大，强度低，是勘查测试的重点对象。

（五）勘探测试和试验

顺层边坡的勘探需结合工程的具体条件，通过工程地质条件的类比，进行综合的分析判断，勘探中选取具有代表性的结构面（或层面）部位进行室内的模拟自然环境条件下的抗剪试验，或选取具有代表性的点进行模拟自然环境下的浸水条件的现场剪切试验，以获取岩石结构面（层面）的峰值抗剪强度和残余强度值。代表性岩样或试验点的选择应结合场地的结构面（层面）的勘探情况，并注意以下几点。

①当勘探岩芯上有沿结构面（层面）裂开、层面有泥化软弱现象或有泥质薄膜充填等现象时，这样的结构面（层面）部位就是试验的首选代表性样品点

或部位点。勘探中应充分重视该类结构面（层面）或部位点的选取和测试，获取其残余抗剪强度和摩擦强度。

②当场地勘探岩芯上不见沿层面裂开、软化、夹泥等现象时，说明场地的岩石层间结合状况较好，可不进行结构面（层面）的现场试验，而采取适量的样品做室内的层面抗剪断峰值强度测试。

三、层面抗剪强度分析与参数选择

（一）岩石层面的力学特征

岩石层面是沉积岩所特有的一种结构面，代表岩石在沉积过程中的短暂的间断或突变。层面在矿物质粒度和矿物形态的排列上均与岩石存在一定的差异，层面的力学特性相对于层面上下的岩石较软弱，但层面的连续性和贯通性均较好且层面顺直平滑。在地质构造应力活动中，岩石被挤压变形极易引起沿岩石层面的相对错动或劈裂，这会使层面的原生黏结强度受到不同程度的破坏。在历史风化作用的长期影响下，层面间的矿物质易发生软化，岩石层面的抗剪强度因风化程度的不同而差异很大，层面裂隙的发育程度及连贯性是影响层面抗剪强度的直接因素。

据前人对岩石层面抗剪强度的试验研究可知，软弱岩石层面的峰值抗剪强度与其残余抗剪强度和摩擦强度之间存在的差异较小。而完整性好的层面，其峰值抗剪强度与其残余抗剪强度和摩擦强度之间，则存在很大的差异。不同性质的层面出现不同的抗剪强度特征，这是层面的自身状态的不同所致。结合良好的岩石层面，基本保持了岩石沉积时的原生结合状态，受外部因素的影响程度很小，试验的峰值抗剪强度与层面自身的抗剪强度相似。而结合较差的岩石层面，往往都受到后期的外部因素影响，层间产生过劈裂或张裂，地下水沿其运行活动，层面的矿物质风化变软，风化严重时出现泥化现象，因此层面的抗剪强度变化很大，与原生层面强度之间存在非常大的差异，软弱岩石层面的抗剪强度接近于残余强度或摩擦强度。

（二）层面抗剪强度参数的选取

1. 试验强度值的选取

层面抗剪强度是顺层边坡工程所需的重要岩土参数，参数取值的正确与否直接影响边坡工程的安全性、治理方案的科学性以及边坡工程治理的有效性。具体选取方法如下。

完整性较好的具有原生矿物结构特征的层面，以层面的峰值抗剪强度试验值为主要依据，按工程安全等级选取统计标准值，然后根据勘探的岩体完整程度和岩石的强度进行综合折减，以综合折减后的试验统计值作为岩石层面抗剪强度的建议值。一般情况下较完整岩体，可按 0.8～0.9 折减，软质岩取小值，硬质岩取大值。

层间结合差、裂隙发育的层面，因风化严重质软，应以层面的摩擦强度或残余强度的试验值进行统计，按工程等级选取相应的统计标准值作为该类岩石层面的抗剪强度建议值。

层面结合一般或层间劈裂间断发育的层面，需要根据勘探中掌握的具体发育情况，进行上述两种情况之间的综合选取。根据层面裂隙的发育程度、贯通性以及岩石的软硬分化程度等诸因素，在相应的层面峰值抗剪强度试验值和残余强度值或摩擦强度值之间进行内插选取。

另外，在参数选取建议中，还应考虑边坡运营过程中的自然条件的变化，如气象变化、水文地质条件的变化等，通常情况下编者建议边坡工程选用浸水状态下的参数特征值。

2. 工程类比反演取值

工程的类比分析是工程实践中常用的方法，该方法安全可靠，还能反演检校场地的试验参数。在具有相同工程地质条件的斜坡地段，如果发现存在一些小型的沿层面滑动形成的堆积物，就说明层面在类似临空条件下会发生滑移。当临空层面上边坡岩体达到一定的厚度时，其就会产生滑动，据此类比反演出的该类岩石层面的抗剪强度值就比较符合实际，将该反演值应用到工程实践之中就比较可靠。因此有工程类比条件的场地，类比反演的层面抗剪强度值，是层面抗剪强度取值的主要依据。

第三节 重要构筑物附近的高边坡病害治理实例

一、工程概况

元磨高速公路位于我国云南省南部，地理坐标为东经 101°10'～102°00'，北纬 23°09'～23°41'，总体走向为东北—西南。路线起自玉溪市元江县二塘桥，经墨江、通关和把边，至普洱市宁洱县磨黑，穿越北回归线，全长约 147 km。元磨高速公路属于昆曼公路（中国昆明—泰国曼谷）在云南省境内的重要一段，也是国道主干公路 G213 线兰州—成都—昆明—磨憨公路中的关键一段。该路段运行于云贵高原西部、横断山脉东南部，沿线穿过红河断裂、哀牢山断裂、阿墨江断裂等三个活动型深大断裂，地质环境脆弱，是崩塌、滑坡等地质灾害易发高敏感区。全线高于 30 m 以上高堑坡 371 处，60 m 以上高堑坡 176 处，100 m 以上高堑坡 49 处，最高堑坡 197 m。全线共治理高堑坡 161 处，建抗滑桩 1 434 根、预应力锚索 331 470 m、锚杆 70 100 m。高边坡的治理规模和难度堪称我国公路之最。

二、工程实例

（一）高边坡治理工程设计

若采用高陡度预应力锚索框架加固的设计方案，对边坡的开挖量小，边坡高度约 20 m，水平宽度 10.5 m，对原有的自然山坡的植被破坏小，工程造价相对较低，而且又能恢复坡面植被。经方案比选，采用了该方案。

该方案的具体工程措施如下。

（1）边坡刷方

自然坡坡脚按 1：0.5 坡向山侧刷方，刷到原自然边坡。

（2）预应力锚索框架加固

刷方边坡采用六排压力型锚索框架加固，框架竖向间距 3.4 m，锚索水平间距均为 3.0 m。

（3）坡面防护

框架内采用六棱砖覆土植草柔性防护措施。

（4）地面排水

在坡脚结合路基排水设排水沟一道，坡面设截水天沟一道，并设吊沟将地表水引入坡脚排水沟中。

（二）预应力锚索设计

1. 预应力锚索锚固角的确定

在该边坡治理工程的设计中，坡体内摩擦角 φ 取 32°，滑动面倾角 θ 取 37°，按公式 $\beta=45°+\varphi/2-\theta$ 计算得锚固角为 24°。结合工程现场情况，本预应力锚索框架设计中，预应力锚索的锚固角取 26°。

2. 预应力锚索框架锚固力的确定

根据剩余推力法计算结果，考虑预应力锚索沿滑面施加的抗滑力以及垂直滑面产生的法向滑阻力，所需预应力锚索单宽锚固力 T_1 为：

$$T_1 = \frac{p}{\cos(\theta+\beta)+\sin(\theta+\beta)tg\phi}$$
$$= \frac{1217}{\cos(37°+26°)+\sin(37°+26°)\tan 32°} \quad (8\text{-}1)$$
$$= 1\,170\ kN$$

式中：p——单宽剩余下滑力，单位是 kN/m；

　　　φ——滑体内摩擦角；

　　　β——锚索与水平面的夹角，即锚索锚固角。

按各锚索拉力相等、锚索与边坡坡面垂直进行设计，则锚固力为：

$$T = \frac{dT_1}{N} = \frac{3.0 \times 1\,170\ kN}{6} = 585\ kN \quad (8\text{-}2)$$

实际每根锚索设计锚固力取 600 kN。

3. 预应力锚索锚固段长度的确定

锚固段的长度是由注浆体与孔壁的接触面或注浆体与受力筋的接触面确定的，本次设计为压力型预应力锚索框架，锚固段长度的确定按规范推荐方法。锚索安全系数 K 取 2.5，锚索锚固体直径 d 取 110 mm，注浆体与孔壁间的黏结强度 T_s 取 1.2。得：

$$L = \frac{KT}{\pi D T_s} = \frac{600 \times 2.5}{\pi \times 110 \times 1.2}\ m \approx 3.62\ m \quad (8\text{-}3)$$

工程实际中锚固段长度取 4 m。

锚索自由段长度根据滑动面与坡面之间的距离而定，总长度为 18～24 m。

（三）钢筋混凝土锚索框架设计

本次设计把框架拆分成相互独立的纵、横梁分别进行设计。纵梁长 20 m，横梁长 9 m，纵、横梁截面尺寸均为 0.4 m×0.6 m。采用现浇 C25 混凝土，弹性模量 E 为 2.9×10 MPa。框架内力采用弹性地基梁模型的有限差分计算方法编制程序求解，程序计算流程如下：①输入计算参数，并划分单元；②把框架的锚索锚固力按一定比例分配给通过该节点的横梁与纵梁；③由梁的始端到末端利用追赶法依次算出节点间的递推系数和节点传递系数；④自梁的末端到始端反方向依次算出各点的位移；⑤比较横梁与纵梁相交处的节点位移，如不相等则重新确定横梁与纵梁上锚固力分配比例然后回到第②步重新计算，如横梁与纵梁相交处的节点位移相等则执行第⑥步；⑥计算横梁与纵梁上不同节点处的弯矩和剪应力。

参考文献

[1] 赵克勤 . 集对分析及其初步应用 [M]. 杭州：浙江科学技术出版社，2000.

[2] 赵明阶，何光春，王多垠 . 边坡工程处治技术 [M]. 北京：人民交通出版社，2003.

[3] 马惠民，王恭先，周德培 . 山区高速公路高边坡病害防治实例 [M]. 北京：人民交通出版社，2006.

[4] 章勇武，马惠民 . 山区高速公路滑坡与高边坡病害防治技术实践 [M]. 北京：人民交通出版社，2007.

[5] 陈祖煜，汪小刚，杨健，等 . 岩质边坡稳定分析：原理·方法·程序 [M]. 北京：中国水利水电出版社，2005.

[6] 巨能攀，赵建军，邓辉，等 . 公路高边坡稳定性评价及支护优化设计 [J]. 岩石力学与工程学报，2009，28（06）：1152-1161.

[7] 黄润秋 . 岩石高边坡发育的动力过程及其稳定性控制 [J]. 岩石力学与工程学报，2008（08）：1525-1544.

[8] 谷拴成，张士兵 . 岩石高边坡弯曲破坏的力学分析 [J]. 西安科技学院学报，2003（01）：10-13.

[9] 刘峰 . 河龙高速公路高边坡施工变形监测 [J]. 路基工程，2005（03）：13-15.

[10] 薛根元，诸晓明，王镇铭 . 山地地质灾害气象等级预报（预警）模型应用 [J]. 山地学报，2006（04）：416-423.

[11] 赵仕礼 . 某山区公路 61 米高边坡滑塌成因与防治 [J]. 路基工程，2008（02）：198-199.

[12] 赵晓彦，胡厚田，时延兵 . 类土质边坡研究初探 [J]. 工程地质学报，2005（01）：81-84.

[13] 武玉明 . 山区高等级公路高边坡稳定性研究 [J]. 交通标准化，2009（Z1）：163-166.

[14] 金德濂 . 水利水电工程边坡的工程地质分类（上）[J]. 西北水电，2000（01）：10-15.

[15] 张健, 潘试林, 农少闯. 高速公路高边坡地质灾害的大爆破处理 [J]. 路基工程, 2006（06）: 146-147.

[16] 刘光东. 高速公路高边坡预应力锚索长期维护浅析 [J]. 公路交通技术, 2009（01）: 5-8.

[17] 陈洪凯, 杨世胜, 叶四桥, 等. 公路高切坡分类及其破坏模式 [J]. 重庆交通大学学报（自然科学版）, 2007（05）: 92-96.

[18] 顾丽亚. 高速公路高边坡设计与加固要领 [J]. 交通标准化, 2007（06）: 126-129.

[19] 李金华, 李利. 边坡稳定性的模糊综合评判 [J]. 西部探矿工程, 2005（06）: 213-214.

[20] 刘晓, 唐辉明, 刘瑜. 基于集对分析的滑坡变形动态建模研究 [J]. 岩土力学, 2009, 30（08）: 2371-2378.